城市土地利用碳排放分析与调控

陈银蓉　著

华中农业大学公共管理学院学科建设经费资助
国家社会科学基金项目“基于系统仿真的城市土地利用碳排放分析与低碳利用调控研究”（14BGL218）成果

科学出版社
北　京

内 容 简 介

本书基于现有的土地利用碳排放测算方法，系统分析城市经济、人口、能源、土地、环境的变化，结合武汉市实际，探讨了城市经济-土地-碳排放系统动力学模型构建；通过设置不同经济目标、能源结构、节能技术发展的可能状况，以及建设用地扩张调控等，探讨其调控因素的作用；进而以可持续发展理念为指导，分析城市土地低碳利用调控路径的选择和调控目标设定，结合减碳潜力分析，探讨城市土地利用碳减排策略。

本书可供自然资源管理、城市管理等方面有关专家学者和相关专业的大学生、研究生，以及从事实际工作的相关人员，包括政府的自然资源管理、城市建设管理、能源利用管理等部门和企业管理的相关人员阅读使用。

图书在版编目（CIP）数据

城市土地利用碳排放分析与调控/陈银蓉著. —北京：科学出版社，2021.12

ISBN 978-7-03-066257-6

Ⅰ. ①城… Ⅱ. ①陈… Ⅲ. ①城市土地-土地利用-二氧化碳-排气-研究 Ⅳ. ①F321.1 ②X511

中国版本图书馆 CIP 数据核字（2020）第 184931 号

责任编辑：郝 悦 / 责任校对：杜子昂

责任印制：张 伟 / 封面设计：无极书装

科学出版社 出版

北京东黄城根北街 16 号

邮政编码：100717

http://www.sciencep.com

北京厚诚则铭印刷科技有限公司 印刷

科学出版社发行 各地新华书店经销

*

2021 年 12 月第 一 版 开本：720×1000 1/16

2022 年 12 月第二次印刷 印张：12

字数：242 000

定价：126.00 元

（如有印装质量问题，我社负责调换）

前　　言

面对我国人地矛盾加剧、环境污染严重、生态系统退化等问题，党的十八大首次提出“努力建设美丽中国”①。城市作为非农产业和非农人口集聚的大型居民点，也是诸如 CO_2 等温室气体的排放带来的环境问题的集中区域，实现其高效低碳绿色发展不仅成为“美丽中国”战略实施的重点之处，也是满足人民日益增长的优美生态环境需要的关键。

当前，我国正处在快速城市化和工业化的时期，伴随着人口的聚集、建设用地快速增长、物资及能源聚集和消耗的增长，城市碳排放量也快速上升，实现碳减排目标的压力也在逐步增加，如何实现城市土地的高效、低碳利用，促进可持续发展成为重要的研究议题。碳循环从 20 世纪 90 年代以来成为全球变化研究的热点，城市及周边区域由于是碳排放的主要来源和集中区域，其碳过程的研究自 21 世纪以来受到国内外学者关注。虽然国内外学者对碳排放核算、土地利用对碳排放的影响、碳排放的模拟研究及城市碳减排的策略研究各有侧重，但相当部分的内容都已积累了不少的研究成果。国外的研究从微观角度的土壤碳和植被碳的分析，测算土地利用变化带来的碳通量的变化，到中观角度的土地利用碳排放与其他因素的相互影响及全方位的温室气体研究，再到宏观角度的土地利用碳减排对策，以及生物燃料替代化石能源的利弊分析，生物燃料带来的影响等；多注重从碳排放释放和影响机理出发，测算自然源和人为源碳排放量，分析其变化的影响因素，由此提出可以降低碳排放的对策。国内研究虽仍然表现出土地利用与碳排放研究的综合性与学科交叉性，但在理论应用和重点研究领域上有所不同。许多研究借鉴国外研究，测算和分析土地利用变化对我国陆地生态系统植被和土壤碳储量的影响，分析陆地生态系统碳汇/源在区域空间上的差异；注重建设用地和农业碳排放的认知和测算，特殊区域的碳蓄积变化及土壤碳核算；在碳排放控制上，往往以我国政府承诺的碳减排为目标，分析省域、城市范围内土地利用结构与能源消费对碳排放的影响，从城市土地利用和相关规划，以及土地管理视角研究碳减排等。

城市社会经济系统是一个复杂的系统，各项生产生活活动都离不开土地。1996

① 《胡锦涛在中国共产党第十八次全国代表大会上的报告》，http://cpc.people.com.cn/n/2012/1118/c64094-19612151-7.html[2021-11-11]。

年联合国第二次人类居住大会提出的“城市应当是适宜居住的人类居住地”概念，受到国际社会的普遍认可，实现低碳绿色发展是我们共同的愿景。为此，本书以课题组在土地利用碳排放测算方面，对全国、省、市不同尺度层面上地集约低碳利用状态的分析和低碳调控研究为基础，通过系统分析城市经济、人口、能源、土地、环境的变化，建立选点城市武汉市经济-土地-碳排放的系统流图和系统动力学模型，分析和模拟选点城市的变化过程；在系统模拟的基础上，通过设置不同经济目标、能源结构及节能技术发展的可能状况及建设用地扩张调控等，探讨城市经济-土地-碳排放系统的调控因素的作用；由此，以可持续发展理念为指导，讨论城市低碳调控目标的设定，分析城市土地低碳利用调控路径的选择和效应；结合减碳潜力和决策分析，提出符合城市可持续发展的土地利用低碳调控方案和碳减排策略。主要研究内容如下。

（1）城市土地低碳利用调控的理论基础。本书从城市土地利用、经济发展、碳排放变化的相互关系出发，明确土地利用/覆被变化，土地利用碳排放，碳源、碳汇和碳库，能源消耗，碳排放强度，土地利用低碳调控等相关概念的内涵，梳理了可持续发展理论、城市发展阶段理论、碳足迹理论、人地关系理论、土地优化配置理论、城市空间理论、系统科学理论、系统论与城市土地碳排放模拟等相关理论和方法的主要内容及其在本书中的指导作用，为城市经济-土地-碳排放系统模拟与土地低碳利用调控这两大核心研究内容明确理论基础，强调系统方法在城市土地碳排放分析和模拟中的重要作用，可持续发展理论是城市土地利用与低碳调控研究的核心理论依据。

（2）城市土地利用碳排放测算与分析。本书基于《2006IPCC 国家温室气体清单指南》①，根据不同类型的土地利用情况，计算出选点城市武汉市 1996～2015 年各类土地的碳源量和碳汇量，继而计算其土地利用净碳排放量；基于对数平均迪氏指数（logarithmic mean Divisia index，LMDI）分析研究框架，采用 LMDI 方法，构建土地利用碳排放影响因素分解模型，对影响选定城市土地利用碳排放的相关因素进行分解，分析各影响因素的作用和影响效应。

（3）城市经济-土地-碳排放的系统模拟与仿真。本书基于选点城市武汉市 1996～2015 年的土地利用变化和各子系统及其相互关系，探讨城市土地利用碳排放系统的因果循环分析，建立包括经济、能源、环境、土地、人口等相关子系统的城市经济-土地-碳排放的系统动力学模型，并进行模型的有效性检验与系统仿真，检验了系统仿真模型的有效性。采用该系统进行仿真模拟，得到武汉市 1996～2030 年土地利用碳汇量与碳排放量模拟数据。结果表明：以目前的发展趋势，虽然武汉市碳排放增长趋势会逐渐减缓，但其碳排放总量将保持逐年攀升的态势，

① IPCC，Intergovernmental Panel on Climate Change，联合国政府间气候变化专门委员会。

研究期内，碳排放难达峰值。系统模拟结果表明武汉市需要通过土地利用调控实现减碳目标。由此，进一步通过系统仿真模型对选点城市设置不同经济发展目标、能源结构及节能技术发展的可能状况、不同的人口数量、土地利用状况、环境状况等，模拟选点城市的城市经济-土地-碳排放系统变化，讨论不同模拟情景下经济、人口、能源、土地、环境等因素对选点城市土地利用碳排放的影响，并进行情景比较分析，得出经济增长和土地利用结构对碳排放增长的影响效果最为显著。综合各调控因素作用，提出通过发挥诸如降低城市第二产业比重、提升第三产业比重，减少煤炭消费、增加天然气消费，大幅增加科技创新（research and development，R&D）投入，自主控制建设用地无序扩张、提升民众节能减碳意识（综合调整模拟方案五）等调控手段的协同作用，将能够在保障经济稳定发展的同时减少未来城市土地利用碳排放，有助于武汉实现于 2022 年达到土地利用碳排放峰值的目标。

（4）城市土地低碳利用调控路径与调控目标的研究。本书以第 4 章的系统模拟分析为基础，以可持续发展为导向，利用碳足迹理论分析了 1996～2030 年武汉市碳环境的可持续性和城市系统的稳定性，并对现行土地利用规划的碳效应进行了评估。由此展开对城市建设用地规模管控和土地利用结构低碳优化两种调控路径的碳效应的分析，首先，通过多目标规划模型得到碳输出最小化和碳输入最大化目标下优化的土地利用结构，其次，将现行土地利用规划方案、碳输出最小化方案和碳输入最大化方案的三种目标结构与第 5 章系统仿真最适方案（综合调整模拟方案五）的其他目标结合，并重新模拟，由此寻求武汉市城市土地利用的最佳调控目标。结果表明武汉市应以碳输出最小化方案作为土地利用结构优化目标，结合产业、能源、低碳意识等其他调控，可促进碳排放达峰目标的实现和碳生态足迹的缩减。

（5）城市土地低碳利用调控措施的选择。本书以第 6 章的分析研究为基础，认为降低选点城市武汉市碳排放主要应从产业发展、能源利用和城市交通三方面入手，为此，本书选取全国政治文化中心城市（北京市）、金融经济中心城市（上海市）、高端制造业中心城市（广州市）和绿色生态文明城市（杭州市）为参照城市，分析了武汉市在城市土地利用中具备的减碳潜力，明确其碳减排的可行方向。结合选点城市历年产业发展状况、经济发展规划、产业发展规划等，选取了武汉市最具减排潜力的产业与交通两类用地作为分析对象，通过对不同产业的碳排放贡献分析、城市交通出行碳排放的影响因素分析等，针对武汉市产业用地低碳优化和城市交通低碳发展提出产业用地供应与布局，住宅、交通用地供应与布局，以及城市空间组织与优化的改进建议及激励措施。

本书研究成果系统和全面地梳理和明确了土地利用碳排放系统分析的理论基础和现有的研究进展，基于城市经济-土地-碳排放系统性特点，分析了城市土地利用碳排放的影响因素，讨论其碳排放系统模拟和变化分析，并以武汉市为例，系统模拟分析武汉市经济-土地-碳排放系统的变化，讨论不同政策情景下武汉市土地利用碳排放系统的变化，以及各调控手段协同作用的结果。在调控及策略的研究中，从土地利用碳排放分析和系统模拟出发，以城市土地利用现有调控途径的碳效应分析为基础，以碳生态足迹的缩减为导向，将目标设立与现实变化、潜力，以及路径选择结合，讨论建设用地规模管控、土地利用结构低碳优化和其他调控因素的系统作用。研究成果有助于从系统角度分析城市土地利用碳排放问题，从而更为直观和动态地掌握城市土地利用碳排放系统的变化；同时，将调控途径纳入碳效应分析及系统作用中，利于从更加现实和有效的角度探讨低碳利用调控体系的建设和作用，更好地践行绿色发展理念。

本书根据笔者主持的国家社会科学基金项目“基于系统仿真的城市土地利用碳排放分析与低碳利用调控研究”（14BGL218）的最终成果改编而成，该项目已于 2018 年 12 月经全国哲学社会科学规划办公室审核予以结项。

近年来关于城市土地利用碳排放分析和低碳发展研究众多，成果丰硕，笔者在研究中参阅、借鉴和引用了许多专家学者的研究成果，并竭尽所能将其列入本书的参考文献，但课题研究的繁复和工作的疏忽使笔者难以确保做到逐一列入，来自不同途径的数据资料也未能逐一注明出处和加以详尽解释，在此特向所有被引用和参考的文献与数据的作者表示崇高的敬意和诚挚的谢意！向被本书引用却未能列入参考文献的作者、未能标注数据来源的单位和个人致以深深的歉意！

本书是集体劳动的成果。华中农业大学的梅昀教授，湖北大学的袁凯华博士，山东师范大学的张苗博士，湖北经济学院的吴萌博士，碧桂园武汉区域的屈宇宏执行总裁，武汉市江夏区人民政府金口街道办事处的朱巧娴硕士，以及硕士生刘晔、刘秋彤、檀稳、张思齐等，没有我们共同的努力和精诚团结就无法完成国家社会科学基金项目“基于系统仿真的城市土地利用碳排放分析与低碳利用调控研究”（14BGL218）的工作，以及今天本书的完稿。华中农业大学公共管理学院的赵微副教授、徐雯老师等积极参与和支持了本课题的申报和调研工作，博士生陈坤、硕士生杨慧琳对本书的后期校对工作付出了辛勤劳动，在此一并表示衷心的感谢！

华中农业大学公共管理学院学科建设经费资助了本书的出版。华中农业大学公共管理学院为课题研究工作的顺利完成提供了良好的条件。在此，衷心感谢全国哲学社会科学规划办公室、各位评审专家，以及华中农业大学公共管理学院的资助与支持！感谢科学出版社为本书的出版付出的辛勤劳动！

陈银蓉

2019 年 5 月 30 日

目　　录

第1章 导　　论

1.1 相关概念界定

1.1.1 土地利用/覆被变化

全球环境变化的主导因素之一是土地利用覆被变化。随着气候变化问题的日益突出，关于土地利用/覆被变化的研究不断被关注。1995年，“国际全球环境变化人文因素计划”与“国际地圈-生物圈计划”联合提出了一项关于土地利用/覆被变化的研究计划，即研究人类活动及全球变化中人和其他生物这两个驱动因素是怎样影响土地利用/覆被变化的，以及对环境和社会造成了怎样的影响。该计划提出后，许多学者开始研究土地利用变化的问题。随后，全球土地计划被启动，众多学者对“人类-环境”这一综合的系统进行模拟和集成研究，土地利用/覆被变化动态监测及其模拟逐渐得到全球学术界的广泛关注。

土地覆被与土地利用既有联系也有区别。前者具有时空特性，尺度不同，理化特征也不同，它是一个由诸多要素组成的综合体，包括自然形成物和人工建筑物，主要侧重于土地的自然属性。后者是指人类利用生物或技术手段，结合土地的特征，为了一定的经济和社会目标，长期或周期性地对其进行经营，主要侧重于土地的经济属性。土地利用时时刻刻影响着土地覆被变化，它们之间是相互影响、相互作用的。人类日常生活中的各种活动，如土地利用、工业生产等，都会导致土地覆被的变化。但是，人类活动只是众多影响因素之一，土地覆被状况及变化并不完全被人类所控制。

土地利用/覆被变化主要由转换与渐变两种方式构成。其中，前者至少包括两种土地利用类型，属于类型间的互相转变，如耕地转变为林地等；而后者则是土地自身状态的变化，如农业生产、植树造林、建设用地利用强度增加等。除了上述两种方式，部分学者认为也应该重视“维持”这第三种土地利用变化方式（Turner Ⅱ et al.，1994）。因此，学者开始从渐变、转换及维持这三个方面来研究城市土地利用对土地覆被的影响。同时，土地覆被变化对土地利用的影响又可通过环境作用进行反馈，促使其发生变化。累积的土地覆被变化引起气候变化，并对土地生态系统产生反作用，累积的环境条件变化又引起土地利用驱动力变化。

1.1.2 土地利用碳排放

碳排放一般指温室气体排放。温室气体指任何会吸收和释放红外线辐射并存在于大气中的气体。《京都议定书》中规定控制的6种温室气体，分别是CO_2（二氧化碳）、CH_4（甲烷）、N_2O（氧化亚氮）、HFCs（氢氟碳化合物）、PFCs（全氟碳化合物）和SF_6（六氟化硫），但就全球升温的贡献百分比来说，主要含碳（carbon）的温室气体中CO_2因其在大气中的含量最多而占比最大（高达55%）。

关于土地利用碳排放，目前学术界并没有明确界定。起初，土地利用碳排放特指农林生产部门的土地利用行为对陆地生态系统碳循环的影响（刘慧等，2002）。随着研究的深入，IPCC（2006）根据土地利用类型的变化形式将土地利用碳排放分为土地利用类型转变引致碳排放和土地利用类型保持相关碳排放两类，其中，前者是指因土地利用类型转变引起生态系统变化而带来的碳排放，如农地非农化、围湖造田和退耕还林等土地利用行为；后者是指土地利用类型保持但土地经营管理方式变化对内部的生态系统产生影响而引起的碳排放，如农田耕作、森林砍伐和草场退化等土地利用行为。赖力（2010）定义不同土地利用类型上产生的碳排放之和为土地利用综合碳排放，包括自然源和人为源两部分。本书定义的土地利用碳排放概念与赖力一致，包括能源、工业过程和产品、人口生活和呼吸、农林土地利用和废弃物等不同土地利用类型所承载的碳排放之和，即土地利用碳排放。土地利用碳排放是与土地利用相关的碳排放的统称。

1.1.3 碳源、碳汇和碳库

根据《联合国气候变化框架公约》（United Nations framework convention on climate change，UNFCCC）中的相关解释，温室气体"源"就是向大气中排放气溶胶、温室气体或其前体物质的过程、活动和机制，而温室气体"汇"则是移除温室气体、气溶胶或其前体物质的过程、活动和机制。这两者的概念在理论上是相对的。简而言之，碳源就是指某一过程、活动和机制在生态环境中释放碳，而"碳汇"则是指某一过程、活动和机制在生态环境中祛除碳。

根据UNFCCC的定义，碳库是指能累积或吸收碳的系统的一般术语。迄今为止，地球上主要包括陆地生物圈、大气、海洋及岩石圈等积累或吸收碳的碳库。本书因研究区域的特定性，碳库专指单位城市土地及承载物积累和吸收碳的总量，即城市碳库；碳汇专指城市土地利用吸收碳的过程，碳源则为城市土地利用释放碳的过程。

1.1.4 能源消耗

能源消耗是指由于化石能源的消耗而释放CO_2的过程，主要包括产业生产和居民生活两种过程。在本书中，终端化石能源主要包括柴油、原煤、焦炭、天然气、洗精煤、型煤、煤油、炼厂干气、汽油、液化石油气、其他石油制品、焦炉煤气、原油、高炉煤气、其他煤气、其他焦化产品、其他燃料、电力及热力等能源类型。

1.1.5 碳排放强度

现有研究中，众多学者将单位地区生产总值上产生的碳排放量称为碳排放强度，又称碳强度，可以用一个国家或地区在一定时间内的碳排放量与地区生产总值之比来表示，主要用来衡量一个国家或地区经济发展与碳排放之间的关系（代如锋等，2017）。本书中的碳排放强度特指城市土地利用碳排放与地区生产总值之比，创造单位产值所需要的能源消耗量与指标的数值呈正相关。在碳排放影响因素中，能源效率、能源结构等因素具有显著影响作用，次要影响因素主要有技术水平、经济发展阶段、产业结构等宏观因素。

1.1.6 土地利用低碳调控

土地满足人类需求主要表现为以下两个方面：第一，在物质产品方面，满足人们的生产和生活需要；第二，在服务方面，满足经济增长等社会发展的要求。工业革命后，产生技术革新的同时伴随着建设用地、能源等需求剧增的现象，导致土地质量下降、土地利用方式不可持续、土地利用碳排放持续上升等诸多问题。鉴于此，促进土地低碳利用，采取合理的土地开发模式是人类的必然选择。

本书中土地利用低碳调控从碳增汇和碳减排两个角度提出低碳导向的土地利用政策配套体系。低碳土地利用概念包括以下两点：①低碳土地利用的原则（5R原则），即再削减（reduce）、再修复（rescue）、再利用（reuse）、再循环（recycle）和再开发（redevelopment）原则。具体而言，就是单位地区生产总值所需要消耗的能源数量减少，通过减少碳源土地的供给，进而降低单位土地面积上的碳排放强度；利用土地整治手段，如整理、开发和复垦等，提高农业生产能力，以及建设用地开发利用效率；采取因地制宜的土地利用方式，促进农用地循环可持续利用，使土地价值得到最大限度的提高；采用工程技术手段改良退化土地，并集中治理受污染及待修复的土地，使其得以重新利用。②低碳土地利用的具体方法，包括优化配置土地资源、对土地利用结构及布局进行调整优化等。在这两种具体方法中，土地利用结构调整的方式主要是利用节能减排的土地利用方式，以及碳汇用地数量的增加来降低碳排放，同时通过节约集约的用地方式，以及缩小碳源用地规模来减少土地利用碳排放。另一种具体方式，即土地利用布局的优化，是摒弃低效粗放的土地利用模式，采用可持续、有效的土地保护和开发利用方式，提高资源利用效率，并扩大高效、低耗的产业用地，使土地价值得到最大化的体现。

1.2 理论基础

1.2.1 城市低碳发展的理论基础

1. 可持续发展理论

面对人口、资源和环境问题不断加剧与恶化的局面，人口问题、社会经济发展问题、资源问题及环境问题已成为当今世界人们密切关注的四大问题。推行"可持续发展"是解决上述问题最有效的途径之一。"可持续发展"这一概念最早出现在1980年发表的《世界自然资源保护大纲》中。7年后，在《我们共同的未来》中，世界环境与发展委员会对其进行了进一步的定义，即"既满足当代人的需求，又不损害后代人满足其需求能力的发展"，并被学术界接受。

随着社会的发展，可持续发展已经不仅仅局限于环境保护，它适用于全球人类发展。具体而言，可持续发展可分为经济、社会和生态三个方面的可持续发展。其中，在经济方面，在以往追求经济数量发展的基础上，进一步强调经济的质量发展，并着重关注后者。因此，改变"高投入、高消耗、高污染"的传统发展方式势在必行，要走节约能源、提高资源利用效率的低碳发展之路。在社会层面上，增加和提高人类社会福利是该理论的主要方向。尽管不同国家处于不同发展阶段，它们的发展目标各有千秋，但其发展目标的本质是无差异的，都是为了生存和发展，提高人民的生活水平。因此，社会环境的可持续性是十分重要的。再者，社会发展是以人类与自然的协调性为前提的，人类在开发利用资源时，应考虑到资源环境承载力，不可超出其极限。基于此，人类在发展过程中对资源进行开发利用时，应采取可持续的方式，注重污染控制、生物多样性维持及生态环境保护，使自然环境与人类发展相互促进、相互协调。

现阶段，我国城镇化水平持续快速提高，伴随而来的是经济发展与资源环境之间不协调的问题。在城市建设用地需求不断增加的背景下，土地可持续发展面临瓶颈，而土地低碳利用为其指出了突破阻碍的方向。首先，在社会经济发展过程中，土地是不可或缺的空间介质，建设用地侵占生态用地的现象时常发生，碳源用地的增加会增加碳排放量，如果不合理规划设计，可能会造成生态系统失衡的局面；其次，城镇化水平的提高，会加大人类对化石能源的开采需求，从而造成温室气体排放增加。因此，利用可持续发展理论来进行指导，实现土地低碳利用是实现可持续发展的重中之重。

2. 城市发展阶段理论

随着时间的推移，城市作为一个客观存在，在演化过程中展现出阶段性特征。在城市发展研究中，城市发展阶段理论是其重要的思想支撑。城市发展阶段理论的理论渊源在于进化论。20世纪初，英国生物学家盖迪斯（Geddes）在城市研究中注入生态学及进化论的思想，创造性地提出了城市的生命周期理论和城市进化的概念；1924年美国社会生态学家麦肯齐（Mckenzie）利用城市的生命周期理论，对人类群落进行研究，对城市在“生态进程”发展的各个阶段及各个阶段的表现进行分析（丁鸿富等，1987）。

20世纪50年代以后，对城市发展阶段的研究如雨后春笋般兴起，西方学者主要对城市的发展阶段进行研究，包括城市邻里、单一职能城市和综合性城市三个方面。美国的房主贷款公司（Home Owners’ Loan Corporation）（Metzger, 2000）、Hoover和Vernon（1959）基于人口增减、家庭结构、种族构成和建筑状况等角度，对城市邻里发展阶段进行划分，主要分为新建成阶段、正常使用阶段、老化阶段、恶化阶段和贫民窟阶段。在单一职能城市中，被提及最多的是资源型城市，相关研究成果也最为一致，并在资源型城市规划建设中得到较多应用。我国学者刘力钢等（2006）以资源储量和市场需求为依据，将资源型城市的生命周期划分为形成期、扩张期、繁荣期和衰退期四个阶段。处于繁荣期的资源型城市，应实现先导转型，重点发展替代或接续产业。进入衰退期后，为了防止城市走向衰亡，必须进行危机转型。另外，综合性城市发展阶段的划分比较困难，Hall和Hay（1980）从人口和产业迁移的角度出发，提出城市发展具有四个阶段，分别是集中城市化、郊区化、逆城市化和再城市化，该理论是目前较为成熟的综合性城市发展阶段理论。很多学者早已应用过这一理论，并在对城市发展的研究中多次引用。除了这种划分方式，国内外学者寻找到不同的角度对综合性城市发展阶段进行划分。Norton（1979）对美国排名前30位的城市进行城市发展阶段划分，其依据指标有人口变化、就业结构和城乡社会经济差异等，将城市划分为成熟阶段、多变阶段和青年阶段。我国学者郑国和秦波（2009）发现不同发展时期推动经济发展的关键因素不同，由此将城市发展划分为要素推动、投资推动、创新推动和财富推动这四个阶段。叶裕民和唐杰（2011）提出城市发展阶段应根据不同时期主导产业的更替来划分，认为城市的每一个生命周期的替代，都伴随着每个时期的主导产业的兴起，即每一次主导产业上升期、成熟期和衰退期的发展轨迹都与城市发展轨迹相一致。

城市发展阶段理论已较成体系，研究方法也较为成熟，借鉴已有的研究成果可以深入开展低碳城市发展阶段研究，不仅可以为低碳城市发展理论研究提供支撑，也可以为城市低碳转型提供指导。

1）城镇化进程与城市化阶段

城镇化是人类生产与生活方式由以农业为主的农村型向以工业和服务业等非农产业为主的城镇型转化的历史过程，主要表现为人口职业、产业结构、土地和地域空间等转变，以及城市不断发展完善的过程。在城镇化进程中，常常伴随以下现象：①土地利用方式及地域空间的变化，由农村地域演化为城镇地域；②由于农村剩余劳动力的转移，人口转移方向是农村转移到城市，农业人口转变为非农业人口；③全国范围内城镇数量快速增长；④城镇用地需求激增，城镇用地规模也相应扩大；⑤随着城镇规模的扩大，人类会不断完善城镇中基础设施和公共服务设施；⑥无论从城镇用地方面还是从基础设施方面来讲，城镇居民的生活水平都会得到很大的提升；⑦社会文化由城镇的文化价值观主导，且农村地区受到深入影响。当然，上述转变过程也伴随着城镇产出的增加，其中包括碳排放。

美国地理学家诺瑟姆（Northam）将城镇化发展过程分为三个阶段。第一阶段是初期阶段（总人口中 30%以下是城市人口），此阶段人类的生产生活方式都是以农业为主，工农业生产力水平较低，工业需求的劳动力很少，这两方面原因导致农业剩余劳动力得不到转移释放；第二阶段是中期阶段（总人口中 30%～70%是城市人口），该阶段积累了较强的工业基础，促使经济不断增长，工农业的生产力水平提高，使得农业有大量剩余劳动力，而工业的快速发展可吸收这部分人口；第三阶段是后期阶段（城市人口占总人口比重在 70%以上），这一阶段城市人口占到了绝对优势，人口转变形式由前期农村人口向城市人口转变，更替为后期的人口职业由第二产业向第三产业的转移。每一阶段中，由于经济发展方式、产业结构及人口转变的方式不同，其所呈现的碳排放特征也不尽相同（李全，2012）。

2）脱钩理论

脱钩（decoupling）理论是形容将经济增长与资源消耗或环境污染之间的联系阻断的基本理论，由经济合作与发展组织（Organisation for Economic Co-operation and Development，OECD）提出，20 世纪末，OECD 在对农业政策的研究中引入脱钩概念，并逐步将其应用到环境等领域。以“脱钩”表示经济增长与环境污染、资源耗竭之间关系的阻断，实现二者脱钩发展（任洁和陈东景，2012）。由环境库兹涅茨曲线（environmental Kuznets curve，EKC）可以看出，经济增长会带来巨大的环境压力，同时大量消耗能源并浪费资源；反之，当在经济增长的过程中运用新技术和出台相关有效的促进政策时，经济的快速增长则不会使得环境压力和资源消耗增大，反而会减少环境污染和资源消耗，这个过程被称为脱钩。脱钩关系可分为扩张负脱钩、扩张连接、相对脱钩、绝对脱钩、衰退脱钩、衰退连接、弱负脱钩和强负脱钩。在以上情形中，绝对脱钩是最为理想的情形，强负脱钩是最不理想的情形。当某一国家或地区的经济总量持续增长（即 $\Delta GDP>0$），同时碳排放的弹性越小，其脱钩就越显著，即脱钩程度越高，越接近理想的脱钩情形。

经济增长若以消耗大量的能源为代价，则会导致大量温室气体的排放。实现经济增长与环境污染的脱钩发展是我国城市发展的前进方向。调整产业结构、使用碳排放系数小的能源及新能源能够有效地减少我国的碳排放量，实现经济增长与碳排放的脱钩。

3. 碳足迹理论

全球气候变暖背景下，衡量人类活动碳排放对环境的影响和压力程度（赵荣钦和黄贤金，2010）及自然生态系统对碳排放的响应（吴文佳等，2014）成为近年来生态学、社会学等领域学者的重要研究方向，碳足迹（carbon footprint）这一基于生态足迹概念用以测度碳排放影响的新理论也应运而生，并在相关研究中得到了广泛应用。

生态足迹理论最早可以追溯到20世纪70年代的“影子面积”学说，随后加拿大学者Rees于1992年正式提出了以土地生产力为基础的生态足迹理论。该理论以生产性土地面积来度量区域内人类活动消耗资源和排放废物的水平（沈正平和仇方道，2009），可以用来判断不同区域的可持续发展状态。随后，Wiedmann和Minx（2008）等学者基于Rees的研究定义了碳足迹并提出了相应的计算方法。

目前碳足迹的度量方式分两类：一是对某种产品/活动引起的（或某种产品/活动在整个生命周期内积累的）直接或间接的CO_2排放量进行度量（赵荣钦和黄贤金，2010），以碳排放量衡量；二是将碳足迹看作生态足迹的一部分，即容纳上述CO_2所需的生产性土地面积，以面积衡量。第二种衡量方式考虑了区域土地生产力，因此更符合生态足迹的本质。与碳足迹相对应的概念是碳承载力，是基于生态承载力概念发展而来。生态承载力是指一个区域实际提供给人类的所有生产性土地（包括水域）面积的总和（赵先贵等，2005），因此可将碳承载力定义为某一区域内实际吸收固定CO_2的生产性土地面积总和。碳足迹和碳承载力之差是判断区域碳环境稳定性和可持续性的重要标准。因而在本书中，可将其作为判断武汉市碳环境可持续性的理论基础。

1.2.2 城市规划认知的理论基础

1. 人地关系理论

人地关系理论中的主体是从事生产性和社会性活动的人，客体是主体在社会生产实践和生活实践中与其发生联系的地理要素，包括自然地理要素和人工地理要素两个方面。主客体之间的关系既有定向改造，也有相互驯服。以谋求生存和发展为目标的人类，在与自然地理要素发生关联时，会对其进行最大程度的利用，并对其进行改造，改造成人工地理要素，但是在改造的过程中，主体也受到这些自然地理要素的制约。在人类改造自然地理要素的过程中，自然地理要素也会不断地影响人类进行的各项活动，这一驯化、适应对方的过程是漫长的。人地关系是指人类与各种地理要素之间互为影响因素的逻辑链条，人地关系理论就是对这种关系的细致描述。

随着人类社会的不断进步和科学理论的逐步完善，人地关系理论也发展出不同的学派，主要包括以下三种：①环境决定论，地理环境深刻地影响着人类社会生活，甚至对人类的迁徙和进化产生根本性的影响，它是人地关系的核心；②或然论、可能论，自然地理要素为人类活动提供了场地，也为生产生活提供了空间条件，人类可以根据自己的需要修改这些元素的状态和条件，这种思想学派的主旨是人类会选择和改造自然的环境条件，认为人与地理空间要素之间相互影响、相互制约是人地关系的核心；③景观论，形成景观要素的内在动力是人类活动，地理景观的分析框架应该通过一系列的技术手段来建立，由此对人类与地理空间要素之间的相互关系进行研究，人地关系有两个重要组成部分，分别是人类和环境要素，两部分间相互联系，又相互制约。人地关系和谐的本质，是经过两者长期博弈最终达到的均衡状态。人地关系学说的主要学派是景观论，人地关系的协调处理主要参考了景观理论。

1）城镇化、人口迁移与城市碳排放

现阶段工业化和城镇化的进程持续增快，自然资源与环境被不断开发，并不断被大规模改造和利用。在实践过程中，必须要综合考虑社会、经济和生态效益的和谐发展，这是由于土地是一种刚性资源，其绝对数量有限。由于目前很多不合理的行为发生在土地开发、利用和保护过程中，我国出现了一些环境问题。我国是人均占有土地、人均占有耕地水平较低的国家，城市化发展中，农村人口向城市迁移，大量耕地转化为建设用地，不仅使耕地面积减少，而且使生态土地面积大幅度减少；另外，工业化快速发展，能源消耗量持续上升，从而导致碳排放量持续增加，对气候变化产生不利影响。在城市化速度不断加快的大背景下，低碳城市建设研究重点将放在如何利用节约集约用地、优化用地结构、科学合理规划等手段上。

2）城市土地内部空间结构、功能分区与碳排放

人地关系协调发展的目标是解决土地供需矛盾。从土地资源管理的角度出发，保证一定时空范围内土地供给和需求的平衡是促进人地关系协调的关键。保持土地供需平衡，即在耕地总量动态平衡的基础上，实现土地资源的优化配置，从而满足各部门和各行业对土地的需求。通过优化土地的时空分配，最大限度地在土地使用方向和数量上保持一个合理比例，使空间结构和土地利用分区的合理化不仅满足各部门不断增长的用地需求，还能为代际配置预留空间，同时减少由土地利用产生的间接碳排放。综合考虑城市土地内部空间结构和功能分区，开发综合

效益高的项目，实行资源的价值取向；按照一体化的原则，实现土地低碳利用和可持续发展，并在保证人类自身可持续发展的基础上，促进以人类自身可持续发展为中心的区域自然-经济-社会这一综合体的健康发展（李静，2011）。

2. 土地资源优化配置理论

土地资源优化配置理论是研究土地资源的数量、结构和空间分布如何实现有效且合理配置的理论。本书研究土地资源优化配置，目的是使土地利用实现社会、经济、生态效益的统一，是基于现实中土地利用现状、社会经济发展对土地的需求，依靠科学技术和监督手段，实现合理配置土地利用和布局土地利用类型，科学安排土地利用格局。

土地资源优化配置理论主要包括土地利用结构优化、土地利用空间布局优化、土地节约集约利用和土地利用优化配置效益四个方面。首先，土地利用结构优化是对各产业用地的分布情况，以及不同土地利用类型的比例进行优化的过程；其次，土地利用空间布局优化是在现有土地利用状况下，根据某一特定区域内的土地空间分布情况，优化不同类型土地的空间分布区域，合理优化空间布局；再次，土地节约集约利用是目前实现土地资源优化配置的重要手段，增强土地节约集约利用和提高土地利用效率也是最主要的实现方式；最后，土地利用优化配置效益是在以上三个方面的基础上，找到合适的方式来利用土地资源，使得土地资源配置的整体效益有所提升。显然，土地资源的优化配置有助于实现土地的低碳利用。

1）期间配置、区间配置与产业间配置

土地资源配置包括三项内容，即土地资源期间配置、土地资源区间配置和土地资源产业间配置三项。首先，土地资源期间配置是指每期土地资源开发利用的净收益相当，以确保土地在人类漫长发展史中的可持续利用，这是对可持续发展理念的展示；其次，土地资源区间配置是指土地资源分布和配置在广度和区域上的一体化，目的是平衡因地域不同导致的土地开发利用程度不同、不同地区就业和收入水平不同，即在土地资源配置中更好地运用了区域统筹发展的思想；最后，土地资源产业间配置是土地资源在各产业之间，以及各产业内部之间的分配与安排，其目的是使各产业间及各产业内部间的土地利用安排更合理，满足各行业、各部门对土地资源的需求和用地安排。

2）土地资源优化配置与低碳城市规划

土地资源优化配置，从宏观上表现为土地资源内部结构的调整，从微观上表现为对有限的土地资源进行合理利用，以及对未利用土地资源的有效使用。土地资源优化配置的基本原则是土地可持续利用，核心目标是充分利用土地资源，并通过各项技术手段来提高土地利用效率，实现土地的可持续利用。土地资源优化配置也指人类社会将稀缺的土地资源，在不同用途间进行权衡并最终确定土地资

源的用途，使其开发、利用满足自然生态和社会经济的需求。低碳城市规划则是在合理利用土地资源、土地资源优化配置中，土地利用效率和效益得到保持和提高的同时，使土地利用碳排放量最小化，通过城市规划实现碳减排，促进城市低碳发展。

3. 城市空间理论

列斐伏尔在《空间的生产》中重新定义了“空间生产”的概念，更加强调空间实践对于沟通城市与人的关系的重要性，认为城市生活以城市地域空间为依托，包含了各种空间的隐喻，揭示了社会边界及抗衡的界限、主体建构自我与他人的边界，他从“空间向度”的角度来划分城市阶层和城市中的相关主体。社会空间是对高度个性化和本土化的融合，每个个体的不同行动则是生产社会空间中的一个过程。城市空间理论将城市的空间供给区分为空间中事物的生产和空间本身的生产，强调城市空间在社会发展过程中的作用，由此得出政治、经济及其相关因素对城市社会变迁的影响，提出了许多原创性的观点，激发了其他研究者对城市空间变化背后的权力作用和制度力量进行深入研究，对整个城市社会理论的发展，以及从不同的角度进行低碳社会建设具有重要意义。

1）城市空间模式

一个社会的经济发展水平与城市发展水平相对应，但是城市系统的内涵在不同社会经济发展水平下是不同的。城市空间结构是推动城市发展的内在因素，在城市发展的过程中，城市空间模式也发生着巨大的变化。在工业革命时期，许多西方学者系统分析了城市空间结构，提出了同心圆模式、扇形模式和多核心模式，这三种模式也是城市空间模式中最经典的三种。当前我国正处于经济和城市化水平快速发展阶段，碳排放量与日俱增，国内学者借鉴西方相关研究成果，结合我国国情，对我国的城市空间模式进行了研究，提出传统稳定增长的“外溢式”模式、高速发展下的“跨越式”模式、单中心块聚式模式、走廊城市模式和多中心网络式模式等。这些具有中国特色的城市空间模式，有利于解决我国城市化中存在的各项特殊问题，也为城市低碳空间结构规划理论打下了基础。

2）城市空间模式与碳排放

2008年，气候组织（The Climate Group）提出了“城市低碳领导力”项目，目的是推进城市低碳经济发展，减少温室气体排放，气候组织还成立了低碳城市联盟，各联盟城市之间进行了政策协调，共享各项资源，以达到促进低碳城市发展的目的。各联盟城市之间通过双方交涉建立开放的合作平台，进一步完善组织的形式，共同探讨城市中长期发展战略，实现低碳转型；在治理理论的基础上，国内众多联盟城市以政府为主导，通过政府、市场、非政府组织等主体，对低碳城市的发展起到最为关键的作用。城市软环境的一个重要组成部分就是城市发展战略，城市总体发展战略的设计必须建立在城市低碳战略的基础上，城市低碳战略是形成新型城市空间格局的直接推动力（周潮等，2010）。

十八大以来，我国大部分城市都在对原有城市物质、环境和空间布局进行大规模调整，基于多年的实践经验和研究理论，具有鲜明的中国特色的空间结构格局在我国的城市规划中已经初具模型，从而促进了我国城市在市场经济条件下的健康发展。在低碳发展的背景下，建设低碳城市是关键，这就要求在进行城市规划时，要寻求适应低碳城市发展的空间结构组织模式。例如，紧凑型的空间结构模式可大幅提升土地的混合利用率；针对交通能源消耗和碳排放，可采取发展公共交通主导的空间结构模式；采用以生态为支撑的空间结构模式，有利于将城市发展与碳排放脱钩；等等。这些措施都将为走低碳发展之路的城市的发展奠定基础。

1.2.3 研究方法理论基础

1. 系统科学理论

奥地利生物学家贝塔朗菲在20世纪提出了机体论，同一时期，英国军事部门提出了运筹学。20世纪五六十年代，系统科学快速发展，从而促进了相关理论和科研工作的进一步前行。20世纪七八十年代，政府部门在管理过程中大量使用了系统科学，从而提高了其工作效率。系统科学在自然科学和社会科学研究领域也发挥了重要作用，许多学者将系统科学理论运用到复杂烦琐的系统研究中，基于事物之间内在的关系，探索隐藏在这些复杂烦琐的事物中的逻辑规律，并通过系统模拟，来预测事物未来的发展趋势。

2. 系统论与城市土地碳排放模拟

城市土地利用碳排放系统是由多个子系统构成的，其子系统之间相互促进和制约。土地利用碳排放系统具有特定的结构和功能，是一个开放的、综合的、非静态的、复杂的系统。土地利用碳排放系统中的每一个子系统都具有多个要素、多种结构和多个变量，各要素之间存在着复杂的联系，以固定的方式相互作用。将城市人口、经济、土地、能源、碳排放之间相互作用的反馈机制置于系统分析框架内，建立土地利用碳排放系统和各项子系统的联系，通过对系统与不同子系统产生的因果关系进行深入分析，并设立方程式，可以更加便捷地表述和理解城市土地利用碳排放系统的整体运行机制，更好地对城市土地利用碳排放进行模拟和判断。

1.3 研究进展

1.3.1 碳排放机理及测算研究

1. 土地利用碳排放机理研究

国内外学者大多从土地利用、环境系统和碳循环的关系角度出发，对土地利用碳排放机制进行研究，通过研究陆地与碳循环的相关性，讨论土地利用碳排放机理。该领域的研究可根据研究内容的不同将土地利用碳排放机理分为以土地自然生理代谢为主的生态代谢机制研究和以人类活动参与为主的自然干扰和恢复机制研究两类（Houghton，2002）。前者改变碳循环系统的机制主要是通过影响植物的光合呼吸作用及生物的代谢功能等方式来实现，如 Scott 等（1999）、Tate 等（2000）发现土地利用变化影响着生态气候系统，大多数研究是通过改变土壤的理化性质来影响土壤的分解速率，从而影响土壤中碳、氮及水分含量；而后者则主要通过人为改变土地利用方式和土地管理方式引起土地覆盖变化，最终对碳循环系统产生影响。

1）生理代谢机制

A. CO_2对土壤的施肥作用

相关研究发现，土壤受到CO_2的施肥作用影响，且在气候变暖的不同阶段形成不同的影响效应。例如，Davidson 和 Ackerman（1993）研究表明，在热带地区每年通过CO_2的施肥作用形成 0.5～2.0pgC 的碳汇。受CO_2施肥作用影响的植物净初级生产力（net primary productivity，NPP）会随着温度的升高而减少，归因于温度的上升很大程度上会大大加强微生物的异氧呼吸行为。此外，Triberti 等（2008）认为CO_2的施肥作用对土壤碳循环的影响如下：①随着CO_2含量的增加，土壤有机碳的分解加速；②微生物碳通量和根系的碳供应受CO_2含量的影响，CO_2含量增加会促使土壤微生物种群生长；③当CO_2含量增加时，地表植物的生长及凋落物的分解速率会受到影响，土壤碳的归还量也会受到一定程度的影响；④CO_2含量的增加会加大光合作用，而光合作用又促使植物根系快速生长，并增加分泌物的分泌量，而这些又会反过来影响土壤碳的积累和循环。

B. 气候变化对陆地生态系统碳排放的影响

在 UNFCCC 中，气候变化是指自然气候因素，以及由各种人类活动直接或间接地引起全球大气成分变化导致的气候变化。气候变化影响植物和动物的光合作用和呼吸作用，从而改变陆地生态系统碳源和碳汇的循环机制。King 等（1997）

指出气候变化也会影响土壤呼吸作用，进而影响土壤碳含量，这种影响作用可分为短期影响和长期影响。短期内，随着温度的升高，土壤异氧呼吸作用会显著增强，这将减少土壤碳储量。长期来看，生态系统呼吸对气候的变化具有较强的适应能力，呼吸速率和气温升高不线性正相关。当温度升高时，土壤中有机氮等营养元素将更快地矿化，进而会加快植物吸收营养的速率、增强植物净初级生产力。Bowden 等（2004）指出，土壤 CO_2 的释放速率与地表温度间存在比较显著的指数函数关系。基于绝大多数气候变化预测模型可得出如下结论：全球气候变暖源于土壤碳流失，反过来，土壤碳流失速度又会因全球气候变暖而加快。

2）自然干扰和恢复机制

陆地碳循环发生变化的另一个重要原因是土地利用方式的改变，土地利用及其管理模式的变化，以及退化生态系统的恢复等均会影响土壤和植被的碳储量。

A. 土地利用变化

土地利用变化有变换型和渐变型两种类型。变换型是指将一种土地利用类型转变为其他土地利用类型，如由森林生态系统转变为草地生态系统。土地利用的转变可能会导致陆地上植被的功能发生变化。渐变型则是指只发生群落动态、群落结构及生态系统过程等的变化，而不发生土地利用类型、植被类型的变化，如不节制放牧造成草原功能退化、天然林变为人工林等。总的来说，受土地利用变化的陆地碳储量一般受地类变化和植被类型变化的影响（Levy et al.，2004）。

B. 土地利用管理和退化生态系统恢复

生态系统管理和保护可以恢复生态系统的功能，从而增加碳汇和土壤碳储量。Eglin 等（2010）研究显示土壤生态因子受森林砍伐与土地开垦等干扰因素的影响较大，随着扰动程度的不断加大，土壤理化性质也会发生变化，从而导致土壤有机质含量降低，最终使土壤团聚体稳定性下降 30%。IPCC 的《关于土地利用、土地利用变化和林业方面的优良做法指南》显示，CO_2 的排放量会随着森林砍伐的增加而增加，而造林和再造林行为可以减少 CO_2 的排放，使之由年均 1.79pgC 下降至 1.20～1.59pgC。根据 Beetz 等（2013）的观点，由于土地利用管理能力和退化生态系统恢复能力的提高，陆地生态系统的固碳量将会增加。随着土地利用管理水平的提高，2040 年全球碳汇量有望增至 2.5pgC/年。

2. 土地利用碳排放测算研究

测算土地利用的碳排放的基本思路是从土地利用对碳排放量影响的研究与测算入手，计算土地利用碳排放量。许多研究是针对一个国家或地区较长时期内的陆地生态系统碳循环受到土地利用/覆被变化的影响程度进行分析。不同的学者基于不同的研究对象、分类体系、时空尺度等，采用不同的研究方法和核算标准对土地利用的碳排放进行测算。

1）碳排放核算进展

针对不同的研究对象和研究内容，我们可以从以下三个方面对土地利用碳排放核算进行总结。

A. 陆地生态系统碳排放核算研究

（1）植被碳。现阶段有很多对陆地生态系统植被碳进行核算的模型，如中国科学院 20 世纪 80 年代创建的中国生态系统研究网络模型，该网络建立了不同陆地生态系统及水域生态系统的试验站，如农田、沙漠、森林、草地、沼泽、湖泊、海洋等，利用这些试验站对植被的生产力进行长期的生态系统动态监测及定点观测。20 世纪 80 年代中期，相关研究人员进行了现场测量工作，同时根据中国森林资源清查数据，计算了全国范围内的森林生物量，并分析其变化。20 世纪 90 年代，学者提出了涉及涡度有关技术的 ChinaFLUX 模型。

（2）土壤碳。中国对于土壤碳的初步研究是基于中国第一次和第二次土壤普查的数据，同时辅之以中国 1∶400 万土壤分布图，以此计算土壤碳含量。然而近年来，研究人员不是利用单一的土壤普查数据进行计算，而是通常采用生态系统植被和土壤碳库分配的综合模型来测量和分析，因而提高了测量结果的精确性。周涛等（2003）对土壤性质和气候条件相同区域内耕地和非耕地土壤的碳储量进行测算，结果显示两种有机碳储量之间存在显著差异，说明土地利用方式的变化将影响土壤碳储量。

B. 能源和工业源碳排放核算进展

能源和工业源碳排放是基于建设用地所承载的人类活动产生的间接土地利用碳排放。由于建设用地中住宅用地、工矿仓储用地、交通用地等不同类型用地的能源利用特点和结构不同，因而会产生不同的能源消费强度和碳排放强度。在能源碳排放核算方面，学者的研究对象主要体现在能源碳排放测算模型在核算区域内碳排放总量的利用上，并且学者开展了碳排放模式的空间演化、影响因素研究等。如赵雲泰等（2011）通过构建能源消费碳排放测算模型计算各年度国家、地区和省域主要能源消费的碳排放量，并研究了 1999～2007 年我国能源消费碳排放强度的空间演变特征；徐国泉等（2006）根据能源消费碳排放量的基本方程，用 LMDI 方法建立中国人均碳排放因子分解模型，并对此进行实证分析。工业源碳排放主要指工业生产过程中的化学反应排放的碳。相关研究集中在区域整体的工业产品的过程碳排放或者特定产品生产的碳排放水平上。如丛建辉等（2013）使用《中国省级温室气体清单编制指南》与一些实测的排放因子数据，对包含铅锌冶炼等工业生产过程在内的工业碳排放量进行核算；叶懿安等（2013）根据《IPCC 国家温室气体清单指南》中的参考方法对长三角 16 个城市 2005～2009 年的工业碳排放进行核算，并进行了影响因素分析。

C. 土地利用碳排放核算进展

在对土地利用碳排放测算方法进行研究的过程中，不同的学者基于不同的数据尺度，相应地开展了一系列实践活动。赵荣钦和黄贤金（2010）基于能源消耗的视角对江苏省不同土地利用方式的碳强度和碳足迹进行了测算；柳青（2012）以湖北省为研究区域，基于湖北省1998～2009年的土地利用变更数据，并借鉴相关学者测算的碳排放量（吸收）系数，结合社会、经济和能耗等数据，对湖北省各类土地的碳排放量进行测算；黎孔清（2013）系统地分析了国内外土地利用碳排放研究的主要成果，对武汉地区内不同土地利用类型的自然和人为碳排放量进行测算，并分析了武汉市1996～2010年各类土地的碳排放量、碳汇量和碳排放强度；卞晓峰（2014）基于2002～2011年全国30个省、自治区、直辖市的能源消耗和土地利用变化基本数据，对土地利用方式进行分类，分为农用地、居民点和工矿用地、交通用地和水利设施用地、特殊用地四类，并利用土地利用方式与传统能源消费类型间的相互关系，针对不同的土地利用类型建立不同的碳排放计算模型，进而得出不同土地利用类型的碳排放和碳足迹情况；屈宇宏（2015）提出了城市垂直碳通量的测算体系，确定了各种碳通量的计算方法，并以武汉市为研究区域，对武汉地区2002～2012年的垂直碳通量进行了分析和计算，进而分析了其碳运行状况。他的研究表明不同用地类型和碳通量来源之间存在对应关系，并且利用其计算出的2002～2012年武汉市土地利用碳通量，分析了武汉市土地利用碳源/汇强度及土地利用碳足迹。

2）*测算方法研究*

学界长期研究陆地生态系统碳储量和碳排放的土地利用/覆被变化，因而有很多测算土地利用碳排放的方法，主要可分为如下几类。

（1）模型估算法，该模型主要基于土壤、植被、气候之间的碳循环，可分为过程模型、空间模型和簿记模型。尽管该方法应用时间较早，也有较为广泛的使用范围，但该方法仍存在一些不足之处——难以对其参数的时间和空间代表性进行把握。Houghton 和 Hackler（1999）提出了簿记模型方法，并改进了这种方法，现在簿记模型方法在土地利用和林业碳排放研究中得到了广泛的应用。使用频率较高的空间模型是生物地球化学模型（王效科等，2002）。

（2）样地清查法，基于土地利用现状分类的样地清查法估算了不同陆地植被分布或土壤碳密度，主要用于测量森林生态系统的碳储量。中国、加拿大、俄罗斯、美国和欧洲的统计资料都有关于森林利用和土地类型转换的统计数据，为研究森林生态系统碳储量和碳汇奠定了基础（张俊和孙玉军，2007）。

（3）采用宏观数据的遥感和地图估算法，该方法是运用土地利用转移矩阵或土地利用动态图斑来测量土地利用类型间碳密度差异的碳储量。王绍强等（2000）利用遥感方法研究了我国土壤有机碳库特征及其空间分布特征。

（4）涡度观测和“箱”测算法。涡度估算 CO_2 排放是指 CO_2 的垂直通量，其优点在于它不仅能够连续测算，而且在空间上也不受限制（Baldocchi，2003）。“箱”测算法是测量放置在被测表面上的箱体的体积，测算箱内地-气间 CO_2 的变化速率，这种方法一般用于计算草地、农田和土壤的碳通量（Frank et al.，2002）。

（5）人为源碳排放的测算。上述几种方法都适用于自然土地利用碳排放的测算，对于具有人类社会生产活动的土地并不适合。由于需要核算人为土地利用过程产生的能源及矿物消费、工农业产品生产和交易，以及社会废弃物产生的碳排放，IPCC 测算方法（Solomon，2007）、生命周期法（黄水平等，2012）及投入产出法（刘宇等，2015）等方法应运而生。

3）碳排放核算标准

由于研究采用的基础数据、计算方法、测算参数及分类标准等不同，针对同一研究对象，不同研究人员的碳排放计算结果可能存在差异，且差异可能较大。因此对于碳排放评估的研究而言，碳排放测算标准的选取具有重要的意义。目前，为了使碳排放的研究更加科学和统一，一些国家制定了碳排放测量的相关标准。测算标准如下：研究对象的分类、基础数据的使用、核算方法的选择、碳排放系数的设置等。

国际相关组织经过磋商和合作后，各国研究人员都达成共识，碳排放的核算可以以 2006 年 IPCC 发布的《IPCC 国家温室气体清单指南》作为标准，《IPCC 国家温室气体清单指南》在针对全球碳排放/碳汇量的测算上得到了广泛的认可，它清楚地标识了分类体系、研究方法及缺省值等。但在时间和空间层面上，该标准尚有一些不足之处。就时间尺度而言，这个标准是以 2006 年为标准年，并不能很准确地代表其他年份的碳排放情况；就空间尺度而言，我国不仅有较大的土地面积，而且有较为复杂的土地利用状况，故而该标准并不足以完全反映我国碳排放的实际情况。基于该标准的局限与不足，赖力（2010）根据 IPCC 的研究，总结分析了陆地生态系统碳收支及人为源碳排放，并据此建立了我国土地利用的碳排放清单和测算标准，以期为我国土地利用碳排放测算标准的研究提供一定的借鉴与指导。

1.3.2　城市土地利用对碳排放影响及模拟研究

1. 城市土地利用对碳排放影响研究

国内外关于城市土地利用对碳排放的影响研究集中体现在土地利用类型变化与土地利用方式变化对碳排放的影响上。其中土地利用类型变化对碳排放的影响研究包括以下三个方面。

第一，城市农用地向非农用地转换对碳排放的影响研究。杨庆媛（2010）认为，农用地非农化过程中，植被减少，空气中植被碳和土壤有机碳固化吸收减弱，从而引起碳排放量激增。姜群鸥等（2008）的研究表明黄淮海平原植被碳储量减少的主要原因是大量的农用地转变为建设用地。李颖等（2008）基于宏观视角对江苏省土地利用方式变化造成的碳排放效应进行分析，研究结果表明建设用地的碳排放量占土地利用碳排放总量的96%以上。以上研究均表明，农用地向非农用地转化会造成大量的碳排放。

第二，城市农用地内部土地利用变化对碳排放的影响研究。Houghton（1991）研究了土地利用/覆盖变化引起大气中CO_2增加的机理，其结果表明砍伐森林和森林向其他土地类型的转变，如转为农用地、草地等，都会引起大气中CO_2浓度的升高。王义祥等（2005）认为森林转化为农田是造成土壤有机碳损失的罪魁祸首，究其原因，主要有以下四点：一是土壤有机质分解造成有机质转化为CO_2排放至空气中；二是植物残体分解造成有机质降解，且植物呼吸作用会增强；三是物种数量减少导致土壤中碳素所占比例降低；四是土壤受到侵蚀造成有机质流失。白雪爽等（2008）和王春梅等（2007）研究了退耕还林后土壤碳储量的变化，研究结果显示，土壤有机碳储量在退耕还林初期会逐渐减少，然后慢慢达到比农田土壤碳储量更高的水平。Wang等（1999）研究发现草地转化为耕地过程中，有机碳流失多集中在耕层30厘米深度，而30厘米以下的有机碳储量则几乎不变。Polglase等（2000）的研究发现草地转换为人工林地后，土壤有机碳储量在10年内迅速降低，之后土壤碳储量会不断提高到林地土壤碳储量水平。

此外，农用地碳排放也受到地区耕作制度和耕作习惯影响。如Lal等（2004）认为少耕、免耕对于减少CO_2排放量的作用可以从以下两方面进行分析，一方面，这可以节省燃料，从而降低CO_2释放量；另一方面，可以使土壤有机质的分解速率降低，进而减弱土壤呼吸作用，最终使CO_2排放量减少。

Franzluebbers等（1995）以美国得克萨斯州为研究区域，在其不同种植制度下进行耕作试验，结果表明传统耕作改为免耕后，与传统耕作方式相比，虽然土壤碳储量增加了，但CO_2释放量不变甚至有可能更多。伍芬琳等（2008）和胡立峰等（2006）研究表明无论是翻耕还是旋耕都对稻田CH_4的排放有促进作用，CH_4排放通量在无稻全年休闲地达到最低点。总体而言，保护性耕作能够降低碳排放量。据王成己等（2009）的统计分析，如对耕作进行长期保护，则耕地表层土壤有机碳含量整体上会增加；同少耕、免耕相比，秸秆还田对表层土壤有机碳积累的促进作用更大。在化肥投入方面的研究，Jones等（2005）观察到施用有机肥后，土壤CO_2排放量显著增加，是不施肥时的1.6倍；Richard和Amyes（2004）的研究表明减少CO_2的排放可以通过较长时间内增施氮肥达到目的，因为增施氮肥可以大大降低土壤微生物活性；郑聚锋（2007）研究发现与有机肥、无机肥配施相比，长期单施化肥时，土壤CO_2排放强度增幅达到55%～85%。

第三，非农用地内部土地利用变化对碳排放的影响研究。非农用地土地利用变化是指建设用地内部第二产业、第三产业或工业用地的分配变化。一般而言，建设用地利用碳排放的主要来源是第二产业，其属于高能耗、高排放、高污染的产业。第三产业的劳动力使用高于生产资料的使用，属于非物质生产部门。与第二产业相比，其能源的消耗需求较小，并且能在一定程度上提高能源利用效率，故碳排放水平较低。因此从能源消耗的视角考虑，在调整产业用地结构时减少第二产业用地、增加第三产业用地可在一定程度上减少碳排放。许多学者基于能源消费角度讨论了碳排放会受产业结构调整影响的情况。例如，马艳等（2010）的理论模型与实证分析得出的结论认为，对碳排放造成影响的因素之一是产业结构的调整。魏楚和沈满洪（2008）进一步研究发现以“退二进三”带动的产业结构调整可以提高能源利用效率，并且有助于减少碳排放。卢娜（2011）的研究显示，“退二进三”产业结构调整能使碳强度降低，第二产业向第三产业转化的过程中，降低碳强度的力度会随着经济发展阶段的不同而不同。故在不同地区不应该单纯依靠“退二进三”措施来达到节能减排的目标，要着力提高第二产业特别是重工业的能源利用效率，同时积极引导产业转型以带动碳减排。同时，第二产业和第三产业内部不同产业的碳排放效率也不同，高端制造业和新型服务业等通常具备更高的碳排放产出效益（李平星和曹有挥，2013；唐承财等，2013）。

2. 碳排放模拟研究

目前国内外针对碳排放的模拟研究主要从可计算一般均衡（computable general equilibrium，CGE）模型和系统动力学（system dynamics，SD）模型展开，以模拟区域内碳排放与碳经济政策的关系。

国外对碳排放的模拟研究起步较早，研究成果也更为丰富。研究内容上，较多学者从模拟碳税和碳排放权交易（以下简称为碳交易）对系统整体经济影响方面开展研究。如 Wissema 和 Dellink（2007）采用 CGE 模型，对爱尔兰经济受能源税和碳税的影响进行模拟分析，模拟结果表明碳税对生产和消费有一定影响，并在一定程度上能优化能源结构。Lee 等（2008）对不同工业部门的碳税和排污权交易进行分析，发现碳税会对 GDP 产生不利影响。Wendner（2001）以奥地利为研究对象，利用动态 CGE 模型分析碳税对其经济产生的影响，发现碳税通过影响经济活动从而可能会减少碳排放。Meng 等（2013）基于 CGE 模型对澳大利亚环境扩展社会核算矩阵进行模拟，研究结果显示征收碳税对温室气体排放具有约束作用，但可能会对经济造成一些负面影响。

近年来，随着国内社会碳减排意识强化和碳交易试点的设立，部分国内学者也开始利用 CGE 模型和 SD 模型对碳交易市场建设与碳排放政策实施对我国经济的持续影响进行了模拟研究。丁仲礼等（2009）模拟了 IPCC、联合国开发计划署（The

United Nations Development Programme，UNDP）和 OECD 等 7 个全球碳减排计划，发现 IPCC 计划等与国际关系中的公平正义原则相悖。李洪心和付伯颖（2004）采用 CGE 模型分析征收碳税对中国经济和温室气体排放的影响，研究结果表明按污染强度设置不同的税率以产值征税，可控制污染产业产量、降低碳排放，但会对行业的整体产出和居民消费造成不利影响。姚昕和刘希颖（2010）对增长约束下的福利最大化动态最优碳税模型进行求解，得出了最优碳税征收路径；并利用 CGE 模型对宏观影响进行测算，结果表明征收碳税可使碳排放量减少，促使各行业实现低碳经济的平稳过渡。朱永彬等（2010）通过求解可计算的 CGE 模型，发现碳税的征收有利于减少碳排放，同时进一步对宏观经济进行分析发现，总产出及国内产品供给有所改善，就业、家庭收入和消费却下降了一部分。许多学者也在碳排放系统仿真预测方面展开研究。范太胜（2013）、张仁寿（2013）、刘永红（2015）系统地模拟了不同省市的低碳经济发展状况，以此探讨分析经济增长与碳排放量之间可持续发展的低碳经济发展模式；钱国英等（2014）将遥感技术与 SD 模型结合起来，通过分析研究近 25 年来研究区内的土地利用变化情况和景观格局，使用土地利用景观指数和 SD 模型对 2004 年的土地利用变化情况进行模拟，以此来模拟分析未来 20 年的土地利用/覆被变化；唐韬（2014）、胡玥昕等（2014）、李国柱和何曼（2015）、王喜平和王玥玥（2016）分别利用系统动力学模型模拟分析坑口电厂、工业产业及电力行业的碳排放系统；张俊荣等（2016）根据建立的京津冀碳排放交易 SD 模型，预测了不同的碳交易机制会如何影响京津冀地区的社会经济与生态环境。

此外，少数学者也采用了蒙特卡洛模拟方法对国内碳排放进行了模拟分析。如董锋等（2015）基于 LMDI 分解模型，将碳排放增量变化分解为经济规模、产业结构、技术进步、能源结构四个效应，运用协整方法建立关于分解结果的碳排放量与经济发展等四个变量的长期均衡协整关系模型，最后利用蒙特卡洛动态模拟方法，对我国 2020 年的碳排放情况进行模拟。

1.3.3 城市土地利用减碳策略研究

1. 城市土地的碳管理研究

2005 年全球碳计划（global carbon project，GCP）对城市与区域碳管理研究计划进行了一系列的规定，从城市-区域-全球角度出发，将碳管理因素纳入城市发展。IPCC（2006）在研究中提出了一系列政策约束，如土地结构优化、土地调控（空间优化与管制）等。2008 年，英国城乡规划协会在《社区能源：城市规划对低碳未来的应对导引》中提出针对不同的社区规模采用不同的节能减排技术；城市可通过能源的分散生产和加强大型能源生产机构的可持续性生产能力，实现减少碳排放的目标。同时由于自然生态系统的气候服务调节值明显高于农业生态系统，因此考虑将生物化学和生物物理过程与土地管理相结合以确保有效的气候保护是很有必要的。土地宏观规划和微观增汇减排管理都可以加强对城市土地的碳管理。

1）宏观土地利用低碳管理研究

在宏观层面上，低碳土地利用管理是指在研究社会经济、地理环境、土地利用和能源消耗的相互作用机制的基础上，对土地利用结构及其空间分布进行优化，从而降低碳排放强度，提高碳汇水平和固碳效率，最终促使整个社会实现低碳环保、可持续发展的目标。而通过研究土地利用间接碳排放机制可知，宏观低碳土地利用管理是一个涉及人类社会经济、政治、文化各个方面的多要素、多层次的体系（Canan and Crawford，2006）。

由于此领域的研究近几年才开始出现，因此尚处于起步阶段（赵荣钦等，2009）。在土地低碳利用模式研究方面，紧凑型城市及职住空间均衡等理论是目前国内外学者的主要成果，如 Makido 等（2012）研究发现，分散型城市与紧凑型城市相比，后者交通出行碳排放量更少；孙斌栋等（2008）研究交通出行碳排放中就业与居住的影响，发现在减少居民交通碳排放方面，加强城市用地功能复合性对其有较好的效果。赵荣钦等（2013）研究了土地低碳利用的模式、原则与对策，主要从土地利用的布局、结构、规模等方面提出相应的对策建议。此外，还有学者将各学科与多技术进行综合，分析土地低碳利用的路径，主要有两个部分：一是调整城市总体用地的数量结构，如 Jing 等（2013）为支持国土部门进行土地低碳利用调控，通过构建多目标规划模型，以郑州市为例，对各土地类型在不同碳排放强度情景下的数量进行配置；赵荣钦等（2013）以南京市为例，以土地碳效应评估为基础，利用线性规划法，以碳蓄积、碳排放和碳汇为约束目标，建立了不同约束目标下的土地利用结构优化模型，并提出了相应的政策建议；叶浩（2008）引入碳氧平衡理论，分析土地利用结构调整方案的不同，研究碳氧平衡状况影响，并提出相应的政策建议。二是低碳调控主要是针对某一土地利用类型进行研究的，如 Silaydin Aydin 和 Çukur（2012）利用不同社区的碳排放核算数据，运用碳氧平衡理论，构建了低碳社区规划体系，其中包括局部环境设计及社区绿地规划，该低碳社区规划体系在土耳其的伊斯帕尔塔案例中有了明显的效果；李信仕等（2012）以沈阳市为例，针对景观连续性等问题，从生态廊道构建、规划加强等不同角度，提出城市绿地碳汇功能增强的对策。

2）微观土地利用增汇减排管理研究

在碳排放影响机理研究中，土地管理方式的转变是其中的一个重要方面。在微观角度上，根据农业用地类型的不同因地制宜实施经营管理策略，使陆地生态系统的固碳效率及碳汇水平得到显著提升，碳排放减排效果显著。

以农田与森林的增汇减排措施研究结果来看，对于农田，国际上的学者主要从提高土壤碳储量，以及减少作物生长过程中的 CH_4 排放这两个方面出发，提出优化施肥、耕作方式等措施。大量的研究表明，提高农田固碳潜力的主要措施如下：①灌溉方式，相比于长期淹灌，间歇灌溉对减少水稻 CH_4 排放有显著作用（曹凑贵等，2011）；②耕作方式，少耕、免耕与传统翻耕相比，前者在削弱土壤有机碳的侵蚀速率、延长有机质循环周期方面作用显著（宋明伟等，2008），另外，秸秆还田不但可以增加土壤有机质，还减少了焚烧的危害；③施肥方案，有机肥相比于传统化肥，可明显提高农田土壤的固碳潜力（吕国红等，2010）。森林方面，研究主要可分为增加植被、土壤碳储量两个方面，学者提出了改善树种选择、轮伐期选择及施肥方案等管理措施。大量的研究表明，能够有效增加土壤碳储量及森林植被的措施如下：①树种选择，选择寿命较长、生长较快的树种，根据树种的演替次序及耐阴程度的不同，进行混交配置造林（王祖华等，2011）；②轮伐期选择，对轮伐期进行适当延长，在不越过林木生长量顶点的基础上，对森林固碳潜力进行充分利用（Jiang et al.，2002）；③施肥方案，对于氮不足的林地，在不超过其吸收能力的基础上，另外施加氮肥以此来促进林木生长（张志华和彭道黎，2008）；④间伐收获，采伐林木后，为了保存土壤有机碳，将残余枝叶就地保留下来。

2. 城市碳减排潜力研究

碳减排虽然一直都是国内外研究的热点问题，但单一基于城市减排潜力出发的相关研究仍然较少。多数学者基于城市的产业或行业视角展开对碳减排潜力的模拟与预测研究。例如，王克等（2006）通过建立 LEAP China 模型对基准情景、当前政策情景和新政策情景下的中国钢铁行业 2000～2030 年 CO_2 排放量及减排潜力进行了模拟；潘佳佳（2010）以江苏为例，采用灰色预测模型、情景分析法及环境负荷模型，基于三种情景，对江苏工业的 CO_2 减排潜力进行分析；刘晓俞（2012）以大连市为例，采用 LMDI 分解模型，在不同情景下，对 2030 年大连市工业 CO_2 排放量进行分析，结果表明调整能源结构是有效的措施；Henriques 等（2010）以巴西为例，在低碳情景下，对 2030 年之前巴西工业通过进行材料回收循环利用，以及废热发电、化石能源向新能源转化等技术实现碳减排潜力进行研究。部分学者则更倾向于针对不同行业现状的重点减排领域入手展开分析，刘长信（2010）从碳排放强度的角度出发，对各工业部门的减排潜力进行了研究和挖掘，研究发现对碳排放贡献最大的是工业高耗能部门；郭军等（2008）以辽宁省为例，估算出 2004 年温室气体排放总量为 3.47×10^8 t CO_2 当量，其中贡献比较大的是钢铁、电力和水泥行业，其 CO_2 的排放量占全省的 62.77%，成为减排的重点。此外，还有学者就城市在碳减排过程中的成本问题进行了分析研究。例如，Ding 等（2007）利用 LEAP China 模型，以中国电力行业为研究对象，对 2030 年温室气体减排成本进行分析，指出电力行业能效提高，以及减排政策的实施对于减少减排成本有显著作用；Wright 和 Futton（2005）以发展中国家为研究对象，采用情景分析的方法，对交通行业减排潜力和成本进行了研究。少数学者从评价碳减排潜力的方法入手展开了研究，如王丽辉等（2008）以河北省为例，利用建立电力减排潜力评价方法，从新能源发电、再生能源发电、火力发电三个方面，对 CO_2 减排量进行计算，从而得出 CO_2 减排潜力；冯媛媛（2011）以山东省 17 市为例，通过建立节能减排效率评价模型，对其节能减排趋势进行研究，提出各市节能减排的重点和对策。Worrell 等（2001）以美国为例，将 CO_2 减排与能源效率成本相结合，采用建立成本效率模型的方法，对 CO_2 减排及钢铁行业节能途径进行分析。

3. 城市碳减排策略研究

为解决全球气候变化问题，国内外学者分别基于自身的研究成果从不同视角提出了城市碳减排的可行路径。国外学者倾向于从实际的经济政策、规划策略出发，提出减少碳排放的可行途径。例如，在国际学术界层面上，提出碳减排的方法有税收与补贴、城市碳管理、土地利用限制与约束等。再如，在管理全球气候变化的组织中，自 2005 年 GCP 基于城市-区域-全球视角提出碳管理计划以来，IPCC、英国城乡规划协会等组织都提出了通过城市空间优化、土地利用结构调整、提升城市规划技术等策略来引导未来低碳城市建设。国内对碳减排策略的研究起步虽较晚，且多建立在国外相关研究方法和内容的基础上，但也形成了城市低碳发展的宏微观结合研究思路，大多从经济发展方式转变、碳增汇与碳减排途径，以及优化土地利用结构等方面提出相应的碳减排对策。

1）城市减碳策略的国际研究

A. 城市形态规划对低碳城市的影响研究

本书中城市空间形态对碳排放的影响体现在长期情景模式下，通过城市资源、土地、交通等城市空间要素的合理有效配置，以实现城市化石能源消费量和碳排放量减少的目的。基于低碳经济和低碳社会的理念，低碳城市空间形态积极推进“零碳”排放或者低碳排放，其主要内容有居住区、交通与道路系统、用地、低碳城市格局等内容，从空间尺度又可将低碳城市空间形态划分为低碳城市规划、低碳产业园区-居住区规划和低碳企业-家庭规划。其中，在城市尺度上，规划主要聚焦于交通系统、低碳城市格局、用地等内容，它们对于园区/社区和家庭/企业尺度的发展具有支撑作用。

另外，为了减少碳排放，并进行能源消费限制，城市形态格局比较倾向于紧凑型（Dieleman et al.，1999），紧凑型城市形态格局在以下方面得以体现，如减少人们对私家车的青睐，倡导公共交通出行（Shim et al.，2006），对土地展开综合式利用（Kii and Doi，2005）。此外，在规划理念和模式方面，比较典型的有

Jabareen的7种设计和4种模式，Rickaby（1987）的6种中心分部格局，Kenworthy（2006）的10个关键交通-规划功能区界定。

B. 城市政策、生产技术及市场环境对低碳城市的影响研究

低碳城市环境从社会、经济、生态、技术等多个角度出发，通过市场平台将自然与经济进行结合，对碳交易、碳抵消、固碳等项目的空间机制及成本-效益进行分析。在碳贸易、碳金融等碳市场上，CO_2 有效减排途径囊括了合理有效的投资及相应的投资组合等多种方式手段（Caetano et al.，2009），另外，碳金融风险在气候政策方面，还为其增加了交流的机会（Hultman，2006）。从技术经济角度看，积累经验的同时，伴随着产品、服务单位成本的降低（Castelnuovo et al.，2005），以及政策诱发、内生创新（Weiss et al.，2010）、技术学习的技术变革的推动，降低排放成本与碳减排并肩齐行（Manne and Richels，2004）；随着研发和“干中学”两种不同驱动力的技术的进步，新的碳税模式与政策情景会与之对应（van der Zwaan et al.，2002）。在政策管治层面，个人、企业、政府都扮演着重要角色，在运用新环境政治工具及应用市场环保论的同时（Bailey，2007），要考虑到由不同区域引起的社会文化差异问题，以及由此产生的机制适用的空间尺度和适应性等问题。

2）城市减碳策略的国内研究

A. 经济发展方式与碳减排的相互作用机制研究

碳减排实现过程中，经济发展方式及城市化发展与之关系密切。社会的发展和进步日新月异，低碳发展要求的内涵也随之有着不同程度的变化，促使经济高速发展也不再是唯一的目标，在此基础上维持社会、经济和生态的平衡与稳定才是新时期转变经济发展方式的新要求。中国现阶段的能源消费量与城市化水平发展变化趋势并驾齐驱。由于中国特殊的国情，存在着农村人口向城镇流动、城镇规模不断扩大及城镇人口持续增多等社会现象。随着长时间以来城市化的快速推进和经济的飞速发展，生态环境遭受极大破坏，碳排放量逐攀高峰，使得社会、经济、生态环境之间的相互作用陷入不良发展的恶性循环。蔡昉等（2008）指出，地方政府进行管理的动机，以及实现节能减排的关键有两点，一是通过经济发展阶段变化，引起增长方式转变，二是通过人均收入水平的提高，促使人们对环境提出更高要求；宿永铮（2010）利用SWOT①分析法得出，节约能源和碳减排的举措应当与区域产业结构优化调整进行有机结合，并提出相对应的对策和建议；祝晓光和张国兴（2012）以河北省为例，研究发现转变经济发展方式过程中，土地利用中的碳减排具有至关重要的作用；范庆泉等（2015）构建了CGE模型，其中涵盖具有代表性的8个行业、政府和家庭，主要的环境政策工具包含碳强度和碳交易两

① S代表 strength（优势），W代表weakness（劣势），O代表opportunity（机遇），T代表threat（威胁）。

种，研究结果表明约束全行业的碳减排政策与其他政策相比，对福利损失的边际影响最小，另外，它对实际 GDP 的影响具有倒“U”形曲线的效应；乔维德（2015）指出低碳经济可持续发展可以通过产业结构优化和相关的经济政策实现，这得益于经济增长、节能减排和产业结构优化之间的相互促进关系。

B. 土地利用管理对城市碳减排的作用研究

在人类的生活及生产活动中，土地发挥着重要作用，在碳减排相关研究中，城市碳减排的实现是重点，其中重要的两种途径是土地利用结构和方式的改变。游和远等（2010）以中国 30 个省区市为例，重点研究能源消耗对土地利用效率的影响，提出相应的低碳管理对策；张洪波（2012）在解析内涵、梳理理论，以及空间发展选择和规划控制的基础上对低碳城市发展进行研究，并对协同规划、空间结构组织进行了分析；赵荣钦等（2013）以南京市为例，利用线性规划法，找出碳排放在土地利用方面的综合评估法，并提出土地利用方案和相关策略；吕旭江（2014）以江苏省为例，利用灰色关联法分析比较土地利用结构变化与碳排放之间的关系，结果表明这两者之间存在关联性，碳减排的实现可以通过土地利用结构调整实现；朱巧娴等（2015）以湖北省 16 个城市为例，利用非期望产出的数据包络分析（data envelopment analysis，DEA）模型，测算并分析土地利用结构演化规律和效率差异，并提出碳减排建议；梁爽（2015）从土地利用视角出发，以碳减排为目标，对土地利用进行理论阐述，并建立土地利用结构调整模型；员开奇（2015）以湖北省为例，从土地利用碳排放效率、时空演变规律等方面进行分析，并对土地利用低碳调控进行研究。

C. 碳减排与碳增汇研究

在城市生态系统中，大量碳源及碳汇存在于土地利用中，城市碳减排目标可以通过碳减排及碳增汇实现。赵荣钦等（2004）密切关注了碳循环的影响因素，以中国农田生态系统为研究对象，对中国农田碳增汇/减排的有关技术进行研究，并提出进行效益评价的方法；王礼茂（2004）指出碳汇减排的重要方式包括节能、植树造林、征收碳税等，但不同方式的成本、作用效果和碳汇减排潜力是不同的；王迪生（2009）以北京市园林绿地为研究对象，在微观尺度上，对土壤碳储量和植被进行测算，并对碳增汇的综合影响进行研究；姜丽娜（2014）以森林为例，对可持续发展、公共产品等进行理论阐述，重点分析了碳增汇实现的途径、作用及影响因素；江平平（2015）以武汉为例，结合生态足迹法，测算碳排放量，并提出碳增汇及碳减排的相应对策；陈宇（2016）从土地调控角度出发，分析人类活动和生态用地的碳源、碳汇作用，并提出促进碳氧平衡的有效措施。

1.3.4 研究评述

实现城市土地利用碳排放的缩减是区域、国家乃至全球碳减排的基础，但准确衡量城市碳排放，并从社会经济发展、能源利用、土地利用规划、低碳环保政策等角度研究碳减排是一个复杂且系统的工程。现有研究的主题主要包括以下方面。

1. 土地利用碳排放机理及测算研究

要对土地利用碳排放进行研究，首要任务是厘清土地利用与碳排放的联系机理。20世纪国外学者就已经从土地利用的微观代谢机理和宏观干扰机制分别展开了研究。土地利用和碳的微观联系更多建立在自然生态的生理代谢过程中。气候变化过程中，气候温度与CO_2含量会对自然土层中碳的沉降和分解、地表植被和微生物群落的光合和呼吸作用产生影响，从而影响表层土壤的碳储量。而宏观联系则更多建立在人为干扰对土壤和碳的自然作用过程中。但随着对土地利用碳排放定义理解的加深，以土地作为生产活动载体的行为也被视为土地与碳之间的宏观联系。在上述研究的基础上，国内外学者逐渐从不同视角展开了对碳排放核算的研究。当前，碳排放核算重心依然是对核算方法和标准的讨论。由于研究区域、对象、尺度等不同，不同的方法与标准适用于不同目的类型的碳排放核算。为此，本书以上述研究为基础，结合选点城市具体情况及调查研究，讨论了选点城市的土地利用碳排放核算。

2. 城市土地利用对碳排放的影响和模拟研究

现有城市土地利用和碳排放的研究多从土地利用类型和土地利用方式对碳排放的影响出发。其中土地利用类型对碳排放的影响又分为城市内部农用地向非农用地转化、农用地内部转化及非农用地内部转化对碳排放的横向影响。由于不同用地类型的碳排放强度存在较大差异，土地利用类型转化势必引起总碳排放量的增减。而土地利用方式对碳排放的影响则更多体现在同一地类用地强度的改变所引起的碳排放强度变化，因而，土地利用方式对碳排放的影响可视为土地利用碳排放的纵向影响。

对碳排放的模拟研究，国内外学界的侧重点有所不同。国外学者较多关注于城市经济发展政策和市场环境对碳排放的影响。例如，实行碳税和碳交易政策对地区的经济影响或者对地区行业和产业选择产生的影响，并以此反向推测上述政策的实施对城市未来碳减排所产生的作用。国内学界有部分学者就碳交易市场建设、碳排放和碳税政策对我国或国内城市的经济发展的影响做出模拟分析；另一些学者则关注碳排放系统的变化，结合福利经济学、可持续发展、景观学和生态学等理论，以目前我国的经济发展为前提，系统仿真模拟预测国家或城市长期发展的状况，抑或结合遥感等新技术对各省市展开长期的碳排放预测。总体来看，上述对碳排放的模拟研究是碳排放研究的深入和方法的改进，更有利于准确分析和预测城市发展与碳排放之间的耦合关系，从而为精准减排提供有力帮助。为此，本书借助系统分析理念和方法，尝试构建城市经济-土地-碳排放系统模拟模型，为城市低碳发展寻求调控路径。

3. 城市土地利用的减碳策略研究

城市土地利用减碳策略建立在对城市碳排放精确管理的基础上，GCP、IPCC、英国城乡规划协会等都提出了用城市空间管理、土地利用规划等手段来控制和减少城市的碳排放。总体来看，对应于不同的土地利用碳排放机理，土地低碳利用调控主要分为宏观调控和微观管理两个层面。宏观层面，主要任务是对土地利用间接碳排放的管理，换言之，即对土地所承载的人类活动的管理。通常以优化土地利用结构和空间布局来降低碳排放强度、提高碳汇水平和固碳效率，并最终实现低碳环保的可持续发展目标。微观层面的管理更多是对含有自然属性的土地自身的管理，如通过合理的耕作制度等，实现土地的增汇减排。对于城市尺度的碳排放控制来说，宏观层面的碳管理更有利于降低城市土地利用的碳排放水平。对于城市减排潜力的分析，多数研究往往基于城市中的某一行业或者视角，少有从城市全局视角来讨论城市减碳潜力的研究。在具体的土地利用减碳策略上，国外研究更倾向于通过城市空间形态规划和建立碳市场经济环境两个途径来减少能源消费这一碳排放直接来源，并建立了紧凑型城市、以公共交通为导向的开发（transit-oriented development，TOD）模式等低碳规划理论，这对于我国城市的低碳建设具有重要的借鉴意义。国内学者则更侧重于就城市经济发展、土地利用过程、增汇减排举措等角度提出控制城市碳排放的宏观手段，但系统的理论模式和定量化的分析研究，还有待于进一步深入。

总体来说，现有研究的主要特征可归纳如下。

（1）在研究内容上，虽然国内外学者对碳排放核算、土地利用对碳排放的影响、碳排放的模拟研究及城市碳减排的策略研究各有侧重，但各部分内容都已有了初步研究积累，说明现阶段从碳排放测算体系、研究方法和控制手段等研究视角出发，已经有了较为全面和完整的体系。

（2）在研究思路上，现有上述研究相对独立，缺乏从系统角度出发的测算—分析—模拟—减排的整体性研究思路。尤其是国内对城市碳减排策略的研究，较多以调整土地利用结构这单一视角展开分析，即对于研究区域前期发展过程的系统分析不足，也缺乏以城市土地利用宏观和微观视角分析及模拟研究为基础的针对性减碳策略研究。

第 2 章　城市土地利用碳排放测算与变化分析

全球城市内部的生产生活产生了大量的碳排放，导致大气中的碳浓度增加，随之而来的是全球气候的变化。随着城镇化进程的推进，人类的生产活动愈加频繁，直接影响了陆地系统与大气的碳交换过程和强度。因此，测算城市土地利用的碳源、碳汇和净碳排放量是分析土地利用变化碳效应的基础。本章在系统阐述城市土地利用碳排放和碳吸收测算方法基础上，以武汉市为例，测算了武汉市 1996～2015 年的土地利用碳源和碳汇量，并分析其净碳排放量的变化趋势和强度。

2.1　城市土地碳通量测算

在计算土地利用碳排放量时，国内外学者常通过计算碳源（carbon source）和碳汇（carbon sink）两部分后汇总得出净碳排放量。用于计算城市土地利用碳排放量的基本方法是基于现行的土地利用分类体系，将各地类上不同种能源消耗量进行汇总，测算出不同用途下的碳排放量，然后计算不同类型用地的碳吸收量，用碳排放量减去碳吸收量，最后得到城市土地利用净碳排放量。其中，碳排放量的来源包含了化石燃料燃烧、电力消费、工业生产、交通、废弃物和人口呼吸，碳吸收量主要来源于耕地、园地、林地、草地、湿地、未利用地和城市绿地上植物光合作用的固定。

2.1.1　土地利用碳排放量测算

1. 建设用地碳排放

建设用地按用途划分可细分为居住用地、商服和工矿用地、交通用地，具体的碳排放方式包含了化石燃料燃烧、电力消耗、废弃物的排放和人口呼吸，以及生产工艺过程化学反应和交通运输过程中的碳排放。建设用地碳排放用公式可以表示为

$$C_{con} = C_{fue} + C_{ele} + C_{pro} + C_{tra} + C_{rub} + C_{peo} \tag{2-1}$$

其中，C_{con} 表示建设用地总碳排放量；C_{fue} 表示化石燃料碳排放量；C_{ele} 表示城

市电力消费碳排放量；C_{pro} 表示工业生产碳排放量；C_{tra} 表示交通碳排放量；C_{rub} 表示废弃物碳排放量；C_{peo} 表示人口呼吸碳排放量。

1）化石燃料碳排放

化石燃料消费是城市系统最重要的碳排放源，工业生产、居民生活燃气消费、交通运输燃料消耗都与化石燃料消费有关。本节的化石燃料消费量测算包含工业生产消耗、农业生产的机械作业消耗和居民生活消耗等，不包括交通运输燃料消耗，以便区别讨论交通用地碳排放。根据 IPCC（2006）提供的计算方法，对于化石燃料碳排放量的计算可通过式（2-2）得到：

$$C_{\text{fue}} = \sum Q_{\text{fue-}i} \times f_{\text{fue-}i} \tag{2-2}$$

其中，C_{fue} 表示化石燃料碳排放总量；$Q_{\text{fue-}i}$ 表示第 i 种化石燃料折标煤之后的消费量；$f_{\text{fue-}i}$ 表示第 i 种化石燃料的碳排放系数（表 2-1）。根据 IPCC 碳排放系数计算方法，其计算过程如式（2-3）所示：

$$f_{\text{fue-}i} = G_{\text{fue-}i} \times \left(\text{CO}_{2\text{fue-}i} + \text{CH}_{4\text{fue-}i}\right) \tag{2-3}$$

其中，$G_{\text{fue-}i}$ 表示第 i 种化石燃料的净发热值；$\text{CO}_{2\text{fue-}i}$ 表示第 i 种化石燃料的 CO_2 排放系数；$\text{CH}_{4\text{fue-}i}$ 表示第 i 种化石燃料的 CH_4 排放系数。

表 2-1 各种化石燃料碳排放系数计算表

化石燃料	折标系数	净发热值	缺省碳含量/（kgC/GJ）	氧化碳因子	CH_4 排放系数/（$kgCH_4$/TJ）	碳排放系数
原煤	0.714 3 kg/kg	20 908 kJ/kg	25.80	1	1	0.539 kg/kg
洗精煤	0.900 0 kg/kg	26 344 kJ/kg	26.21	1	1	0.691 kg/kg
焦炭	0.971 4 kg/kg	28 435 kJ/kg	29.20	1	1	0.830 kg/kg
原油	1.428 6 kg/kg	41 816 kJ/kg	20.00	1	3	0.836 kg/kg
燃料油	1.428 6 kg/kg	41 816 kJ/kg	21.10	1	3	0.882 kg/kg
汽油	1.471 4 kg/kg	43 070 kJ/kg	18.90	1	3	0.814 kg/kg
柴油	1.457 1 kg/kg	42 652 kJ/kg	20.20	1	3	0.862 kg/kg
煤油	1.471 4 kg/kg	43 070 kJ/kg	19.60	1	3	0.844 kg/kg
炼厂干气	1.571 4 kg/m^3	46 055 kJ/m^3	15.70	1	1	0.723 kg/m^3
液化石油气	1.714 3 kg/m^3	50 179 kJ/m^3	17.20	1	1	0.863 kg/m^3
天然气	1.330 0 kg/m^3	38 931 kJ/m^3	15.30	1	1	0.596 kg/m^3
焦炉煤气	0.592 9 kg/m^3	17 354 kJ/m^3	12.10	1	1	0.210 kg/m^3

注：表中各化石燃料的折标系数和净发热值来源于《中国能源统计年鉴》；缺省碳含量、氧化碳因子及 CH_4 排放系数值来源于 IPCC

2）电力消费碳排放

电力是城市居民生活、商服办公和工业生产不可或缺的能源，我国城市电力的来源包含火电和水电，其中火电的比重较大。由于火力发电需通过燃烧化石燃料获得，故城市电力消费可通过电力消费量折算成相应的燃料消耗进行计算。水力发电的碳排放量较小，不纳入此处计算。同时城市系统外部输入的电力也应包含在城市系统碳排放计算范围内，具体计算方法如式（2-4）所示：

$$C_{\text{ele}} = Q_{\text{ele}} \times f_{\text{ele}} \times \partial \tag{2-4}$$

其中，C_{ele} 表示城市电力消费碳排放量；Q_{ele} 表示历年武汉市电力消费量（不包括交通出行电力消耗）；f_{ele} 表示历年电力生产碳排放系数，取自历年“中国区域电网基准线排放因子”中华中地区的碳排放系数；∂ 表示历年武汉市电力消耗中火电比例。各项系数数值如表 2-2 所示。

表 2-2　我国 1996～2015 年火电比例和碳排放系数

年份	火电碳排放系数/[kg/（kW·h）]	火电比例	城市电力碳排放系数/[kg/（kW·h）]
1996	0.377 4	0.459 353	0.173 360
1997	0.374 2	0.498 746	0.186 631
1998	0.371 0	0.481 942	0.178 800
1999	0.367 8	0.557 087	0.204 896
2000	0.364 6	0.496 727	0.181 107
2001	0.361 4	0.539 933	0.195 132
2002	0.358 2	0.550 604	0.197 226
2003	0.355 0	0.506 522	0.179 815
2004	0.351 8	0.361 790	0.127 278
2005	0.348 6	0.369 166	0.128 691
2006	0.307 0	0.419 700	0.128 848
2007	0.296 5	0.405 694	0.120 288
2008	0.280 8	0.357 728	0.100 450
2009	0.271 2	0.368 117	0.099 833
2010	0.266 7	0.368 439	0.098 263
2011	0.265 2	0.417 887	0.110 824
2012	0.259 5	0.397 831	0.103 237
2013	0.254 5	0.419 155	0.106 675
2014	0.250 7	0.391 779	0.098 219
2015	0.247 3	0.394 244	0.097 497

3）工业生产碳排放

除去化石燃料和电力消费产生的碳排放，工业生产依然是城市内部碳排放的重要源头，工业生产过程中的化学反应产生的废气就是其中的一部分。工业生产碳排放量的计算方法如式（2-5）所示：

$$C_{\text{pro}} = \sum Q_{\text{pro-}i} \times f_{\text{pro-}i} \tag{2-5}$$

其中，C_{pro} 表示生产工业产品过程中产生的碳排放总量；$Q_{\text{pro-}i}$ 表示第 i 种工业产品的年产量；$f_{\text{pro-}i}$ 表示第 i 种工业产品的碳排放系数。表 2-3 为主要工业产品碳排放系数取值。

表 2-3　主要工业产品碳排放系数　单位：tC/t

主要工业产品	水泥	钢铁	玻璃	合成氨	烧碱
碳排放系数	0.4084	0.1100	0.2100	1.6940	0.1380

注：以上取值参考杨欣等（2013）

4）交通碳排放

随着城市规模扩大，居民出行频率增加，交通碳排放占城市总碳排放的比重越来越大。由于研究边界为城市，区外的交通用地在我国的用地管理中通常不计入城市内的交通用地，因此，在这里未考虑跨市交通形成的交通碳排放，城市交通的碳排放主要核算了包括公共交通（公交车及轮渡）、出租车、地铁和城市内部民用车在内的交通碳排放，计算公式如下：

$$C_{\text{tra}} = \sum_k C_{\text{tra-}k} \tag{2-6}$$

其中，$C_{\text{tra-}k}$ 表示第 k 种交通工具排放的碳；k=1,2,3,4，分别表示出租车、公交车及轮渡、城市内部民用车和地铁。

$$C_{\text{tra-1}} = N_{\text{tra-1}} \times G_{\text{tra-1}} \times L_{\text{tra-1}} \div D_1 \times f \times \frac{12}{44} \tag{2-7}$$

其中，$C_{\text{tra-1}}$ 表示出租车出行碳排放；$N_{\text{tra-1}}$ 表示武汉市出租车保有量；$G_{\text{tra-1}}$ 表示出租车平均百公里能耗；$L_{\text{tra-1}}$ 表示出租车平均年行驶里程；D_1 表示汽油密度（0.740 t/kL）；f 表示默认 CO_2 排放因子[资料来源：世界资源研究所（The World Resources Institute，WRI），温室气体排放计算工具指南 2.0 版]。

$$C_{\text{tra-2}} = \sum_i Q_{\text{fue-2}i} \times f_{\text{fue-}i} + Q_{\text{ele-2}} \times f_{\text{ele}} \times \partial \tag{2-8}$$

其中，$C_{\text{tra-2}}$ 表示公交车及轮渡出行碳排放；$Q_{\text{fue-2}i}$ 表示公交车及轮渡出行的第 i 种化石能源折标煤之后的消费量；$f_{\text{fue-}i}$ 表示第 i 种化石能源的碳排放系数；$Q_{\text{ele-2}}$ 表示公交车及轮渡出行中所耗电量；f_{ele} 和 ∂ 释义同式（2-4）。

$$C_{\text{tra-3}}=\sum_{n} N_{\text{tra-3}n}\times G_{\text{tra-3}n}\times L_{\text{tra-3}n}\div D\times f\times\frac{12}{44} \tag{2-9}$$

其中，$C_{\text{tra-3}}$ 表示城市内部民用车出行碳排放；$N_{\text{tra-3}n}$ 表示城市内部民用车出行中第 n 种交通工具保有量；$G_{\text{tra-3}n}$ 表示城市内部民用车出行中第 n 种交通工具每 10^2 km 产生的能耗量；$L_{\text{tra-3}n}$ 表示城市内部民用车出行中第 n 种交通工具平均每年行驶的里程数，城市各交通工具的平均能耗及里程系数见表 2-4（贾顺平等，2010）；D 表示交通出行所耗燃油密度，汽油密度为 0.740 t/kL，柴油密度为 0.839 t/kL；f 释义同式（2-4）。

$$C_{\text{tra-4}}=N_{\text{MTR}}\times G_{\text{MTR}}\times L_{\text{MTR}}\times f_{\text{ele}}\times\partial \tag{2-10}$$

其中，$C_{\text{tra-4}}$ 表示地铁碳排放；N_{MTR} 表示每年武汉市地铁总运营列次；G_{MTR} 表示每列次 10^2 km 耗电量；L_{MTR} 表示每车次年均运行里程；f_{ele} 和 ∂ 释义同式（2-4）。

表 2-4　城市车辆平均能耗及里程系数

主要车辆	10^2 km 平均能耗	年平均行驶/（$\times10^2$ km）	主要车辆	10^2 km 平均能耗	年平均行驶/（$\times10^2$ km）
公交车	35 m^3	700	微型货车	16.8 L	200
出租车	10 m^3	1400	小型货车	24.2 L	210
中小客车	9.2 L	170	中型货车	27.6 L	250
大客车	28.5 L	200	大型货车	31.8 L	350

5）*废弃物碳排放*

A. 固体废弃物碳排放

固体废弃物处理两种方式为焚烧和填埋，CO_2 主要产生于垃圾的焚烧，而 CH_4 则主要产生于垃圾的填埋（Pachauri and Reisinger，2007）。垃圾焚烧时产生碳排放量的多少取决于其中废弃物碳含量的多少，可通过式（2-11）计算得到：

$$C_{\text{rub-}f}=Q_{\text{rub-}f}\times f_{\text{rub-}f}\times \text{EF}_{\text{rub-}f} \tag{2-11}$$

其中，$C_{\text{rub-}f}$ 表示焚烧产生的碳排放量；$Q_{\text{rub-}f}$ 表示焚烧量；$f_{\text{rub-}f}$ 表示废弃物焚烧的碳排放因子，缺省值为 45%；$\text{EF}_{\text{rub-}f}$ 表示废弃物中的碳含量比例，缺省值为 0.999 45。

$$C_{\text{rub-}t} = Q_{\text{rub-}t} \times f_{\text{rub-}t} \times \text{DOC}_{\text{rub-}f} \qquad (2\text{-}12)$$

其中，$C_{\text{rub-}t}$ 表示垃圾填埋产生的碳排放量；$Q_{\text{rub-}t}$ 表示填埋量；$f_{\text{rub-}t}$ 表示废弃物填埋的碳排放系数，为 0.167；$\text{DOC}_{\text{rub-}f}$ 表示废弃物中容易被生物化学分解的有机碳比例，即可降解有机碳比例，其缺省值为 28.5%。

B. 废水碳排放

废水中的化学需氧量会在化学作用下转变成 CH_4 等温室气体。《IPCC 指南》中表明 1kg 的废水化学需氧量可转化为 0.25kg 的 CH_4，废水的碳排放量估算公式如式（2-13）所示：

$$C_{\text{rub-}w} = \text{COD} \times 0.25 \times \frac{12}{16} \qquad (2\text{-}13)$$

其中，$C_{\text{rub-}w}$ 表示废水的碳排放量；COD 表示废水化学需氧量。

6）人口呼吸碳排放

人体新陈代谢机制也会产生碳排放，区域内人口呼吸碳排放计算方法如式（2-14）所示：

$$C_{\text{peo}} = N_{\text{peo}} \times f_{\text{peo}} \qquad (2\text{-}14)$$

其中，C_{peo} 表示人体呼吸产生的碳排放总量；N_{peo} 表示研究区域的常住人口数；f_{peo} 表示统一的人均年呼吸量参数，值为 0.079 tC/a（方精云等，2007）。

2. 农用地碳排放

1）耕地碳排放

农业生产活动过程产生的碳排放主要来自农业生产资料的投入、机械作业中化石能源的燃烧碳排放、翻耕过程中的有机碳流失，以及灌溉用电的碳排放（田云和张俊飚，2013）。其中，机械作业中化石能源的燃烧及灌溉用电的碳排放计算过程参见 2.1.1 节中化石燃料和电力消费碳排放的相关测算公式，生产资料的投入及翻耕过程中的有机碳流失的碳排放计算方法如式（2-15）和式（2-16）所示：

$$C_{\text{agr}} = \sum Q_{\text{agr-}i} \times f_{\text{agr-}i} \qquad (2\text{-}15)$$

其中，C_{agr} 表示农业生产资料投入产生的碳排放总量；$Q_{\text{agr-}i}$ 表示第 i 种农业生产资料的投入量；$f_{\text{agr-}i}$ 表示第 i 种农业生产资料的碳排放系数。表 2-5 列出了主要农业生产资料的碳排放系数参数值。土地翻耕产生的碳排放测算公式如式（2-16）所示：

$$C_{\text{cul}} = L_{\text{cul}} \times f_{\text{cul}} \tag{2-16}$$

其中，C_{cul} 表示土地翻耕产生的碳排放总量；L_{cul} 表示翻耕面积；f_{cul} 表示每 km^2 的土地翻耕产生的碳排放量，其取值如表 2-5 中所示。

表 2-5　农业生产过程碳排放系数

主要农业品	化肥/（tC/t）	农药/（tC/t）	农膜/（tC/t）	翻耕/（kgC/km^2）
碳排放系数	0.8956	4.9341	5.1800	312.60

注：以上系数值均来自田云和张俊飚（2013）

2）其他农用地碳排放

除了农业生产活动中产生碳排放以外，畜禽呼吸和排泄、农用设施的运作、人类对农业生产的管理过程也会产生碳排放，这类发生在畜禽养殖用地和农用设施用地上的碳排放被归类为其他农用地碳排放，即除耕地生产外的其他农业生产产生的碳排放，计算公式如下：

$$E_o = \sum_k Q_k \lambda_k + S_o \delta \tag{2-17}$$

其中，E_o 表示其他农用地碳排放量；Q_k 表示第 k 种畜禽的养殖数量；λ_k 表示第 k 种畜禽的碳排放系数，不同畜禽的碳排放系数如表 2-6 所示（Eggleston et al., 2006）；S_o 表示其他农用地面积；δ=0.95 tC/hm^2。

表 2-6　畜禽的排放系数　　单位：tC/a

碳源	猪	牛	羊	驴	家禽
碳排放系数	0.082	0.796	0.075	0.037	0.004

2.1.2　城市土地利用碳吸收量核算

土地利用碳吸收主要通过土地上的植物光合作用或微生物的活动固定实现，因此能够视为碳汇的土地利用类型主要有耕地、园地、林地、草地、湿地、未利用地和城市绿地。

1. 耕地碳吸收

不同作物在不同的生长发育期能够吸收碳的量不同，根据耕地上种植的农作物数量、作物的经济系数和碳吸收率可以计算耕地的碳吸收量，如式（2-18）所示：

$$C_t = \sum_i C_{di} = \sum_i C_{fi} D_{wi} = \sum_i C_{fi} Y_{wi} / H_i \tag{2-18}$$

其中，C_t 表示耕地碳吸收量；C_{di} 表示第 i 种作物自播种到成熟过程吸收的碳量；C_{fi} 表示第 i 种作物进行单位有机质合成吸收的碳量；D_{wi} 表示第 i 种作物的生物产量；Y_{wi} 表示第 i 种作物的经济产量；H_i 表示第 i 种作物的经济系数。不同作物的碳吸收率及经济系数如表 2-7 所示。

表 2-7　作物碳吸收率（*C*）及经济系数（*H*）

作物	*C*	*H*	作物	*C*	*H*	作物	*C*	*H*	作物	*C*	*H*
谷子	0.45	0.40	大豆	0.45	0.34	烟草	0.45	0.55	向日葵	0.45	0.30
棉花	0.45	0.10	高粱	0.45	0.35	甘蔗	0.45	0.50	其他	0.45	0.40
水稻	0.41	0.45	玉米	0.47	0.40	油菜籽	0.45	0.25			
小麦	0.48	0.40	花生	0.45	0.43	薯类	0.42	0.70			

资料来源：王修兰（1996）

2. 其他土地碳吸收量

目前，国内针对耕地以外的碳汇用地碳吸收量的计算主要利用碳排放系数法，比耕地碳排放量的计算方法简便，这得益于诸如园地、草地、林地、湿地，以及未利用地等用地的利用途径及种植周期，这类用地较长时期内的碳排放强度不会有较大变化，其计算公式如式（2-19）所示：

$$C_i = S_i \times V_i \tag{2-19}$$

其中，C_i 表示第 i 种用地类型的碳吸收量；S_i 表示第 i 种用地类型的面积；V_i 表示第 i 种用地类型的碳排放系数。i=1,2,3,4,5,6，分别表示园地、林地、草地、湿地、水域和未利用地，碳吸收率分别为 0.21、0.644、0.021、0.41、0.218 和 0.005（段晓男等，2006）。

3. 城市绿地碳吸收

除耕地、园地、林地、草地及未利用地外，城市绿地也是重要的碳汇来源。城市绿地可利用植物的光合作用将空气中的 CO_2 固定在植物体内或者土壤中，是城市内重要的碳汇来源。城市绿地碳汇计算公式如式（2-20）所示：

$$C_s = \sum A_{si} \times f_s \tag{2-20}$$

其中，C_s 表示城市绿地的碳汇总量；A_{si} 表示各类型城市绿地的面积；f_s 表示城市绿地的碳排放系数。城市绿地虽大多数为林草兼种，但具体的种植比例难以确定，因此城市绿地的碳排放系数应介于林地与草地之间，取二者平均值–0.3325作为城市绿地的碳排放系数。此外，公园绿地以 65%的最低绿地率标准计算。

2.2　武汉市土地利用碳排放量测算

2.2.1　区域概况与数据来源

1. 区域概况

本书将武汉市作为实证研究的区域对象，武汉市是集发展资源与机会于一体的省会城市，同时也是中部地区唯一的副省级市。武汉市地处江汉平原东部，是长江中游的腹地中心，长江和汉江交汇于此地，武汉市不仅是我国重要的工业基地及科教基地，也是重要的综合交通枢纽。2016 年武汉市年末常住人口为 1076.62 万人，其中，城镇人口为 858.82 万人，常住人口城镇化率比上年提高 0.36%。全市土地面积为 8569.15 km^2，下辖 13 个市辖区及 5 个功能区。武汉市中间低平，南北有丘陵及岗垄环抱，呈现东高西低、南高北低的地势走向，大部分地区的海拔高度在 50 m 以下。武汉市属于亚热带季风性湿润气候区，冬冷夏热、四季分明、雨量充沛，降雨量集中，日照总时数较长。武汉市的水资源丰富，拥有 2217.6 km^2 的总水域面积，占到了全市土地总面积的四分之一。武汉市是中国著名的江城，同时享有“百湖之市”的美誉，独有江河纵横、湖港交织的水文体系，以及长江及其汉江支流交汇而成的武昌、汉口、汉阳三镇鼎立的壮美景观，位于武汉市江夏区的汤逊湖占地面积达 47.6 km^2，是全国最大的城中湖。

武汉市历史文化悠久，具有 3500 年历史，是属华夏文明南支的中国楚文化的发祥地之一。楚文化具有与黄河文化一样辉煌璀璨的魅力，是长江文化的重要组成部分，其内容涵盖广泛，不仅包括丝织、青铜冶炼等工艺制作，还包括文学、乐舞、美术及刺绣等，其中，汉剧、楚剧等地方剧种影响较深远，湖北评书、湖北小曲、湖北大鼓、渔鼓等曲艺类目也广为传颂。全武汉市有 339 处名胜古迹、103 处革命纪念地，以及涵盖了国家级、省级和市级的共 178 处重点文物保护单位。东湖生态旅游风景区、黄鹤楼、古琴台、木兰山和木兰湖等都是武汉市优美的风景名胜区。武汉市凭借其独特的自然地理条件，加之不断在公园、广场和风景度假区等环境建设的投入，日益成为适宜休闲、观光、游乐、居住及疗养的城市。同时，武汉市拥有丰富而悠久的宗教历史，宗教活动场所多，拥有较多全国重点寺观，如宝通禅寺、归元禅寺等。

武汉市内高校林立，高校数量居全国第三，是国家重要的人才培养中心城市，拥有数百所教育部重点实验室、25 个国家重点实验室及 7 所教育部直属全国重点大学，其在校大学生和研究生总数居中国第一，达 106.95 万人。

武汉市素有九省通衢之美称，作为中心地区重要的交通中转站及内河港口，其交通网络贯穿大半个中国，可沟通南北、连贯东西。市域范围内汇集了 5 条铁路干线和 6 条国道，武汉市 2013 年的铁路客运量高达 1.2 亿人次，首次超越北京、广州，成为中国铁路运输的最大中转站；同时，武汉市也承担着重要的水运作用，武汉港是系泊能力强大的水运中心及中部对外开放的口岸；此外，武汉市空运体系也较为发达，天河国际机场是中国首个 4F 级机场，也是中部地区第一门户机场，是我国公共航空运输体系中选定的八大区域性枢纽机场之一。

在我国社会经济及城镇化进程不断推进的大背景下，武汉市经济发展不断增速，地区生产总值由 1996 年的 782.13 亿元增长至 2016 年的 11 912.61 亿元，年平均增长率为 15%。2016 年，武汉市完成上一个五年规划发展目标，实现“十三五”规划良好开局，经济社会平稳健康发展。农业总产值为 669.65 亿元，相比 2015 年增长了 3.6%。其中，种植业、林业、牧业、渔业及农林牧渔服务业总产值占比分别为 58.6%、1.2%、20.8%、15.2%、4.2%。全部工业增加值为 4238.78 亿元，相比 2015 年增长了 4.9%，规模以上工业增加值增长了 5.0%。在 11 大工业行业中，电子信息制造、汽车及零部件、装备制造、能源及环保业和食品烟草 5 大行业产值超千亿元。全年规模以上工业总产值相比 2015 年增长 5.8%；全年规模以上工业企业实现利税总额相比 2015 年增长 13.3%；利润总额相比 2015 年增长 30.5%。武汉市经济发展在稳步增长的同时不断取得新成绩，工业与农业发展也在协调推进中展开新的发展局面，服务业中现代物流、软件和信息服务业及工程设计产值突破千亿，服务业快速迈向中高端，综合经济实力实现跨越发展。伴随着经济发展，武汉市用地规模也呈现不断上升趋势，2016 年武汉市建成区面积为 585.61 km^2，相较于 1996 年的 202.00 km^2，年均增长率为 5.5%，而同一时期的耕地面积则呈现下降趋势，相较于 0.053 hm^2 的联合国人均耕地警戒线低，仅有 0.041 hm^2。此外，从总碳排放量不断增长的趋势也可看出，未来武汉市经济及生态环境的可持续发展压力较大。

“创新、协调、绿色、开放、共享”的“五大理念”是武汉市“十三五”规划的灵魂，规划中提出针对“十二五”时期经济跨越发展中存在的资源、能源、环境等刚性约束日益明显的问题，提出越是发展不够，越要加快贯彻“五大理念”。作为国家“两型社会”综合配套改革试验区的武汉市目前仍处于大力发展工业的阶段，经济增长方式没有得到改变，重工业化带来的经济增长过分依赖资源和能源的消耗，以及环境的破坏，导致高投入、高消耗、高污染、低产出，而“两型社会”建设的关键之一即要求土地的低碳利用。因此，土地低碳利用的相关研究关乎武汉市未来发展，对武汉市社会建设具有重要的现实意义（张俊峰等，2014）。

2. 数据来源与说明

为确保研究数据的前后统一和连续，将 1996 年至 2015 年的连续 20 年作为研究时间范围。本书利用的土地数据包括耕地、园地、林地、草地、其他农用地、工矿仓储用地、居住用地、交通用地、特殊用地、水域及水利设施用地和其他用地 11 种用地类型，均取自武汉市 1996 年至 2015 年的土地利用变更调查数据。总人口、就业人口、地区生产总值、R&D 经费、固定资产投资、公共汽车总量、生活垃圾处理量、各能源消费总量等数据则来源于《中国能源统计年鉴》、《武汉市统计年鉴》及相关的社会经济统计资料。本书中所有的关于武汉市的研究，其数据运算均以此为基础展开。

2.2.2　武汉市土地利用碳排放测算及分析

1. 武汉市土地利用碳排放量测算结果

据前文所述，仅对耕地、建设用地和其他农用地这三类产生碳排放的主要地类进行测算。建设用地的碳排放主要来源于电力消费、化石燃料燃烧、工业生产、交通运输、废弃物质焚烧和排放，以及人口呼吸；耕地碳排放主要来源于农用物质的使用、农业机械的使用及灌溉过程；其他农用地的碳排放主要产生于禽畜等动物的呼吸和排泄过程，以及农业生产管理过程。根据前文的测算方法，武汉市 1996～2015 年耕地、其他农用地和建设用地的碳排放总量结果如表 2-8 及图 2-1 所示。

表 2-8　1996～2015 年武汉市土地利用碳排放量　　单位：10^4 t

年份	耕地	其他农用地	建设用地	碳排放总量
1996	18.202	26.987	1431.544	1476.733
1997	18.315	29.445	1526.440	1574.200
1998	17.758	31.080	1484.918	1533.756
1999	18.451	33.628	1529.602	1581.681
2000	18.868	35.493	1567.541	1621.902
2001	19.615	37.812	1583.676	1641.103
2002	19.593	39.171	1727.101	1785.865
2003	20.151	41.692	1870.491	1932.334
2004	20.384	42.400	2129.918	2192.702
2005	20.475	43.617	2488.791	2552.883
2006	20.248	42.754	2698.490	2761.492

续表

年份	耕地	其他农用地	建设用地	碳排放总量
2007	20.252	43.862	2783.890	2848.004
2008	20.512	45.028	2820.426	2885.966
2009	20.492	45.288	2802.356	2868.136
2010	20.418	47.991	3032.058	3100.467
2011	19.831	48.595	3341.646	3410.072
2012	19.732	51.968	3176.187	3247.887
2013	20.122	53.538	3559.044	3632.704
2014	19.873	53.198	3590.620	3663.691
2015	19.717	51.058	3570.597	3641.372

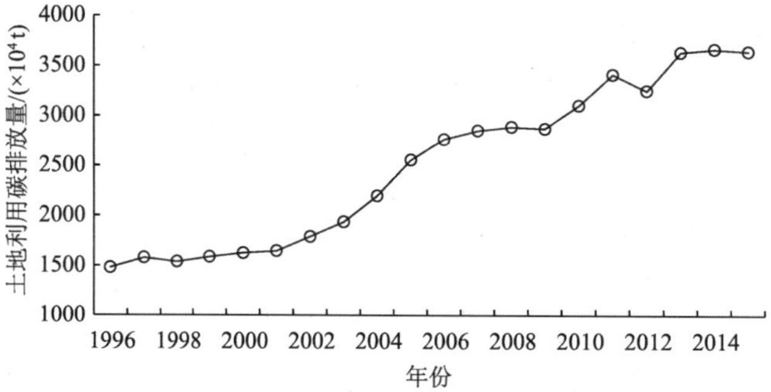

图 2-1　1996～2015 年武汉市土地利用碳排放总量

表 2-8 显示武汉市 1996～2015 年的土地利用碳排放总量总体呈上升趋势，从 1996 年的 1476.733×10^4 t 增长为 2015 年的 3641.372×10^4 t，增长了 2164.639×10^4 t，年平均增长率为 4.86%。从土地利用结构来分析，耕地的碳排放量有较小幅度的波动，在 2008 年达到峰值 20.512×10^4 t；建设用地碳排放量总体呈上升趋势，从 1996 年的 1431.544×10^4 t 上升到 2015 年的 3570.597×10^4 t；其他农用地碳排放量相较于建设用地碳排放量而言较小，也呈现不断上升趋势，从 1996 年的 26.987×10^4 t 上升到 2015 年的 51.058×10^4 t。由表可知，建设用地作为武汉市最为主要的碳源用地，其 2015 年的碳排放量占到了总碳排放量的 98.06%。

由图 2-1 中武汉市土地利用碳排放总量的变化趋势可将其划分为三个变化阶段。第一阶段是 1996～2001 年，该阶段内碳排放总量整体较为平稳，起伏不大。第二阶段是 2002～2006 年，该阶段内碳排放总量大幅度增加，从 2002 年的 1785.865×10^4 t 增长到 2006 年的 2761.492×10^4 t，增长率达到 54.63%，增速较快，根本原因在于该时期武汉市正处于经济快速发展阶段，第二产业比重加大，化石能源消费增加。第三阶段是 2007～2015 年，该阶段相较于前两个阶段呈现出波动性，其中 2007～2009 年碳排放量以低于第二阶段的增长率增长，2009～2011 年再次快步上升，但在 2012 年碳排放量略有下降，其根本原因在于 2007 年后，武汉市发展面临诸多变化，受城市经济高速增长、空间扩展及产业结构升级的多方影响。同时，近 10 年来，武汉市政府加大了对城市环境的整治，陆续出台了环境保护相关政策。在发展产业经济同时，注重能源使用效率，有意识地控制碳排放量。虽然碳排放量在 2013～2015 年相较 2012 年有所上升，但整体趋势趋于平缓。

2. 武汉市土地利用碳吸收量的测算

依据前文，土地利用碳吸收量分为耕地、其他土地（园地、林地、草地、水域、湿地、其他未利用地）和城市绿地三大类进行计算，1996~2015 年武汉市土地利用碳吸收量测算结果如表 2-9 和图 2-2 所示。

表 2-9　1996～2015 年武汉市土地利用碳吸收量　单位：10^4 t

年份	耕地	园地	林地	草地	水域	湿地	其他未利用地	城市绿地	碳吸收总量
1996	624.7212	0.1956	5.7741	0.0093	5.1381	0.7549	0.0052	0.1536	636.7520
1997	650.9764	0.1956	5.7679	0.0093	5.1581	0.7501	0.0052	0.1523	663.0149
1998	683.9224	0.1958	5.7651	0.0093	5.1752	0.7524	0.0052	0.1582	695.9836
1999	712.9215	0.1948	5.7573	0.0093	5.1751	0.7511	0.0051	0.1633	724.9775
2000	723.5553	0.1949	5.7626	0.0093	5.1777	0.7491	0.0051	0.1698	735.6238
2001	785.6212	0.1934	5.7772	0.0093	5.1800	0.7409	0.0051	0.1757	797.7028
2002	826.2353	0.1940	5.7985	0.0093	5.1769	0.7394	0.0050	0.1815	838.3399
2003	847.1432	0.1897	6.3115	0.0093	5.1759	0.7381	0.0049	0.1883	859.7609
2004	880.4252	0.1855	6.3991	0.0093	5.1637	0.7340	0.0048	0.1959	893.1175
2005	898.521	0.1819	6.3751	0.0091	5.1465	0.7015	0.0045	0.2043	911.1439
2006	923.3864	0.1797	6.3526	0.0090	5.1461	0.6993	0.0044	0.2072	935.9847
2007	884.9222	0.1781	6.3448	0.0088	5.1444	0.6984	0.0044	0.4175	897.7186
2008	905.8215	0.1759	6.3360	0.0086	5.1342	0.6970	0.0043	0.4276	918.6051
2009	914.122	0.1732	6.3114	0.0083	5.1174	0.6962	0.0042	0.4413	926.8740
2010	927.7212	0.1713	6.2842	0.0081	5.0865	0.6952	0.0042	0.4502	940.4209
2011	882.8142	0.1703	6.2563	0.0077	5.0450	0.6929	0.0041	0.4733	895.4638
2012	928.6541	0.1664	6.2277	0.0075	5.0082	0.6924	0.0040	0.4974	941.2577
2013	934.7211	0.1667	6.2047	0.0074	4.9766	0.6916	0.0040	0.5179	947.2900
2014	942.8253	0.1642	6.1900	0.0072	4.9496	0.6901	0.0039	0.5394	955.3697
2015	994.0472	0.1620	6.1740	0.0071	4.9285	0.6896	0.0039	0.5480	1006.5603

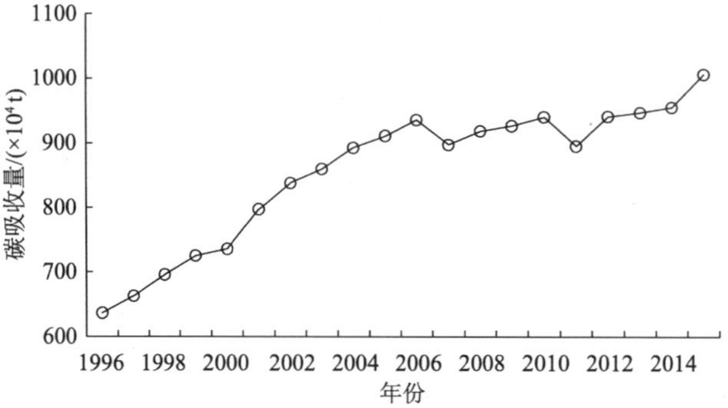

图 2-2　1996～2015 年武汉市土地利用碳吸收量

由表 2-9 显示的碳吸收总量数据可知，1996～2015 年的武汉市土地利用碳吸收总量总体呈上升的变化趋势，由 1996 年的 636.7520×10^4 t 增加到 2015 年的 1006.5603×10^4 t，增长了 369.8083×10^4 t，年平均增长率为 2.44%。图 2-2 显示，武汉市碳吸收总量的增长趋势虽有少许波动，但总体仍呈平稳上升态势。从表 2-9 可知，相对林地、草地等地类，武汉市耕地的碳汇总量最高，增长也最快。一方面，社会进步带来耕作方式的转变，同时生物、肥料和农用药品相关的科学技术进步使得耕地单位面积产量得到快速提升，耕地碳吸收量迅速增加；另一方面，近年来武汉市在环境保护方面采取了一定措施，通过实行加大建设用地利用集约度、退耕还林等措施，使得林地、城市绿地的面积有所增加，从而使得上述地类的碳吸收量呈稳步增长态势。但与此同时，由于武汉市水域、湿地和草地等地类总体减少，这几类土地的碳汇总量逐步减少。

3. 武汉市土地利用净碳排放量的测算

通过求取各年份的碳排放量与碳吸收量之差，可得武汉市于 1996～2015 年的土地利用净碳排放量，图 2-3 及表 2-10 为计算结果的汇总情况。

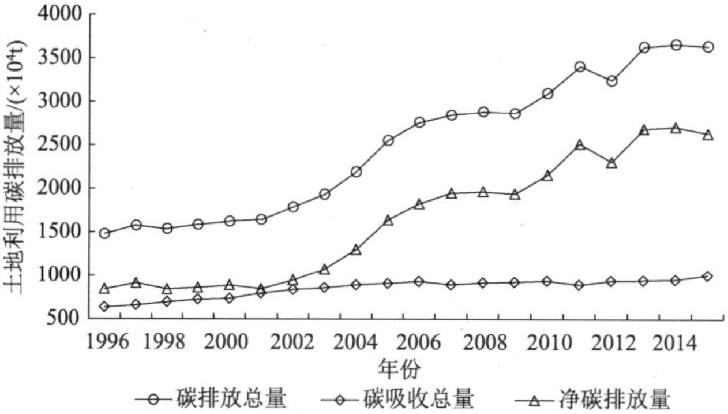

图 2-3　1996～2015 年武汉市土地利用净碳排放量

表 2-10　1996～2015 年武汉市土地利用净碳排放量　单位：10^4 t

年份	碳排放总量	碳吸收总量	净碳排放量
1996	1476.73	636.75	839.98
1997	1574.20	663.01	911.19
1998	1533.76	695.98	837.78
1999	1581.68	724.98	856.70
2000	1621.90	735.62	886.28
2001	1641.10	797.70	843.40
2002	1785.87	838.34	947.53
2003	1932.33	859.76	1072.57
2004	2192.70	893.12	1299.58
2005	2552.88	911.14	1641.74
2006	2761.49	935.98	1825.51
2007	2848.00	897.72	1950.28
2008	2885.97	918.61	1967.36
2009	2868.14	926.87	1941.27
2010	3100.47	940.42	2160.05
2011	3410.07	895.46	2514.61
2012	3247.89	941.26	2306.63
2013	3632.70	947.29	2685.41
2014	3663.69	955.37	2708.32
2015	3641.37	1006.56	2634.81

注：表 2-10 中碳排放总量的数据是表 2-8 中碳排放总量数据经四舍五入约分后所得；表 2-10 中碳吸收总量的数据是表 2-9 中碳吸收总量数据经四舍五入约分后所得

由表 2-10 的计算结果可知，1996～2015 年的武汉市土地利用净碳排放量不断上升，从 1996 年的 839.98×10^4 t 增长到 2015 年的 2634.81×10^4 t，年均增长率为 6.20%。由图 2-3 可以直观地看出，武汉市土地利用净碳排放量变化趋势与土地利用碳排放总量变化趋势基本相似，2002～2006 年为主要增长阶段。从整体来看，土地利用碳吸收量的增长趋势很平稳，但其增长速度与碳排放总量的增长速度相比，作用较为微弱，因此未能对土地利用净碳排放量的变化速度产生明显影响。此外，这也从侧面说明，未来武汉市要实现土地利用净碳排放量减少这一目标，应注重碳源的控制，努力增加碳汇，才能实现碳排放量的有效减少。

4. 武汉市土地利用碳排放效应分析

在测算出武汉市土地利用碳排放量的基础上，为探究武汉市土地利用碳排放的效应，分析碳排放与社会经济的耦合关系，在此，分别计算武汉市 1996～2015 年的地均碳排放量、人均碳排放量及单位地区生产总值的碳排放量，碳排放强度的计算结果如表 2-11 及图 2-4 所示。

表 2-11　1996～2015 年武汉市土地利用碳排放效应分析表

年份	净碳排放量 / ($\times 10^4$ t)	地均碳排放量		人均碳排放量		单位地区生产总值碳排放量	
		土地面积 /km^2	强度 /[($\times 10^4$ t) / km^2]	人口 / ($\times 10^4$ 人)	强度 / (t/人)	地区生产总值 / ($\times 10^8$ 元)	强度 /[t/ ($\times 10^4$ 元)]
1996	839.98	7 049.27	0.12	715.94	1.17	782.13	1.07
1997	911.19	7 049.92	0.13	723.90	1.26	912.33	1.00
1998	837.78	7 051.80	0.12	731.79	1.14	1 001.89	0.84
1999	856.70	7 052.06	0.12	740.20	1.16	1 085.68	0.79
2000	886.28	7 052.24	0.13	749.19	1.18	1 206.84	0.73
2001	843.40	7 060.96	0.12	758.23	1.11	1 335.40	0.63
2002	947.53	7 064.81	0.13	768.10	1.23	1 467.80	0.65
2003	1072.57	7 080.30	0.15	781.19	1.37	1 622.18	0.66
2004	1299.58	7 094.32	0.18	785.90	1.65	1 882.24	0.69
2005	1641.74	7 139.53	0.23	801.36	2.05	2 261.17	0.73
2006	1825.51	7 173.50	0.25	818.84	2.23	2 679.33	0.68
2007	1950.28	7 196.90	0.27	828.21	2.35	3 209.47	0.61
2008	1967.36	7 217.04	0.27	833.24	2.36	4 115.51	0.48
2009	1941.27	7 236.07	0.27	835.55	2.32	4 620.86	0.42
2010	2160.05	7 238.92	0.30	836.73	2.58	5 565.93	0.39
2011	2514.61	7 240.36	0.35	827.24	3.04	6 762.20	0.37
2012	2306.63	7 241.25	0.32	821.71	2.81	8 003.82	0.29
2013	2685.41	7 243.20	0.37	822.05	3.27	9 051.27	0.30
2014	2708.32	7 244.59	0.37	827.31	3.27	10 069.48	0.27
2015	2634.81	7 246.37	0.36	829.27	3.18	10 905.60	0.24

注：此处土地面积仅包含农用地和建设用地面积

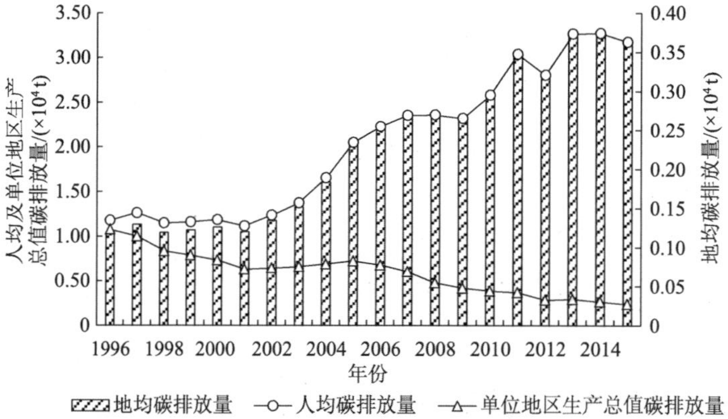

图 2-4　1996～2015 年武汉市土地利用碳排放效应

首先，对表 2-11 进行分析，武汉市地均及人均碳排放强度均呈逐年上涨趋势，而单位地区生产总值碳排放量呈下降趋势。其中，地均碳排放强度由 1996 年的 1200 t/km^2 上升至 2015 年的 3600 t/km^2，年均增长率为 5.95%；人均碳排放强度由 1996 年的 1.18 t/人上升至 2015 年的 3.18 t/人，年均增长率为 5.36%；单位地区生产总值碳排放量由 1996 年的 1.08 t/（$\times10^4$元）降至 2015 年的 0.24 t/（$\times10^4$元），年均降低率为 7.61%。其次，图 2-4 展示出地均碳排放强度和人均碳排放强度之间的变化吻合趋势，结合前文的土地利用净碳排放量的变化趋势来看，也可发现三者的变化趋势极为一致。从变化趋势来看，2002～2007 年两者的增长较为迅速，2007 年以后的增长则出现了一些波动，波动原因主要是 1996～2015 年武汉市土地利用净碳排放增长速度快于土地开发利用速度及人口增长速度。而单位地区生产总值碳排放强度的下降则主要归因于武汉市快速的经济增长，使得地区生产总值的增长速度远大于土地利用净碳排放量的增长速度。

2.3　本 章 小 结

本章首先整体阐述了基于现行的土地利用分类体系的城市土地利用碳排放量的测算方法，然后以武汉市为例，分析城市土地利用的碳源、碳汇，同时利用现行土地利用分类体系对 1996～2015 年不同用地类型的碳排放量、碳吸收量和净碳排放量进行了测算，并在此基础上对城市土地利用变化的碳效应进行分析以探究碳排放与社会经济的耦合关系。主要研究结论如下。

（1）碳排放量主要来源于建设用地、农用地和其他农用地。其中建设用地碳排放量来源于化石燃料燃烧、电力消费、工业生产、交通运输、废弃物排放和人口呼吸，而农用地碳排放主要测算的是农用物质的投入和土地翻耕带来的碳排放，其他农用地的碳排放主要来源于禽畜等动物的呼吸和排泄，以及农业生产管理过程。碳吸收量主要来源于耕地、园地、林地、草地、湿地、未利用地和城市绿地上植物光合作用的固定。

（2）武汉市 1996～2015 年土地利用碳排放量测算表明，碳排放总量总体呈上升趋势，建设用地为最主要碳源。碳排放增长趋势大体可分为三个阶段，第一阶段是 1996～2001 年，该阶段内碳排放总量整体较为平稳，起伏不大；第二阶段是 2002～2006 年，该阶段内碳排放总量大幅度增加；第三阶段是 2007～2015 年，武汉市碳排放呈波动性增长状态。武汉市 1996～2015 年土地利用碳吸收总量总体呈平稳上升态势，且耕地的碳汇总量最高，增长也最快。

（3）1996～2015 年武汉市土地利用净碳排放量不断上升，由于土地利用碳吸收量的增速与碳排放总量的增速相比较小，因此其对土地利用净碳排放量的影响作用十分微弱。这从侧面说明武汉市今后的碳减排工作重心应放在碳源控制上，并进一步优化碳汇结构，最终实现有效减少净碳排放量的目标。

（4）根据计算得出的 1996～2015 年武汉市地均碳排放量、人均碳排放量及单位地区生产总值碳排放量可知，武汉市地均碳排放强度与人均碳排放强度变化趋势相近，均呈逐年上涨趋势，研究期内武汉市净碳排放量的增长速率超越了城市建设扩张和人口增长的速率；而武汉市单位地区生产总值碳排放强度呈下降趋势，碳排放并未与社会经济增长呈同步耦合状态。

第3章　城市经济-土地-碳排放的系统分析

3.1　中国土地利用碳排放影响因素分析

土地利用变化动力学研究的核心是驱动力与土地利用变化的关系（摆万奇和赵士洞，2001）。引起土地利用方式和目的发生改变的自然经济社会因素统称为驱动力。在自然系统中，气候、土壤、水文等被认为是重要的驱动力因素；在社会经济系统中，人口规模、贫富差异、技术水平、经济增长、政治经济结构，以及价值观念等被认为是重要的驱动力因素（Stern et al.，1992）。土地利用变化会影响到土地利用直接碳排放或间接碳排放，显然，影响土地利用变化的因素也会影响土地利用碳排放。全球土地计划认为，全球化、人口变化、城市化与工业化、政治与经济转换、政策失误，以及局地知识、价值理念与土地利用方式等因素的变化都会对人类开发利用土地的方式产生影响，最终引起土地利用变化。

已有的碳排放影响因素研究中，主要研究三大传统因素：人口变化因素（人口规模、城镇化率等）、经济增长因素（人均GDP、居民消费水平等）、能源消费因素（能源结构、能源强度、煤炭消费量等）对碳排放的影响（唐慕尧，2015；宋德勇和徐安，2011；孙敬水等，2011；汪臻，2012；程叶青等，2013；贺红兵，2012），研究理论和方法较为丰富完善，研究结论基本一致，除上述因素外，还有对产业结构、交通运输等因素对碳排放的影响的研究。为保证整个分析研究过程的完整和严密，本书仅从定性角度概述以上各种因素对土地利用碳排放的可能影响。关于定量研究，一方面，本书从国家、省、市等尺度展开对土地集约利用与碳排放的分析与评价，为实现不同区域低碳理念下的经济发展和土地集约利用明确改进方向；另一方面，本书以全国、省级层面的城市建设用地、具体城市武汉市为研究对象，定量分析建设用地规模、能源消耗、土地利用结构与强度等因子对土地利用碳排放系统的影响，以及调控作用和改进方向，这部分的研究成果也构成了“基于系统仿真的城市土地利用碳排放分析与低碳利用调控研究”（14BGL218）项目研究阶段性成果的重要部分。

3.1.1　全球化对土地利用碳排放的影响

全球化是指由商品流、信息流和观念流形成的国家间相互依赖的网络。全球化对环境的影响及国际贸易自由的加强是政策议程的热点问题。自 1970 年以来，全球已经创建了七百多个多边环境协议。大部分协议旨在既对环境问题进行补救，也为生态系统可持续利用寻求解决办法。Kates 等（2003）认为全球化虽然将导致人口增长速度出现下降趋势，但会提高消费与贸易水平、加强运输能力，同时，基于西方发展模式的资源消耗方式也随之扩散。全球化加强了社会生活各个方面的全球联系及影响。全球化的具体影响因空间而异，它包括国际货币的发展、政治、国际环境和谐、贸易统一、商品链、技术转让、交通和通信设施的发展等。

全球化对土地利用及其决策制定的影响可能是直接的。例如，全球贸易的地理区位经常改变，以便减少生产和分配成本（如劳动成本），这对局地的社会-经济结构产生影响，继而又影响土地利用的选择和决策的制定。国际贸易分工通过一个国家进口和出口高能耗的资源密集型产品对土地利用的类型和方式产生影响，进而影响土地利用碳排放。前者减少了进口国家或地区对高能耗产品的生产，从而减少了土地利用类型的变化（减少土地利用直接碳排放），以及减少土地承载的生产活动的碳排放量（减少土地利用间接碳排放）；后者则增加了出口国家或地区对高能耗产品的生产，占用了更多的土地，造成土地利用类型发生变化的同时，增加了土地所承载的生产活动碳排放量，因此，进口和出口的国家贸易分工对土地利用碳排放的作用是双重的。

3.1.2 经济增长对土地利用碳排放的影响

经济增长对土地利用碳排放的影响既有直接的也有间接的。根据经济增长理论，经济的增长需要劳动、资本及技术要素的大量投入，其中土地可以看作资本投入的一种，也可以认为是与以上三种要素平行的生产要素，经济的增长导致建设用地的扩张，从而使得土地利用类型的变化影响土地利用直接碳排放，而以建设用地为载体展开的大量经济活动也使得土地利用间接碳排放增加，特别是化石燃料的燃烧。

3.1.3 人口增长对土地利用碳排放的影响

人口因素主要包括人口数量增长、密度、出生率、死亡率、年龄和性别等，这些因素的变化会对土地利用/覆盖变化产生重要影响。其中的人口数量增长和人口迁移是解释人口与土地利用变化关系的重要指标，人口数量增长会引起土地利用广度的增加，如将未利用地或其他土地转变为可利用的耕地等，而人口迁移，特别是伴随着城市化过程，农村人口转为城市人口，会带来城市用地的扩张、碳排放的增长。

3.1.4　土地利用强度和结构变化对土地利用碳排放的影响

由土地利用强度定义可知，土地利用强度的变化包括质量和数量两个方面。其中质量变化是指投入在土地上的劳动和资本增加或减少，在我国当前经济发展阶段，增加投入在土地上的劳动和资本会导致土地利用碳排放增加（张苗等，2015）；数量上的变化是建设用地面积的增加，同样会导致土地利用碳排放增加。不同土地利用类型的土地带来的碳排放不同，建设用地是碳排放强度最大的碳源用地，而林地、草地等为碳汇用地，土地利用结构的变化意味着不同用地类型的此消彼长。如果碳源用地增加，则土地利用碳排放增加；如果碳汇用地增加则土地利用碳排放减少。全球化、经济增长和人口增长等因素对土地利用碳排放的影响，归根结底是因为这些因素带来了土地利用强度和土地利用结构的变化和调整，使得土地利用碳排放增加或减少。

3.1.5　其他因素对土地利用碳排放的影响

政策与经济环境的变动对土地利用影响也很大，政策影响着土地利用决策，使得人们逐渐或突然地转变土地利用方式。例如，宏观的产业结构的调整政策会带来土地供给和土地利用类型的变化。局地知识、区域经济与市场环境、价值理念与土地利用方式也会直接或间接地影响土地利用碳排放。例如，绿色发展的推行和深入，农民增强对农用地的管理、减少化肥的使用会减少农用地碳排放，城市居民出行选择公共交通工具会减少交通用地碳排放等。

3.2　城市土地利用碳排放影响因素的系统分析

3.2.1　土地利用变化碳效应因素分解分析

土地利用变化碳效应的分析受到尺度效应的影响，而城市作为国家管理经济的基本单元，其影响因素与国家尺度的分析相比具有一致性，同时，应更多考虑中观尺度的社会经济发展背景。在对城市经济-土地-碳排放进行系统内部各要素和系统运行机理的研究之前，首先应对土地利用碳排放驱动力因素进行相关分析，这有利于厘清各影响因素与碳排放之间的作用本质及相关效应。基于前文宏观层面土地利用碳排放的影响因素分析，本节将从人口、经济、土地、能源等方面选取驱动力因素来探究各因素对碳排放的驱动效应，从而为系统视角下的城市经济-土地-碳排放系统模拟提供参考。

1. 影响因素分析法

影响因素分析法可实现不同影响因素对研究对象的影响程度研究，它通过统计指数体系的构建来实现研究目的，是一种经典的统计分析方法。该方法自 20 世纪 80 年代起就被学者广泛用于针对能源及环境政策制定的相关研究，近年来，在全球气候变暖的大背景下，则被广泛用在了针对碳排放的相关研究中。影响因素分析法发展至今，其方法种类较多，常见的有 LMDI 方法、可拓展的随机性的环境影响评估（stochastic impacts by regression on population，affluence，and technology，STIRPAT）模型、环境影响（IPAT）模型[指经济社会发展对自然环境的影响（impact）与人口规模（population）、富裕程度（affluence）、技术水平（technology）紧密相关]、结构方程（slack based measure，SEM）模型、Kaya 分解法和 Laspeyres 指数法等。在实际研究时应根据研究领域的不同，考虑模型的适用条件，进行使用模型的选择。

影响因素分析法在碳排放影响因素的研究中已有相当程度的进展。其中以 LMDI 方法的运用最为广泛。LMDI 方法由 Ang 等首次提出，运用该方法进行研究时，首先，要对总指标的影响因素进行分析提取；其次，根据各影响因素对总指标进行分解，并分析各影响因素的影响效应；最后，对总指标的变化原因进行解释分析。LMDI 方法之所以能得到广泛运用，主要是因为相较于其他方法，运用 LMDI 方法不仅可以消除残差项，使模型满足因素可逆的条件，同时可克服分解后若存在残差性的相关干扰，因而，能够很大程度地提升结果的可信度和准确度。由于 LMDI 方法的加和分解及乘积分解的总、分效应相同，因此 LMDI 方法还可用于研究总体效应与部分因素效应之间的关系问题。国内外学者运用 LDMI 方法对碳排放问题进行了大量的相关研究。例如，Wang 等（1999）基于我国 1957～2000 年的数据采取 LMDI 方法分析了我国 CO_2 排放量的影响因素。卢娜等（2013）利用 LMDI 方法将土地利用碳排放的总效应分解为规模效应、技术效应与结构效应并利用我国 2002～2008 年的数据探究了各效应对总效应的贡献值。王亮（2015）、张俊峰等（2014）分别运用 LMDI 方法将土地利用碳排放影响因素分解为人口因素、经济因素、土地利用结构因素及土地利用效率因素，并利用盐城市与武汉市数据分析了各分因素对土地利用碳排放的影响程度。基于此，本书选择 LMDI 方法分析城市土地利用碳排放影响因素的作用。

2. 影响因素

1）人口因素

城市人口的规模和数量会对土地生产主体的土地利用方式、生产方式及投入产生影响，人口因素是影响社会各方面发展及碳排放的主要影响因素。从规模上看，各产业从业人数影响着产业投入，从而改变土地利用碳排放。从数量上看，人口增长不仅会带来生活能源消费的增多，同时会带来生活垃圾及废水等排放量的增多，从而对土地利用碳排放产生重要影响。

2）经济因素

众所周知，经济的快速发展有利有弊，其一方面带动了人民生活水平提高，促进了社会发展，但另一方面也带动了整个社会碳足迹的增加。我国经济快速发展的初期产生的一味追求经济增长而忽视环境和资源保护的现象使资源环境面临日益严峻的损耗形势。在处理经济与环境发展的关系时，许多地区往往采取先发展后治理的发展模式，从而陷入“发展—治理—发展”的恶性循环。而从源头控制发展的模式虽能一定程度上缓解污染问题，但会对经济快速发展产生阻碍，影响人们对实现物质生产生活水平大幅提升目标的期盼。因此，如何平衡经济与环境的发展关系，选择合适的发展水平和模式，对于实现低碳和可持续发展尤为必要。

3）土地因素

土地主要通过从其利用效率及利用结构两方面来对碳排放变化发挥作用。从土地利用效率来看，土地利用效率的提高意味着单位产出所需的投入减少，也意味着能源消耗与碳排放的减少。从土地利用结构来看，首先，不同土地利用类型的碳排放量不同，如农用地碳排放量相对较小，建设用地碳排放量相对较大。其次，不同土地利用类型内部各地类的碳排放量也不相同，如其他农用地碳排放量大于吸收量，成为碳源用地；而园地、林地及草地的碳吸收量大于碳排放量，成为碳汇用地，耕地由于地表农作物及种植情况的不同，既可能是碳源用地也可能是碳汇用地。得益于我国退耕还林、还草、还湖等环境保护政策的实行与推广，部分作为碳源的农用地逐渐向碳汇用地转换，调整农用地内部结构将会使土地利用碳排放量减少。建设用地承载着人类的生产生活，在此基础之上的生产性和生活性的能源消耗都较大，导致建设用地的碳排放量也较大，建设用地成为主要的碳源地类。未利用地中包括的水域、湿地等地类可维持自然环境系统的生态平衡，但从现状来看，未利用地面积在不断缩小，因此对未利用地的保护应引起重视。

4）能源因素

能源消耗对碳排放量有着直接的重要影响。人们的生产生活离不开能源消耗，不同种类的能源种类，如原油、汽油、天然气等，对应的碳排放系数不同，因此，相同用量的能源产生着不同的碳排放量。同时，当能源消费结构变化时，碳排放量也会发生改变。随着能源消费中清洁能源利用比例的不断加大，以及能源利用技术的逐步改善，能源的高效化利用将逐步实现，从而显著地降低碳排放量。

3. 因素分解模型

根据影响因素分析法的相关研究成果，本节基于 LMDI 方法的分析研究框架，分析上述土地、人口、经济、能源等因素对土地利用碳排放的影响，使用 LMDI 方法对土地利用碳排放影响因素进行分解，参考现有文献的相关研究，采用以下公式对土地利用碳排放总量进行拆分表示。

$$C=\frac{C}{L}\times\frac{L}{E}\times\frac{E}{\mathrm{GDP}}\times P \tag{3-1}$$

$$\mathrm{CI}=\frac{C}{L},\quad \mathrm{LI}=\frac{L}{E},\quad \mathrm{EI}=\frac{E}{\mathrm{GDP}},\quad \mathrm{GI}=\frac{\mathrm{GDP}}{P},\quad \mathrm{PI}=P \tag{3-2}$$

其中，C 表示土地利用碳排放量；E 表示能源消耗总量；L 表示土地总面积；P 表示人口总量；GDP 表示地区生产总值；CI 表示地均碳排放强度；EI 表示能源利用效率；LI 表示土地利用效率；GI 表示经济发展水平；PI 表示人口规模。

针对以上研究模型，将 C^0 设为基期碳排放总量，C^T 设为第 T 期碳排放总量，式（3-3）中，ΔC_{tot} 表示从基期至第 T 期的总碳排放量变化。在 LMDI 方法的分解方法中，乘积分解和加和分解的最终结果是一致的，采用加和分解，将差分分解为

$$\Delta C_{\mathrm{tot}}=C^t-C^0 \tag{3-3}$$

不同分解因素贡献值计算公式表示如下：

$$\Delta\mathrm{CI}=\sum\frac{C^T-C^0}{\ln C^T-\ln C^0}\ln\frac{\mathrm{CI}^T}{\mathrm{CI}^0} \tag{3-4}$$

$$\Delta\mathrm{LI}=\sum\frac{C^T-C^0}{\ln C^T-\ln C^0}\ln\frac{\mathrm{LI}^T}{\mathrm{LI}^0} \tag{3-5}$$

$$\Delta\mathrm{EI}=\sum\frac{C^T-C^0}{\ln C^T-\ln C^0}\ln\frac{\mathrm{EI}^T}{\mathrm{EI}^0} \tag{3-6}$$

$$\Delta\mathrm{GI}=\sum\frac{C^T-C^0}{\ln C^T-\ln C^0}\ln\frac{\mathrm{GI}^T}{\mathrm{GI}^0} \tag{3-7}$$

$$\Delta\mathrm{PI}=\sum\frac{C^T-C^0}{\ln C^T-\ln C^0}\ln\frac{\mathrm{PI}^T}{\mathrm{PI}^0} \tag{3-8}$$

碳排放量变化总效应为

$$\Delta C_{\text{tot}} = C^T - C^0 = \Delta \text{CI}+\Delta \text{LI}+\Delta \text{EI}+\Delta \text{GI}+\Delta \text{PI} \tag{3-9}$$

3.2.2 武汉市土地利用碳排放影响因素分解

1. 武汉市土地利用碳排放影响因素分析

1）人口因素分析

武汉市 1996 年至 2015 年总人口数、劳动力总数及三产业从业人数变化如表 3-1 所示，劳动力及三产业占比变化如图 3-1 所示。

表 3-1　1996～2015 年武汉市人口与劳动力情况

年份	第一产业		第二产业		第三产业		劳动力总数		总人口数/（×10⁴人）
	数量/（×10⁴人）	比例	数量/（×10⁴人）	比例	数量/（×10⁴人）	比例	数量/（×10⁴人）	比例	
1996	91.43	22.50%	154.60	38.04%	160.39	39.46%	406.42	56.77%	715.94
1997	92.97	22.57%	154.22	37.45%	164.64	39.98%	411.83	56.89%	723.90
1998	92.85	22.36%	152.25	36.67%	170.10	40.97%	415.20	56.74%	731.79
1999	92.96	22.25%	151.87	36.35%	172.95	41.40%	417.78	56.44%	740.20
2000	91.43	21.88%	148.95	35.65%	177.42	42.47%	417.80	55.77%	749.19
2001	90.42	22.26%	141.47	34.83%	174.23	42.90%	406.12	53.56%	758.23
2002	86.02	21.12%	143.41	35.21%	177.87	43.67%	407.30	53.03%	768.10
2003	83.08	20.17%	144.43	35.06%	184.49	44.78%	412.00	52.74%	781.19
2004	81.81	19.60%	141.30	33.84%	194.39	46.56%	417.50	53.12%	785.90
2005	80.58	19.10%	137.66	32.64%	203.56	48.26%	421.80	52.64%	801.36
2006	83.36	19.40%	140.39	32.68%	205.85	47.92%	429.60	52.46%	818.84
2007	82.96	18.76%	146.60	33.15%	212.64	48.09%	442.20	53.39%	828.21
2008	79.57	17.45%	156.00	34.21%	220.43	48.34%	456.00	54.73%	833.24
2009	63.84	13.62%	175.26	37.40%	229.50	48.98%	468.60	56.08%	835.55
2010	63.52	13.15%	178.46	36.95%	241.02	49.90%	483.00	57.72%	836.73
2011	61.10	12.27%	189.50	38.05%	247.40	49.68%	498.00	60.20%	827.24
2012	61.34	12.11%	194.50	38.41%	250.56	49.48%	506.40	61.63%	821.71
2013	50.87	9.74%	200.86	38.46%	270.51	51.80%	522.24	63.53%	822.05
2014	48.38	9.12%	204.75	38.60%	277.31	52.28%	530.44	64.12%	827.31
2015	49.68	9.12%	209.24	38.40%	286.00	52.48%	544.92	65.71%	829.27

注：表格中比例数据经过修约，可能存在相加不等于 100.00%的情况

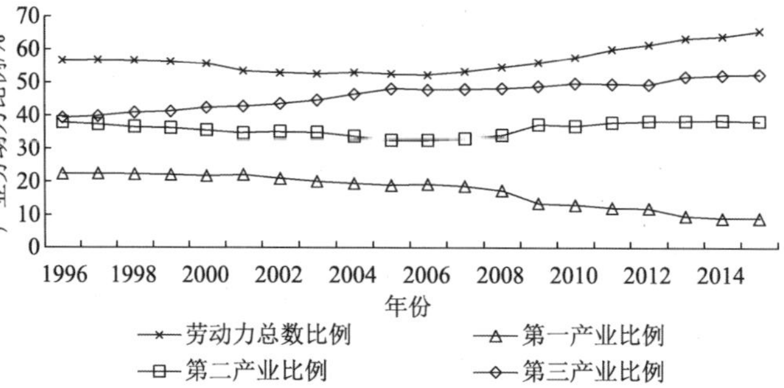

图 3-1　1996～2015 年武汉市劳动力情况

由表 3-1 可知，1996 年至 2015 年，武汉市人口总数总体呈上涨趋势，由 715.94 万人增加为 829.27 万人，年均增长率为 0.78%。总体上看，武汉市劳动力总数在 1996 年至 2015 年也呈现不断上升的变化趋势，由 406.42 万人上升为 544.92 万人，年均增长率为 1.56%。从产业结构的劳动力分类来看，1996 年的第一产业从业人数为 91.43 万人，减少为 2015 年的 49.68 万人，年均减少率为 3.16%；1996 年的第二产业从业人数为 154.60 万人，上升为 2015 年的 209.24 万人，年均增长率为 1.61%；第三产业从业人数由 1996 年的 160.39 万人上升为 2015 年的 286.00 万人，年均增长率为 3.09%。由图 3-1 的变化趋势可见，武汉市劳动力比例总体呈现上升趋势，其中，第一产业从业人数比例呈下降趋势，第二产业从业人数比例总体上保持稳定，第三产业从业人数比例呈上升趋势，第三产业从业人数比例由 1996 年的 39.46%上升为 2015 年的 52.48%，增加了 13.02%。说明在城镇化发展过程中武汉市政府越来越注重对第三产业的发展和扶持。

2）经济因素分析

武汉市 1996 年至 2015 年地区生产总值及其构成的变化情况如表 3-2 所示，其人均地区生产总值的变化趋势如图 3-2 所示。

表 3-2　1996～2015 年武汉市地区生产总值变化趋势

年份	第一产业增加值/（$\times10^8$元）	第二产业增加值/（$\times10^8$元）	第三产业增加值/（$\times10^8$元）	人均地区生产总值/[（$\times10^4$元）/人]	地区生产总值/（$\times10^8$元）
1996	71.61	366.19	344.33	1.09	782.13
1997	78.79	422.06	411.48	1.26	912.33
1998	75.85	449.72	476.32	1.37	1 001.89
1999	78.54	478.39	528.75	1.47	1 085.68
2000	81.36	533.31	592.17	1.61	1 206.84
2001	85.00	582.40	668.00	1.76	1 335.40
2002	90.40	635.50	741.90	1.91	1 467.80

续表

年份	第一产业增加值/（×10⁸元）	第二产业增加值/（×10⁸元）	第三产业增加值/（×10⁸元）	人均地区生产总值/[（×10⁴元）/人]	地区生产总值/（×10⁸元）
2003	95.13	701.87	825.18	2.08	1 622.18
2004	102.23	825.78	954.23	2.40	1 882.24
2005	109.57	1 026.27	1 125.33	2.82	2 261.17
2006	115.91	1 205.42	1 358.00	3.27	2 679.33
2007	129.15	1 440.00	1 640.32	3.88	3 209.47
2008	144.70	1 867.21	2 103.60	4.94	4 115.51
2009	149.06	2 142.14	2 329.66	5.53	4 620.86
2010	170.04	2 532.82	2 863.07	6.65	5 565.93
2011	198.70	3 254.02	3 309.48	8.17	6 762.20
2012	301.21	3 859.56	3 843.05	9.74	8 003.82
2013	335.40	4 396.17	4 319.70	11.01	9 051.27
2014	350.06	4 785.66	4 933.76	12.17	10 069.48
2015	359.81	4 981.54	5 564.25	13.15	10 905.60

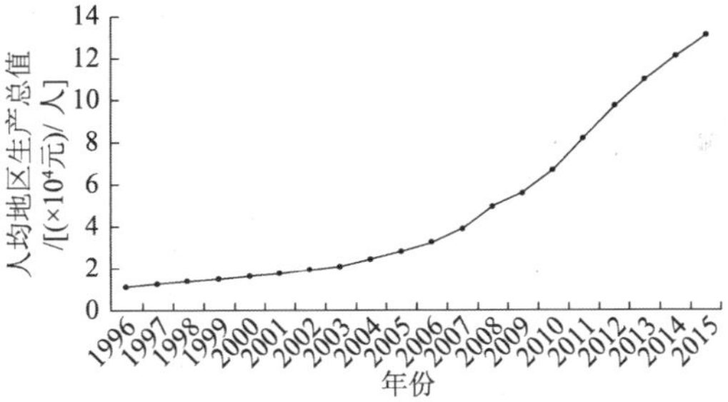

图 3-2　1996～2015 年武汉市人均地区生产总值变化趋势

由表 3-2 可知，武汉市地区生产总值总量及按产业类型分类的地区生产总值均呈不断上升趋势，其中，地区生产总值总量从 1996 年的 782.13 亿元上升为 2015 年的 10 905.60 亿元，增长了近 13 倍。在三大产业类型地区生产总值中，第一产业地区生产总值增长略为缓慢，而第二产业、第三产业地区生产总值增长十分迅速，从侧面可见在发展过程中，武汉市第二产业、第三产业在不断发挥其经济发展重心的重要性。由图 3-2 可见，1996 年至 2015 年的武汉市人均地区生产总值不断上升，以 2004 年为分界，可将其上升过程划分为两个不同的增长阶段，2004 年之前的人均地区生产总值上升较为平缓，而 2004 年后的人均地区生产总值呈现快速上升趋势，说明近年来的武汉市经济发展水平处于飞速上升阶段。合理的经济发展模式是实现经济持续健康发展的关键，为此，武汉市应积极探索经济社会与资源环境和谐发展的模式。

3）土地因素分析

武汉市 1996 年至 2015 年亿元地区生产总值成本的固定资产投入、劳动力投入及土地面积投入的环比增长变化趋势如图 3-3 所示，亿元地区生产总值产出成本投入数值及环比增长情况如表 3-3 所示。

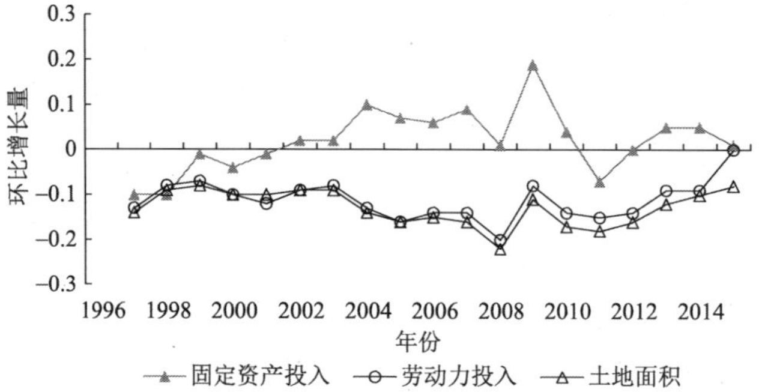

图 3-3　1996～2015 年武汉市亿元地区生产总值成本投入环比增长情况

表 3-3　1996～2015 年武汉市亿元地区生产总值产出成本投入

年份	劳动力投入/[（$\times10^4$人）/（$\times10^8$元）]		固定资产投入/[（$\times10^8$元）/（$\times10^8$元）]		土地面积/[km^2/（$\times10^8$元）]	
	数值	环比增长	数值	环比增长	数值	环比增长
1996	0.52		0.49		9.01	
1997	0.45	−13%	0.45	−8%	7.73	−14%
1998	0.41	−9%	0.40	−11%	7.04	−9%
1999	0.38	−7%	0.40	−0%	6.50	−8%
2000	0.35	−8%	0.38	−5%	5.84	−10%
2001	0.30	−14%	0.38	−0%	5.29	−9%
2002	0.28	−7%	0.39	3%	4.81	−9%
2003	0.25	−11%	0.40	3%	4.36	−9%
2004	0.22	−12%	0.44	10%	3.77	−14%
2005	0.19	−14%	0.47	7%	3.16	−16%
2006	0.16	−16%	0.49	4%	2.68	−15%
2007	0.14	−13%	0.54	10%	2.24	−16%
2008	0.11	−21%	0.55	2%	1.75	−22%
2009	0.10	−9%	0.65	18%	1.56	−11%
2010	0.09	−10%	0.67	3%	1.30	−17%
2011	0.07	−22%	0.63	−6%	1.07	−18%

续表

年份	劳动力投入/[（×10⁴人）/（×10⁸元）]		固定资产投入/[（×10⁸元）/（×10⁸元）]		土地面积/[km²/（×10⁸元）]	
	数值	环比增长	数值	环比增长	数值	环比增长
2012	0.06	−14%	0.63	0%	0.90	−16%
2013	0.06	−0%	0.66	5%	0.80	−11%
2014	0.05	−17%	0.70	6%	0.72	−10%
2015	0.05	−0%	0.71	1%	0.66	−8%

注：此处土地面积仅包含农用地和建设用地面积

由表 3-3 可知，1996～2015 年，武汉市亿元地区生产总值的土地投入量越来越少，说明土地利用效率得到了较为显著的提高。土地投入与劳动力投入都在不断下降，而固定资产投入呈现一定的上升趋势。从图 3-3 及表 3-3 中显示的环比增长情况来看，1996 年至 2001 年，固定资产投入环比增长为负值，从 2002 年开始（2011 年除外），固定资产投入环比增长一直为正值，而 1996 年至 2015 年的土地面积及劳动力投入环比增长均为负值。此外，从图 3-3 的变化趋势来看，亿元地区生产总值劳动力投入与土地投入环比增长的变化趋势极为相似。

从土地利用结构来看，1996～2015 年，建设用地比例增长显著。由表 3-4 可知，武汉市建设用地比例由 1996 年的 15.34%增长到 2015 年的 23.79%，呈现出逐渐上升的状态，年均增长率为 2.34%；从人均角度看，1996 年，人均建设用地为 182.59m²/人，到 2015 年上涨到了 244.83m²/人，年均增长率为 1.56%。农用地和未利用地比例则总体上呈下降趋势，其年均下降率分别为 0.64%和 0.18%。由图 3-4 可见，在三大用地比例中，农用地所占比例始终最大，一直维持在 61%以上。伴随着社会经济的不断发展，武汉市政府加大了对未利用地的开发利用，同时建设用地扩张显著。由于不同类型的土地带来的碳排放不同，农用地作为碳汇的来源能够降低因土地利用而产生的碳排放量，建设用地带来的经济效益增长幅度较大，但作为碳源使得碳排放增长迅速，相应也会带来其他的环境污染问题。因此，武汉市未来的发展，需要合理调整土地利用结构，保护好未利用地和农用地，控制建设用地比例。

表 3-4　1996～2015 年武汉市各类土地利用比例

年份	农用地比例	建设用地比例	未利用地比例	人均建设用地面积/（m²/人）
1996	69.19%	15.34%	15.47%	182.59
1997	69.11%	15.43%	15.46%	181.68
1998	69.01%	15.52%	15.46%	180.82
1999	68.66%	15.88%	15.46%	182.86

续表

年份	农用地比例	建设用地比例	未利用地比例	人均建设用地面积/（m^2/人）
2000	68.41%	16.12%	15.46%	183.44
2001	68.19%	16.39%	15.42%	184.34
2002	67.73%	16.87%	15.40%	187.26
2003	67.38%	17.23%	15.39%	188.13
2004	67.05%	17.60%	15.35%	191.07
2005	66.63%	18.18%	15.19%	193.45
2006	66.27%	18.61%	15.12%	193.91
2007	65.87%	19.00%	15.13%	195.53
2008	65.46%	19.45%	15.09%	199.05
2009	65.09%	19.84%	15.07%	202.51
2010	64.47%	20.48%	15.05%	208.71
2011	63.68%	21.31%	15.01%	219.73
2012	62.87%	22.14%	14.99%	229.86
2013	62.25%	22.77%	14.98%	236.28
2014	61.73%	23.31%	14.96%	240.38
2015	61.26%	23.79%	14.95%	244.83

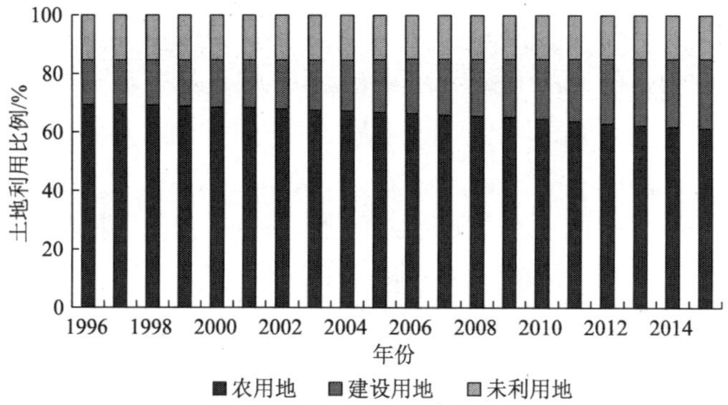

图 3-4　1996～2015 年武汉市土地利用结构

4）能源因素分析

武汉市 1996 年至 2015 年的单位地区生产总值能源消耗如图 3-5 所示，从图 3-5 可以看出，武汉市单位地区生产总值能耗下降迅速，由 1996 年的 3.02×10^4 t/亿元降低为 2015 年的 0.48×10^4 t/亿元，表明武汉市能源利用效率在不断提高，对控制碳排放产生了积极影响。

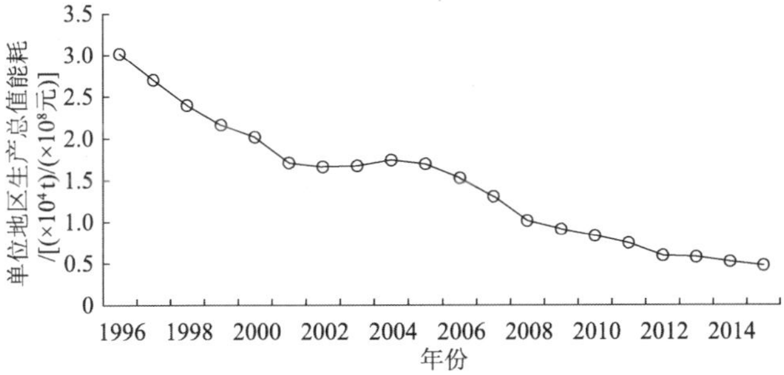

图 3-5　1996～2015 年武汉市单位地区生产总值能源消耗量

2. 武汉市土地利用碳排放影响因素分解结果

根据第 2 章计算得到的武汉市 1996～2015 年土地利用净碳排放量，采用因素分解模型，以 1996 年为基期年，计算得到武汉市土地利用碳排放影响因素分解结果如表 3-5 及图 3-6 所示。

表 3-5　1997～2015 年武汉市土地利用碳排放影响因素分解结果　单位：10^4 t

年份	人口因素	经济因素	地均碳排放强度因素	能源利用效率因素	土地利用效率因素	正效应	负效应	综合效应
1997	10.13	130.96	73.56	−101.63	−39.37	214.65	−141.00	73.65
1998	19.29	198.84	1.56	−202.15	−15.66	219.69	−217.81	1.88
1999	29.72	262.77	23.67	−297.16	5.03	321.19	−297.16	24.03
2000	41.19	352.29	54.64	−364.72	−28.37	448.12	−393.09	55.03
2001	50.90	423.61	12.69	−503.78	30.74	517.94	−503.78	14.16
2002	65.97	524.66	117.10	−559.46	−29.11	707.73	−588.57	119.16
2003	87.07	641.17	242.44	−588.07	−135.79	970.68	−723.86	246.82
2004	102.55	863.45	467.05	−603.30	−355.70	1433.05	−959.00	474.05
2005	140.23	1180.54	801.35	−716.68	−588.26	2122.12	−1304.94	817.18
2006	176.87	1444.85	976.50	−894.89	−703.82	2598.22	−1598.71	999.51
2007	199.01	1729.86	1097.01	−1143.58	−756.98	3025.88	−1900.56	1125.32
2008	208.35	2071.90	1111.20	−1494.48	−753.47	3391.45	−2247.95	1143.50
2009	207.84	2181.84	1036.31	−1607.20	−747.29	3425.99	−2354.49	1071.50
2010	222.83	2581.97	1252.26	−1837.39	−929.46	4057.06	−2766.85	1290.21
2011	228.06	3176.47	1651.95	−2208.78	−1153.53	5056.48	−3362.31	1694.17
2012	207.19	3289.79	1448.99	−2443.31	−1013.27	4945.97	−3456.58	1489.39
2013	226.79	3791.34	1825.11	−2707.69	−1265.91	5843.24	−3973.60	1869.64
2014	238.40	3974.98	1847.07	−2887.13	−1281.19	6060.45	−4168.32	1892.13
2015	238.36	4035.85	1771.93	−2990.99	−1238.72	6046.14	−4229.71	1816.43

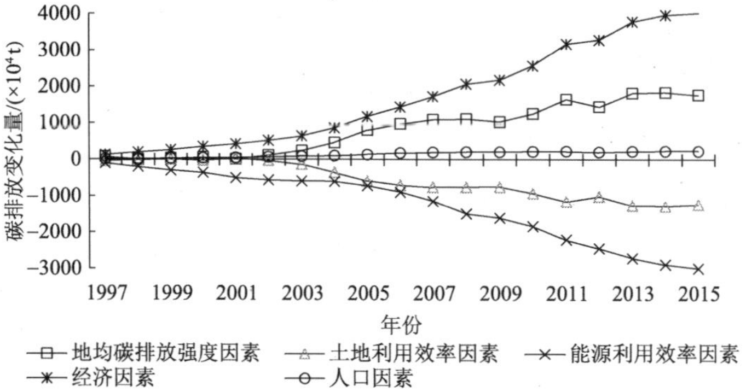

图 3-6　1997～2015 年武汉市土地利用碳排放影响因素分解结果

分析表 3-5 及图 3-6，可得出如下结论。

（1）从总体上看，可以将影响因素划分为两类，一类对武汉市土地利用碳排放产生正效应，分别是经济因素、地均碳排放强度因素和人口因素；一类对武汉市土地利用碳排放产生负效应，分别是能源利用效率因素和土地利用效率因素。两类影响因素综合效应均为正值，说明经济发展、地均碳排放强度（建设用地增长使得地均碳排放显著增长）及人口扩张会使土地利用碳排放增加，土地利用效率及能源利用效率的提高能实现土地利用碳减排，但是与地均碳排放强度增长、经济发展及人口扩张的促进作用相比，其减排效果相当有限。短期内，提高能源利用效率及土地利用效率并不能改变武汉市土地利用碳排放量增加的状况。

（2）随着经济水平的不断提高，经济因素成为武汉市土地利用碳排放量增加的最主要因素。经济水平的高速发展使武汉市 2015 年的土地利用碳排放量与基期年相比增长了 4035.85×10^4 t，在总碳排放增长量中占比为 66.75%，年平均增长 212.41×10^4 t。由此可见，经济水平的提高会导致碳排放量的大幅度增加。目前中国仍处于发展阶段，我国现阶段的发展重心依然是保持国民经济的平稳增长和提高人民生活水平，相当长一段时期，经济的增长仍将是导致碳排放量增加的重要因素。因此，今后减排任务将更加艰巨。

（3）从地均碳排放强度因素来看，降低地均碳排放强度会对武汉市土地利用碳排放产生显著影响。地均碳排放强度变化通常由土地利用结构调整造成，如高碳排放地类占比增加会导致单位土地的总碳排量上升。2015 年武汉市由地均碳排放强度因素导致的土地利用碳排放量比 1996 年增长了 1771.93×10^4 t，占碳排放总增长量的 29.3%。这与近年来武汉市在城市建设过程中为了增加建设用地供给，而加速土地的农转非[即农业（农村）人口转为非农业（城镇）人口]进程有着密不可分的关系。从武汉市近年来的发展状况上看，政府颁布的一系列政策在一定程度上制约了建设用地的扩张，但是经济发展带来的建设用地增长需求和建设用地占用增长，往往突破了这种扩张制约。因此在今后的发展过程中，严格控制建设用地扩张，合理调整土地利用结构以控制地均碳排放强度仍将是实现碳减排目标的重要手段。

（4）从人口因素来看，人口规模的扩大提高了武汉市土地利用碳排放量。与基期年相比，2015 年由人口规模扩张造成的碳排放增长量为 238.36×10^4 t，在总碳排放量中的占比为 3.94%，年均增长量为 12.55×10^4 t。可见人口规模的扩张虽影响有限但也是造成碳排放增量的原因之一。武汉市作为湖北省省会和发展中心，其优越的地理位置及巨大的发展潜力仍将吸引更多的外来人口迁入，因此，为实现碳减排目标，应重视人口规模的合理增长和低碳生活的引导。

（5）从土地利用效率因素来看，提高土地利用效率能有效减少武汉市土地利用碳排放。2015 年土地利用效率因素相较于基期年实现了 1238.72×10^4 t 的碳减排量，占总碳减排量的 29.29%。对于武汉市来说，在假设其他因素不变的条件下，提高土地利用效率平均每年可以减少 65.2×10^4 t 碳排放量。土地利用效率的提高意味着单位产出所需土地投入的减少和能源消耗的相应减少，从而实现碳排放量的减少。

（6）从能源利用效率因素来看，能源利用效率的提高能显著减少武汉市土地利用碳排放量。2015 年能源利用效率的提高使碳排放量相较于基期年减少了 2990.99×10^4 t，占总碳减排量的 70.71%，年均碳减排 157.42×10^4 t。能源消耗是土地利用碳排放的重要碳源，能源效率的提高即能源利用效率的提升可以有效减少能源使用量，从而显著减少碳排放量。由此可见，提高能源效率是降低武汉市土地利用碳排放量的主要途径。

3.3　本 章 小 结

本章对城市经济-土地-碳排放系统中土地利用碳排放的影响因素进行了系统分析，首先，从全国尺度对全球化、经济增长、人口增长、土地利用强度和结构变化，以及政治、局地知识等因素对土地利用碳排放的可能影响进行了定性的分析；其次，从城市尺度对人口因素、经济因素、土地因素及能源因素与土地利用碳排放之间的关系进行描述分析，基于 LMDI 方法分析研究框架，采用 LMDI 方法，构建土地利用碳排放影响因素分解模型；最后，以武汉市为例，分析武汉市 1996～2015 年的人口、经济、土地及能源等因素的变化情况，同时，根据武汉市 1996～2015 年土地利用净碳排放量，采用前述因素分解模型，得出武汉市土地利用碳排放各影响因素分解结果，并对各影响因素的碳排放影响效应进行分析。本章主要结论如下。

（1）全球化对土地利用及其决策制定的影响可能是直接的。例如，全球贸易的地理区位及国际贸易分工，通过影响土地利用的选择和决策对土地利用碳排放产生作用；经济增长既可以直接也可以间接地对土地利用碳排放产生影响；人口增长通过导致土地利用广度的增加对土地利用碳排放产生影响，同时人口因素中的人口数量、密度、出生率、死亡率、性别、年龄等也会对土地利用/覆盖变化产生影响，进而影响土地利用碳排放；全球化、经济增长和人口增长等因素对土地利用碳排放的影响，归根结底是改变了土地利用强度和土地利用结构，导致土地利用碳排放增加或减少；局地知识、价值与土地利用也会直接或间接地影响土地利用碳排放。

（2）以中观尺度的城市社会经济发展为背景，分析土地利用碳排放驱动因素，人口是社会经济发展及碳排放的主要影响因素；经济发展带动人们生活水平提高的同时又增加了社会碳足迹，因此，兼顾低碳与可持续的经济发展模式尤为重要；土地因素主要通过土地利用效率及土地利用结构影响碳排放；而能源消耗对碳排放量有着直接的重要影响。从人口规模、经济发展、能源利用效率、地均碳排放强度及土地利用效率等方面对土地利用碳排放驱动因素的分析结果，可为城市经济-土地-碳排放系统的分析提供参考，厘清不同影响因素与碳排放之间作用本质和效应。

（3）总体来看，对武汉市土地利用碳排放产生正效应的因素有经济因素、地均碳排放强度因素和人口因素，产生负效应的因素有能源利用效率因素和土地利用效率因素，其综合效应均为正值。从各影响因素的作用来看，经济增长、建设用地增长带来的地均碳排放强度增长是导致武汉市土地利用碳排放增长的重要原因，人口规模的扩张也是武汉市土地利用碳排放量提高的原因之一。而能源利用效率和土地利用效率的提高是降低武汉市土地利用碳排放量的重要途径，且前者的减碳效应更为显著。在今后的经济发展过程中，武汉市碳减排任务仍十分艰巨。应将控制建设用地增长的土地利用结构调整、促进经济增长方式的改变作为实现碳减排目标的重要手段，提高土地利用和能源利用效率，重视人口规模和能源消费的合理增长。

第 4 章　城市经济-土地-碳排放的系统模拟研究

4.1　城市土地利用碳排放系统动力学模型

4.1.1　系统动力学建模概述

系统动力学的概念最早由麻省理工学院的 Forrester 教授及其团队在 1950 年提出。系统动力学既是一门分析研究复杂信息反馈系统的学科，又是一门认识和处理系统问题的交叉的综合性学科。它是在定性研究的基础上，结合定量分析，依托计算机仿真技术来探索内部操作规则，并构建模型来对系统进行分析，以找到各种现实问题的解决方案。

系统动力学的建立依托于数理分析模型，以及计算机高速处理数据的能力，它更适用于分析和研究如高度非线性、高阶、多变量、多重反馈且复杂的社会、经济和生态等时变系统问题。系统动力学的系统分析建模研究方法为经济、社会、生态系统的定性定量研究开辟了一条道路，对政策研究有着很大的作用，它常被研究者用来分析政策的可行性。系统动力学模型是一个重点描述系统结构的结构-功能仿真模型，系统动力学侧重于对系统的发展态势而不是发展结果进行分析，因其主要是对系统发展过程中的行为及发展趋势进行研究，因此更适用于对中长期系统发展问题进行研究。系统动力学分析处理问题的流程与其他预测方法并不相同，它是一个“认识—实践—再认识”的循环过程。其他计量方法会因经济、社会和生态系统内部中各因素之间的高阶次、非线性和多重反馈特点而产生算法问题使其失去使用价值。而系统动力学模型则可以将系统中复杂的关系表现出来，真实地反映出系统的结构与动态演化行为，只要将结构的设置契合现实，变量的数量便只会受到计算机容量大小的限制。然而，系统动力学方法通常只提供几种选择，并不能给出最好的解决方案。

系统动力学模型具有高度的科学性，其建模方法由系统论演化而来。此方法通过集合不同要素于一个回路中，分析回路中各要素的变化规律，最后利用“回路”“积累”“信息”“延迟”“决策”来模拟整个系统。总体来说，系统动力学模型的结构模型由各因素构建而成，结构框架通过闭合回路来搭建完成，而因素之间的逻辑关系通过流图与因果关系图来表达，因素之间的数理关系通过逻辑方程来表现，最后通过操作仿真软件来实现对系统模型的模拟仿真。系统构建的全过程从定性、半定性到定量化，最后将定量的数学模型转化为完整的计算机程序，通过计算机运行得到最终的模拟结果。

1. 系统动力学基本概念

1）因果关系图和反馈回路

因果关系图是系统动力学中最重要的分析工具，被用来对系统中变量之间的因果关系进行定性分析，又称为因果回路图。因果关系是系统中两个变量之间最基础的关系，通常以因果链来表示。

系统中包括正、负两种因果关系。正因果关系意味着随着变量 *A* 变大或变小，变量 *B* 也同时变大或变小，用正因果链对其进行表示，如物理学中的虎克定律（Hook’s law），假设施加在弹簧上的拉力 *A*（因）增大，则弹簧的位移 *B*（果）也会随之增大。与此相对立，负因果意味着变量 *B* 和变量 *A* 在相反的方向上变化，用负因果链加以表示，如经济学中的菲利普斯曲线（Phillips curve），美国经济学家 Phillips 通过研究发现 20 世纪 70 年代美国失业率与通货膨胀率呈负相关关系，即可以用负因果链来表示。两种不同的因果关系链如图 4-1 所示。

图 4-1　两种不同的因果关系链

资料来源：吴萌（2017）

因果回路是指由两个以上的因果关系链组合而成的闭合回路，通常将其分为正、负两种因果回路。如果因为其中一个因素变化而使整体回路作用增强，那么就称之为正因果回路；而如果因为其中某一因素发生变化整体回路的作用减弱，则称其为负因果回路。判断一个因果回路的正负有以下两种方法。

（1）假定回路外影响回路的所有因素不变，判定某一回路的正负。

（2）根据回路中负因果链数量的奇偶以判断回路的正负，负因果链数量为偶数则为正因果回路，负因果链数量为奇数则为负因果回路，见图 4-2。

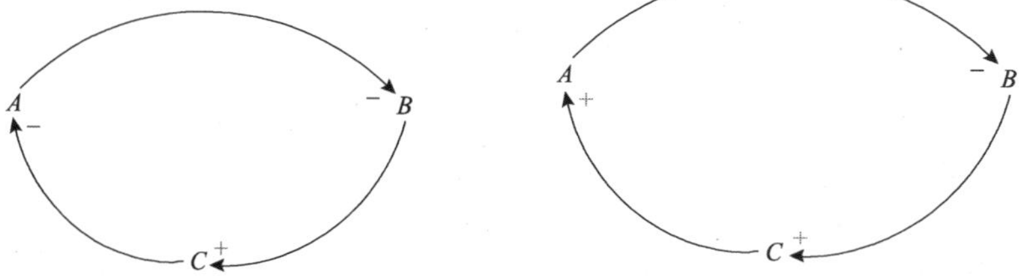

图 4-2　两种不同的因果回路

资料来源：吴萌（2017）

2）变量与流图

流图是一种以分析变量的性质为目的的图形表示法，它以因果关系图为基础，更进一步分析系统各变量的性质，并通过使用直观的符号表现系统中各因素之间的逻辑关系，以确定系统的反馈模式及控制规律。流图与因果关系图之间的主要区别在于，前者是对系统的各反馈结构进行描述，而后者则是在前者的基础上对各变量的不同性质加以描述。系统中的变量包括以下几种。

（1）水平变量：主要是展现系统中某些动态变量的时间积累过程，也可用于表现系统的状态，又称状态变量（state variable）。在系统中改变与某一水平变量相关的速率变量的值也会导致水平变量数值的改变。因此，人们在任何时间都可以观察到水平变量的瞬时值。某一时刻水平变量的值等于前一时刻的值加上观测时间间隔与输入流和输出流的差的乘积。

（2）速率变量：也称为决策变量，用来对水平变量的时间变化或者系统中积累效应的变化速度进行表示。速率变量表现系统状态的变化速度或决策幅度的大小，是数学意义上的导数。因此，速率变量与水平变量相比较，二者之间的差别在于前者只能观测到它在系统中一定时间内的取值，而后者可以观测到它在瞬间的取值。

（3）辅助变量：是一个中间变量，处在水平变量与速率变量之间，主要用来传递信息。它可以对复杂的表达式进行描述，从而精简速率变量的表达形式。

（4）常量：在系统设置的时间段内不会发生实质性变化，又被称为外生变量。它可以直接传递给速率变量，或者借助辅助变量进行传递。

系统动力学中速率变量与水平变量之间的关系通常用特定的流图符号表示，水平变量通常用矩形符号表达。输入流的表现形式为指向水平变量的实线箭头，输出流的表现形式为自水平变量向外的实线箭头，如图 4-3 所示。

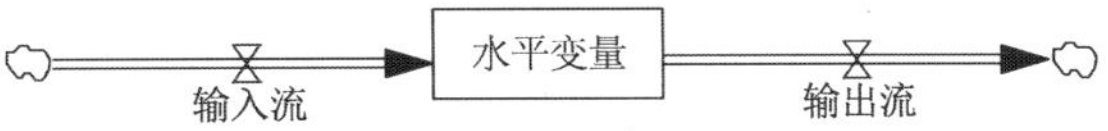

图 4-3　流图的一般形式

资料来源：吴萌（2017）

3）延迟函数与表函数

系统中物质与信息之间传达的滞后性被称为延迟。可以根据延迟发生地方的不同对其进行划分：一类是物流延迟，指在物质流线上发生的延迟；另一类是信息延迟，指在信息流线上发生的延迟。而根据两者之间的差异，又可以对延迟函数进行划分，分为物质延迟函数与信息延迟函数两种。

物质延迟有一阶物质延迟和高阶物质延迟。一阶物质延迟只使用一个存量对延迟中的物质进行表示，其基本形式为 DELAY（input，delay time），其中 input

为输入变量，delay time 为延迟时间。高阶物质延迟通常是将几个一阶物质延迟串联而形成。

信息延迟函数的基本形式为 SMOOTH（input，stime），其中 input 为待平滑的变量，stime 为平滑时间。

表函数用于表达两个变量之间的非线性关系，特别是软变量之间的关系。表函数的一般形式为 WITH LOOKUP（TY，*X*，XMIN，XMAX，XDIS），其中，TY 为表名，*X* 为自变量，XMIN 为自变量 *X* 的最小值，XMAX 为自变量 *X* 的最大值，XDIS 为自变量 *X* 的取值间隔。

4）仿真平台

仿真平台是将系统动力学模型代入计算机进行模拟仿真的处理平台，可以利用仿真平台，设计不同的模拟方案，对系统进行模拟。在参考学习有关资料后，将 Vensim PLE 作为仿真实验的平台，对建立的模型进行模拟与测试。

2. 系统动力学特点

系统动力学模型是一个用来模拟仿真生态、经济及社会等复杂系统的实验平台。系统动力学处理问题的特点在于建立规范的数学模型，根据系统内部结构构建数学模型，运用计算机仿真技术研究系统的行为模式和内在规律，最后找出解决问题的相关政策建议。从理论体系上来分析，系统动力学具备以下特点。

（1）系统动力学是一个分析和处理高阶、多变量、非线性、多反馈和复杂时变等系统问题的学科。它是一个从宏观和微观层面分析复杂系统的多维和多部门系统的学科。

（2）系统动力学的特点是开放性。系统内部的动态结构和反馈机制被用来突出系统动力学的发展过程、行为模式和特征。

（3）系统动力学处理复杂问题需要用到综合推理、定性定量及系统分析方法。它的建模是一种结构-功能模拟，通过运用“白化”技术尽可能地将不良结构进行“良化”。

（4）可以把系统动力学模型看成是实际系统的实验平台。该模型一般用于分析系统并获取相关重要信息，以进一步探索解决问题的方法。在社会、经济及环境等领域中，系统动力学可以利用定性定量相结合的方法对过去、现在及将来进行模拟探究，这样不仅可以摸清研究对象的发展趋势，同时也可以以此制定出合理的政策与建议。系统动力学处理问题的过程就是一个探寻系统最优结构及参数、得到最佳的系统功能的寻优过程。

（5）模型规范化。系统动力学最重要的特征之一就是模型的规范化。规范的模型可以避免由情绪偏颇、言辞模糊或者直观错误造成的误差，以更好地进行问题分析和政策模拟。

（6）在系统动力学模型的建立过程中可以吸收各种数据、资源和知识经验，可以吸收系统学科之间的理论精髓，可以将政策制定者、专家学者与建模人员结合起来，它的建模过程实际上是一个学习与调研的过程。

3. 系统动力学建模步骤

系统动力学的建模过程一般分为五步。

（1）明确问题系统分析。首先需要确定建模的目的、原则、系统边界和结构，同时简要说明系统中的每个变量。

（2）行为模式与结构分析。在实际的系统行为模型的基础之上，将期望的系统行为模式作为改进和调整系统结构的目标。确定系统中的因果关系、反馈回路，以及水平变量与速率变量。

（3）提出假设建立模型，绘制系统流图，并确定参数间的数学方程。确定系统的初始参数，进行变量单位检查与方程检查，然后运行模型。这一步主要基于系统动力学的假设，用明确的数学关系对其进行表示。

（4）模型验证，利用直观与运行检验、历史检验和灵敏度分析等方法对模型进行检验，确保模型的有效性。

（5）利用模型进行模拟仿真，依据研究目的设定模拟方案，分析在不同情境下的系统变化。

4. 城市碳排放系统与系统动力学

城市碳排放系统涉及经济、土地、人口、资源及环境等方面的诸多因素。一个因素的微妙变化很可能会导致其他看起来不相关的因素发生改变。另外，城市碳排放系统的层次结构非常清晰，能较好地遵循因果关系的规律。而系统动力学是研究复杂系统的有效方法，它可以利用因果关系图来对系统的结构进行基本的了解，利用流图来阐明系统的总体框架，并利用数学方程来确定参数的定量关系，利用计算机平台来模拟系统。因此，本书以城市土地利用碳排放系统动力学模型的建立和各因素之间的因果关系为基础，通过模拟武汉市土地利用碳排放的情况，以及研究其内部运行规律，提出与城市可持续发展的土地利用碳减排相对应的对策与建议。

4.1.2　城市土地利用碳排放系统结构分析

1. 建模原则

基于系统动力学的基本规律，并结合自身的规律对城市土地利用碳排放系统进行建模。综合土地利用碳排放系统本身的特点，在城市土地利用碳排放系统动力学建模时把握如下两个原则。

（1）简化模型结构。城市土地利用碳排放系统是一个涉及许多因素的复杂系统。如果要完全重现真实的系统，那么城市土地利用碳排放系统模型肯定会非常庞大。在建立模型时，可以将人口、经济、土地、能源和环境这五个子系统抽象到模型中，以使模型更加简化。因此，城市土地利用碳排放的系统动力学模型并不是城市土地利用碳排放系统的现实重现，而是重要因素的高度概括。

（2）契合现实系统。虽然在建模过程中要求对模型进行简化，但在建模时最重要的仍然是需要契合实际。同时，建模和之后仿真的主要目的是全面系统地研究现实系统的运行机制及规律。因此，在模型建立过程中，指标的选取、因果关系的构建、流图的绘制，以及方程的设计都需要与现实世界更加一致，这样模型和仿真结果才能更好地适应现实系统。

2. 建模目的

综合武汉市土地利用碳排放的现实状况，本书的建模目的如下。

（1）研究城市经济-土地-碳排放系统的复杂关系，从系统角度分析城市人口、经济、土地、能源、环境与碳排放之间相互作用的反馈机制。基于因果关系分析，通过探讨事物之间的相互关系，以及综合分析不同子系统与系统之间的因果关系，明确城市土地利用碳排放系统的整体运行机制，并进一步分析影响土地利用碳排放的重要因素。

（2）动态模拟武汉市土地利用碳排放的发展状况。在对历史资料进行分析处理的基础上，明确模型中的不同变量及其对应的方程。通过对武汉市土地利用碳排放发展趋势的模拟及预测，把握武汉市土地利用碳排放的发展规律，以寻求相应的减排措施。

（3）调控相对应的影响因素来探寻不同情境下武汉市土地利用碳排放的变化规律。根据模拟的要求对调控参数进行一个合理的设置，通过组合各种情境之下的不同参数，模拟并分析不同情境之下武汉市土地利用碳排放的变化情况，从而根据分析结果寻找出能够使武汉市碳减排承诺得以实现的发展方向及优化路径。

3. 系统边界确定

系统边界是指覆盖系统中各种元素及其属性的时空集合边界。整个系统的形成是通过实体之间的相互作用及相互联系得以实现的，它是一个有机的整体。边界设置范围太大或太小，都会引起仿真和建模结果出现不准确的情况，导致建模的目的无法实现。如果边界设置得太小，系统就不能形成反馈回路；如果边界设置得过大，复杂系统和系统的动态行为会被破坏。因此，合理地确定系统边界对研究系统的动态行为具有重要意义。

本书模型的空间边界设定为武汉市，时间边界为 1996～2030 年，模拟基期年为 1996 年，主要历史数据时段为 1996～2015 年。为减少预测中时段变化带来的误差，时间步长定为 1 年。

4. 系统结构确定

实际上是对第 5 章研究的经济、社会、能源与土地利用碳排放之间的关系从系统的角度进行更深层次的研究与分析。将本书的建模原则、目的和系统边界与土地利用碳排放的发生机制结合起来，把土地利用碳排放系统划分为土地、经济、人口、能源与环境五个子系统，系统的结构由这五个子系统之间的相互作用决定。城市土地利用碳排放系统的构成及主要反馈机制如图 4-4 所示。

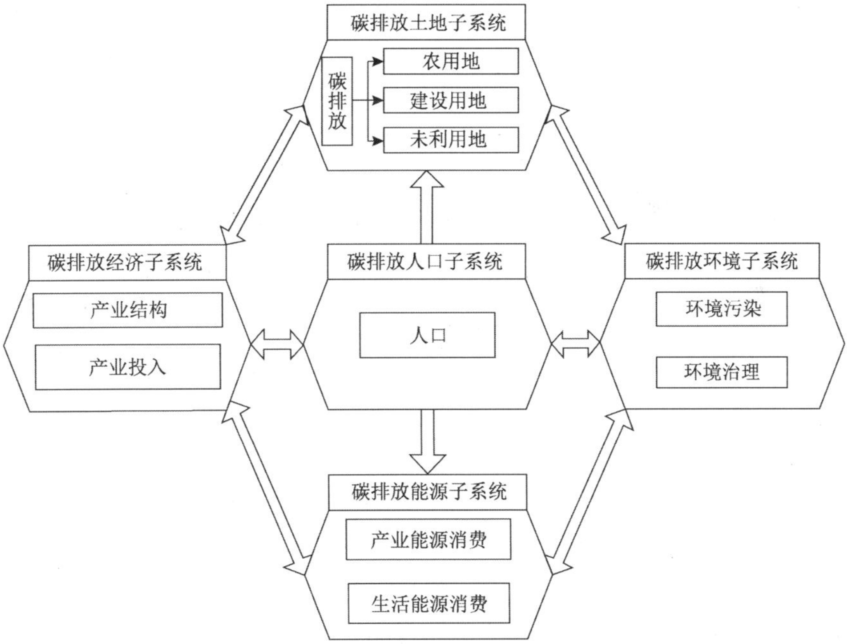

图 4-4　城市土地利用碳排放系统框架图

资料来源：吴萌（2017）

由图 4-4 可知，五个子系统之间存在着许多错综复杂的因果关系。例如，碳排放经济子系统与碳排放能源子系统之间，产业能源的消费会带动产业经济的发展，同时产业经济的发展也会反过来推动产业能源的消费，它们之间存在着正方向促进的因果关系；碳排放土地子系统与碳排放环境子系统之间，土地的开发利用会产生碳排放，造成环境污染及气候变暖，同时环境污染会透过经济政策等行为反作用于土地资源的开发利用，从而减少碳排放；碳排放人口子系统与碳排放经济子系统之间，人口的增长会使劳动力增加，并推动经济的发展，同时经济的发展又会使人民生活水平得到提高，从而促进人口增长。除了以上三个因果关系之外，其他的子系统之间及子系统内部也存在着各种因果关系，通过这些因果关系相互作用，实现模型模拟。通过分析城市土地利用碳排放系统层次结构，确定系统动力学模型各子系统的主要变量及主要功能，见表 4-1。

表 4-1 城市土地利用碳排放系统动力学模型子系统的主要功能

子系统	主要变量	主要功能
碳排放土地子系统	耕地面积、园地面积、草地面积、居住用地面积、建设用地面积等	土地为经济发展提供了资源；土地的开发利用对环境造成了影响
碳排放经济子系统	地区生产总值、地均地区生产总值、社会固定资产投资额、各产业社会固定资产投资额、R&D 投入等	经济的发展会增加能源的使用量；经济的发展会提高生活水平进而促进人口的增长；经济的发展促进土地的开发利用
碳排放人口子系统	总人口、低碳消费意识	人口的扩张会促进经济的发展；人口的扩张会增加生活能源的使用量；人口的扩张会对环境造成影响；人口的扩张会对土地开发利用程度及利用结构都造成影响；人们环保意识的加强，将减少能源消耗，相应减少碳排放
碳排放能源子系统	天然气消费总量、煤气消费总量、液化石油气消费总量、焦炭消费总量、燃料油消费总量等	能源的利用效率及结构会影响经济的发展；能源的消耗会造成环境的污染
碳排放环境子系统	生活废水处理量、生活垃圾处理量、碳排放量等	生活环境会对人口增长产生影响；环境政策会影响土地的开发利用及能源的消耗，进而对经济的发展产生影响

资料来源：吴萌（2017）

4.1.3 城市土地利用碳排放系统动力学模型主体分析模块

1. 模型子系统因果关系分析

1）碳排放土地子系统

土地作为人类生产生活的重要载体，城市扩张、经济增长、能源消耗等人类活动都与土地利用有着密切的关系，土地利用变化直接影响着城市自然碳循环过程。

碳排放土地子系统主要是对不同土地类型间的转化进行研究。一方面，人们对粮食及农副产品的需求随着人口的增长而不断提高，而农业技术的升级与普及提高了粮食及农副产品的产量，因此耕地的碳汇量得以增加；另一方面，经济的高速发展，以及城市化进程的快速推进导致建设用地的需求量不断增加，从而出现了以耕地为主的农用地及未利用地被侵占的情况。

本节主要考虑农用地碳汇、建设用地面积及其他用地面积的变化，而耕地碳汇主要与耕地的作物产量有关，除耕地以外的其他农用地的碳汇量与其面积有关。主要涉及的变量包括：①水平变量，耕地碳汇量、耕地、园地、草地、林地、其他农用地、建设用地、居住用地、交通用地、特殊用地、工矿仓储用地、水域及水利设施用地等；②速率变量，耕地碳排量、耕地碳吸收量、耕地增长量、园地增长量、草地增长量、林地增长量、其他农用地增长量、建设用地增长量、居住用地增长量、交通用地增长量、特殊用地增长量、工矿仓储用地增长量、水域及水利设施用地增长量等；③辅助变量，粮食及其他农作物产量，农药、农膜等使用量等。图 4-5 为碳排放土地子系统混合图。

2）碳排放经济子系统

影响碳排放经济子系统的两个主要因素是三次产业结构、经济发展规模。研究表明，我国经济快速发展，随之而来的是地区生产总值不断上升，由此带来不断增加的对生产性资源的需求，最终导致整个社会碳排放量的增加。

碳排放经济子系统主要是研究经济投入、经济产出与土地资源的关系，人口与经济发展的关系，经济发展与生产性资源的关系。土地资源的供应将会促进相应产业的地区生产总值增加，由于受到不同行业的经济产出影响，固定资产投入也会随之变化，最终将反作用于不同类型土地的开发。人民生活水平会随着经济的发展日益提高，而人民生活水平提高会使人口及劳动力供给增加，进一步促进经济的增长。经济发展在增加生产性能源消费的同时会增加 R&D 的投入，从而提高能源的利用效率，相应会使能源的需求量下降。

碳排放经济子系统涉及的变量主要包括：①水平变量，社会固定资产投资；②速率变量，社会固定资产投资增加额；③辅助变量，第一产业地区生产总值、第二产业地区生产总值、第三产业地区生产总值、社会固定资产投资、第一产业投资额、第二产业投资额、第三产业投资额、R&D 投入、农用地地均第一产业地区生产总值、建设用地地均第二产业地区生产总值、建设用地地均第三产业地区生产总值、第一产业投资比例、第二产业投资比例、第三产业投资比例、R&D 投入比例等。图 4-6 为碳排放经济子系统混合图。

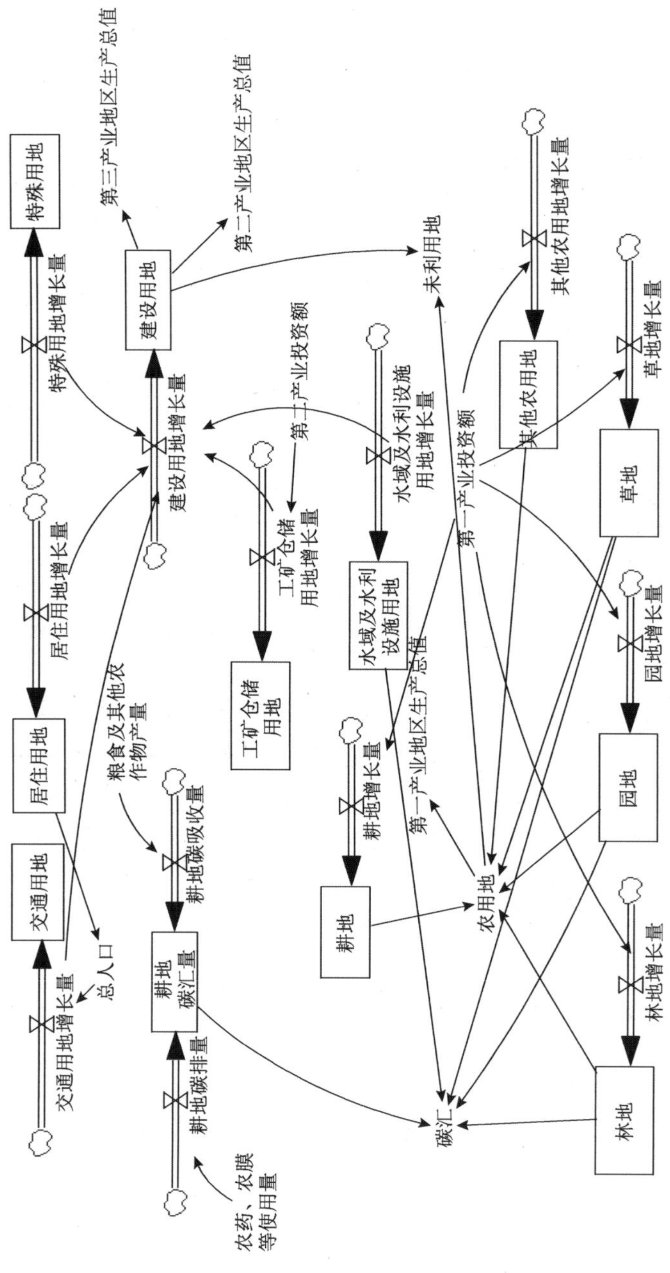

图 4-5　碳排放土地子系统混合图

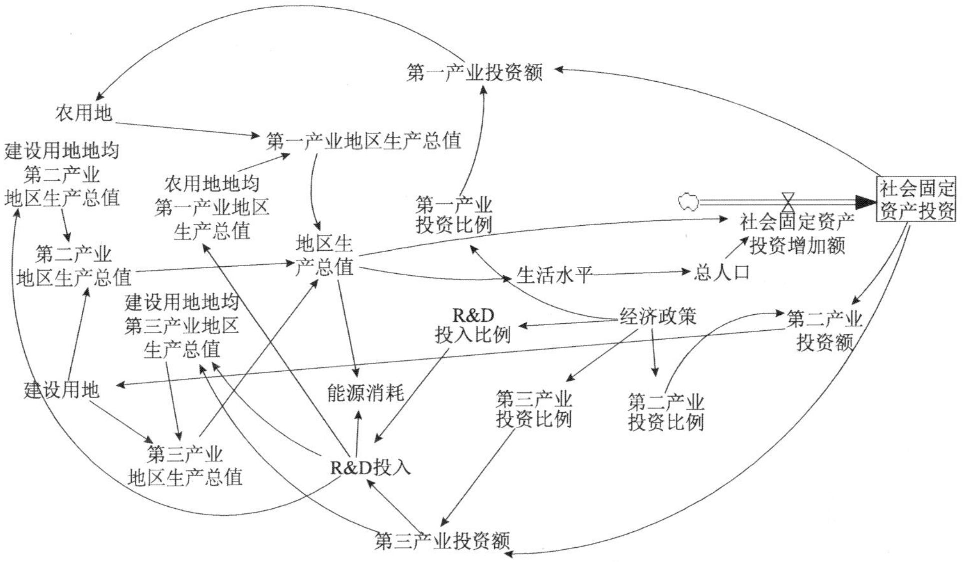

图 4-6　碳排放经济子系统混合图

资料来源：吴萌（2017）

3）碳排放人口子系统

能源消费包括生活能源消费，人口数量与生活能源消费息息相关，因此，人口也是影响能源消费的主要因素。总人口越多，对能源的需求量越大，呼吸碳排放量也越大，从而直接影响碳排放总量。在我国经济实力的日益壮大下，人民的生活水平也日渐提升，总人口数、能源消费量、生活废水垃圾处理量，以及包括人口呼吸在内的碳排放量都在不断增长，这些因素都会对碳排放总量的增加起到重要的作用。

碳排放子系统专注于研究人口与经济、土地、能源和环境的关系。一方面，经济发展、环境优化及合理规划土地利用都可以促进人口的增长；另一方面，人口的增长也会对经济发展、环境污染和生活性能源的消费产生影响。而人们的低碳意识及环保意识又会对碳排放引起的环境污染产生缓解作用。

碳排放人口子系统涉及的变量主要包括：①水平变量，总人口；②辅助变量，生活垃圾处理量、生活废水处理量、电力消费总量、煤气消费总量、煤油消费总量、液化石油气消费总量、煤炭消费总量、天然气消费总量。图 4-7 为碳排放人口子系统混合图。

4）碳排放能源子系统

能源消费会对碳排放总量产生直接影响，碳排放总量的增长既来源于生活性能源也来源于生产性能源。在碳排放能源子系统中，根据不同种类可将能源消费划分为煤油、天然气、液化石油气、煤炭、煤气、焦炭、原油、电力消费等，

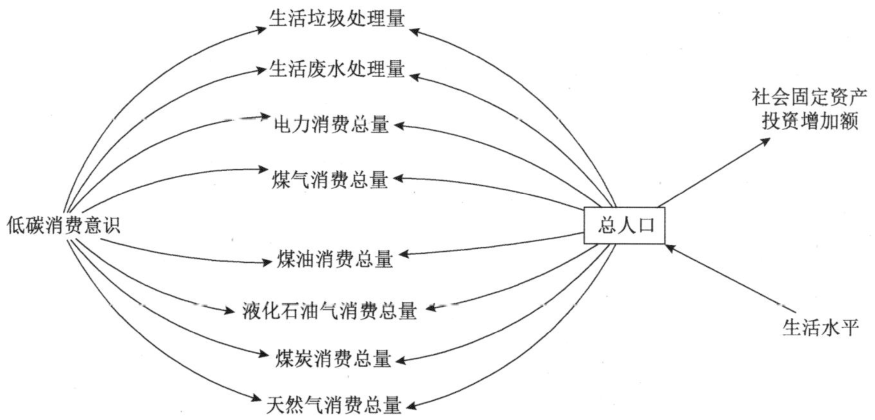

图 4-7 碳排放人口子系统混合图

并对不同种类的能源赋予不同的碳排放系数，因此，能源消费结构的变化会对碳排放总量的变化产生直接的影响。此外，提高对科技创新的重视程度，更倾向于使用清洁能源，以及发展节能减排的技术，这可以提高能源利用效率，从而使碳排放量减少。

碳排放能源子系统侧重于对对能源消费产生影响的人口和经济两方面因素的研究。一方面，人口的不断增长和经济的发展分别会导致生活性能源和生产性能源消费量的增加，主要的生活性能源包括煤炭、液化石油气、天然气、燃油、煤气、电力等，而主要的生产性能源包括煤炭、焦炭、电力、原油及燃料油；另一方面，科学技术的不断更新，以及 R&D 投入的不断增加，会提高能源的利用效率，最终导致能源需求量相应减少。与此同时，人们注重环保，改变自身消费观点，使之转变为低碳型消费观，都将使得能源需求量减少。

碳排放能源子系统涉及的变量主要包括：①水平变量，电力消费总量、煤油消费总量、液化石油气消费总量、天然气消费总量、煤气消费总量、机动车能源消耗量、煤炭消费总量、焦炭消费总量、原油消费总量、燃料油消费总量等；②辅助变量，人均液化石油气消费量、人均天然气消费量、人均煤气消费量、人均煤炭消费量、人均煤油消费量、人均电力消费量、单位地区生产总值焦炭消费量、单位地区生产总值原油消费量、单位地区生产总值燃料油消费量等。图 4-8 为碳排放能源子系统混合图。

5）碳排放环境子系统

社会经济发展、人类日常生产活动，以及不断开发土地、利用土地的过程都会导致碳排放的不断增加，也将使得气候变暖和环境污染等问题日益加重，而这些问题的出现也会引起政府或公共部门的反思，从而以经济政策等手段来限制经济发展方向和土地利用方向，由此来减少碳排放量。

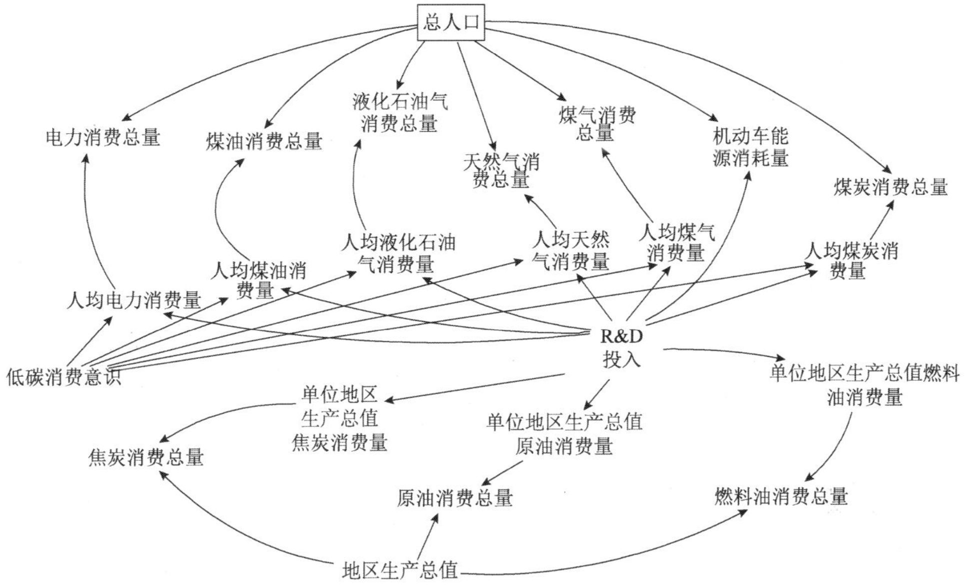

图 4-8　碳排放能源子系统混合图

围绕碳排放量和碳吸收量的不同，由此展开碳排放环境子系统的研究。一方面，由于生产生活中，对能源的不断使用和生活生产废弃物的排放处理会增加碳的排放量，而增加的碳汇用地及农副产品将增加碳的吸收；另一方面，国家制定的各种政策，也减少了能源的使用，改变了经济发展方向，同时变更了土地利用类型，达到了保护环境的目的。由此可见环境的变化会同样反作用于能源、经济及土地利用。

碳排放环境子系统涉及的变量主要包括：水平变量（耕地碳汇量、林地面积、园地面积、水域及水利设施用地面积、草地面积、未利用地面积、碳排放量等）、辅助变量（人均垃圾处理量、人均生活废水处理量等）和常量（人均呼吸碳排放）。图 4-9 为碳排放环境子系统混合图。

2. 因果回路分析与存量流图

1）城市土地利用碳排放系统的因果回路

城市土地利用碳排放系统通过信息、能量、物质的交换及转换把系统内部各个因素组成一个有机整体。土地、人口、经济、能源、环境五个子系统互为因果，构成城市土地利用碳排放系统。通过对系统边界的分析，结合各子系统间的联系及变量间的反馈关系，利用 Vensim PLE 软件构建城市土地利用碳排放系统动力学模型。该模型是对土地、人口、经济、能源、环境子系统的整合，其中总人口、地区生产总值、能源消费量、各类土地面积、碳排放量将各个子系统有机地结合在一起。该模型的因果关系图如 4-10 所示。

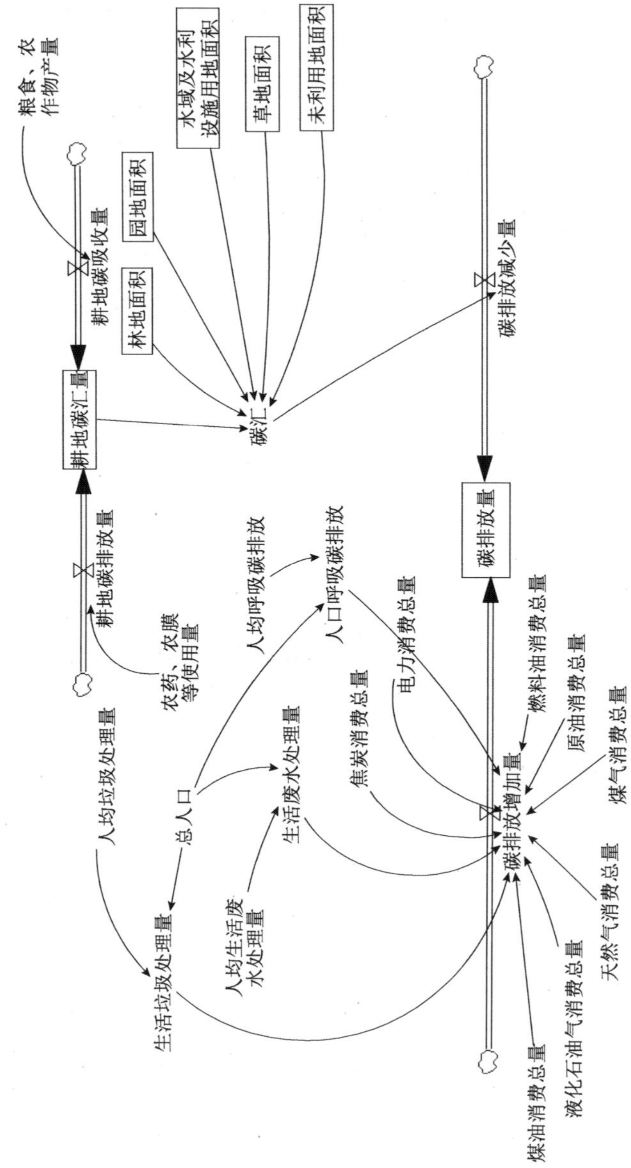

图4-9　碳排放环境子系统混合图

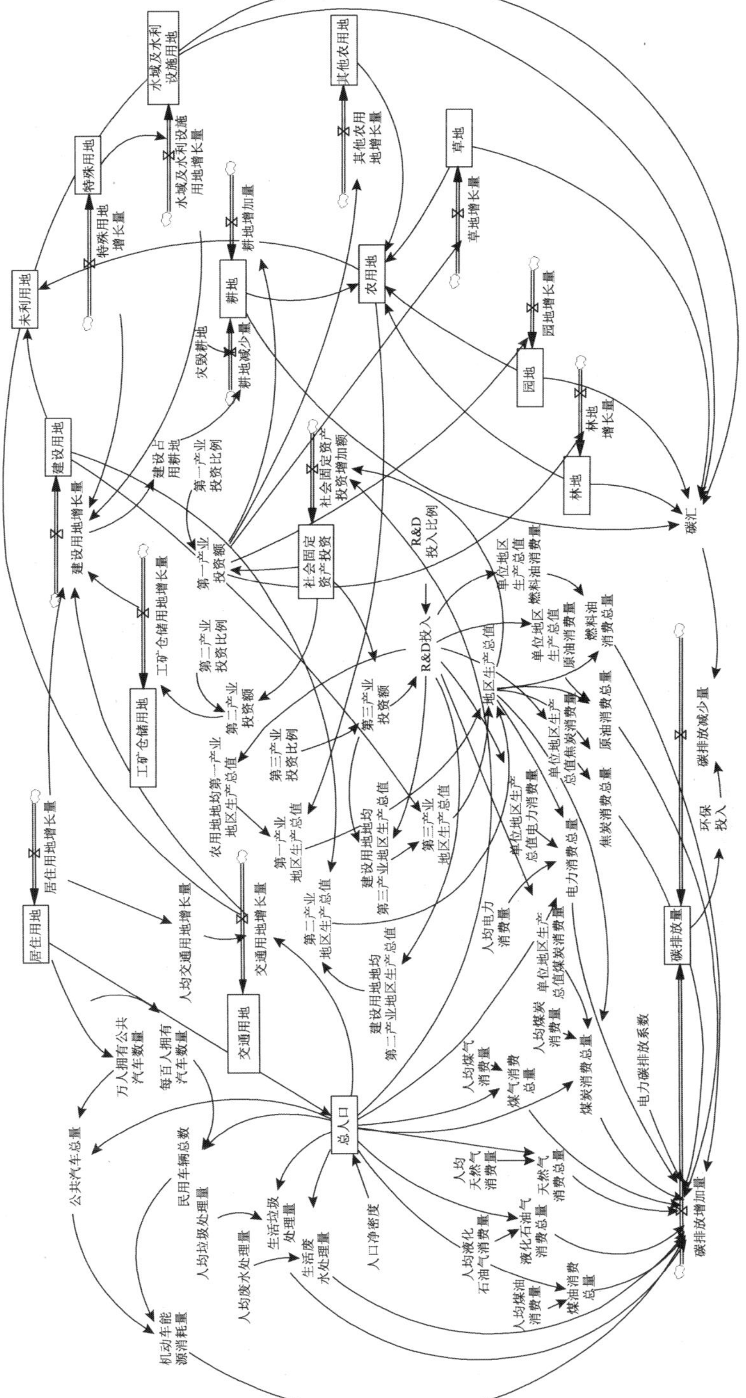

图4-10 城市土地利用碳排放存量流量图

由图 4-10 可知，该模型中包含多个反馈回路，其中典型的反馈回路如下。

（1）回路 1：总人口→+社会固定资产投资→+第一产业投资额→+耕地→+碳汇→–碳排放量→+环境质量→+生活水平→+总人口。

（2）回路 2：总人口→+社会固定资产投资→+第二产业投资额→+工矿仓储用地→+建设用地→+第二产业地区生产总值/第三产业地区生产总值→+地区生产总值→+焦炭/原油/燃料油消费总量→+碳排放量→–环境质量→+生活水平→+总人口。

（3）回路 3：总人口→+社会固定资产投资→+第三产业投资额→+R&D 投入→–焦炭/原油/燃料油消费总量→–碳排放量→+环境质量→+生活水平→+总人口。

（4）回路 4：总人口→+交通用地→+建设用地→+第三产业地区生产总值→+地区生产总值→+焦炭/原油/燃料油消费总量→+碳排放量→–环境质量→+生活水平→+总人口。

（5）回路 5：总人口→+交通用地→+建设用地→+第三产业地区生产总值→+地区生产总值→+生活水平→+总人口。

（6）回路 6：总人口→+机动车能源消耗量→+碳排放量→–环境质量。

（7）回路 7：总人口→+生活垃圾处理量→+碳排放量→–环境质量。

（8）回路 8：总人口→+生活废水处理量→+碳排放量→–环境质量。

（9）回路 9：总人口→+煤油/液化石油气/天然气/煤气/煤炭/电力消费总量→+碳排放量→–环境质量。

（10）回路 10：社会固定资产投资→+第一产业投资额→+耕地/林地/园地/草地/其他农用地→+农用地→+第一产业地区生产总值→+地区生产总值→+社会固定资产投资。

（11）回路 11：社会固定资产投资→+第二产业投资额→+工矿仓储用地→+建设用地→+第二产业地区生产总值/第三产业地区生产总值→+地区生产总值→+社会固定资产投资。

（12）回路 12：社会固定资产投资→+第三产业投资额→+R&D 投入→+第一产业地区生产总值/第二产业地区生产总值/第三产业地区生产总值→+地区生产总值→+社会固定资产投资。

（13）回路 13：地区生产总值→+生活水平→+总人口→+煤油/液化石油气/天然气/煤气/煤炭/电力消费总量→+碳排放量→–环境质量→+地区生产总值。

（14）回路 14：第三产业投资额→+R&D 投入→+环保投入→+碳汇→–碳排放量→+环境质量→+地区生产总值→+社会固定资产投资→+第三产业投资额。

以回路 1 为例，对回路进行解释。总人口的增长会促进社会固定资产投资的增长，相应地第一产业投资额也会随之增加；第一产业投资额的增加又会加大对耕地、林地、园地、草地等农用地的开发利用，从而增加碳汇用地，减少碳排放量；碳排放量的减少可以提升环境质量；环境质量的提升会提高居民的生活环境和生活水平，而生活水平的提高也会引起人口的增长。

2）城市土地利用碳排放系统的存量流图

系统动力学的存量流图利用数学方程式将不同子系统及子系统内部的要素有机结合起来，并将研究对象放入系统之中，使得研究结果准确率更高。

4.2 城市土地利用碳排放系统模型构建与分析

4.2.1 模型主要方程式

在进行武汉市土地利用碳排放系统仿真前，需要通过对武汉市社会经济历史数据及实际发展情况进行分析，确定武汉市土地利用碳排放系统动力学模型的方程式，主要方程式如下。

（1）耕地= INTEG （+耕地增加量，364 991）。单位：hm^2。

（2）耕地增加量 = WITH LOOKUP （第一产业投资额，{[（0，–12 000）–（1 000 000，0）]，（87 470，–4465.59），（92 118，–3676.45），（99 530，–2665.9），（117 638，–2529.22），（119 409，–3450.27），（151 294，–10 557.7），（186 666，–3712.12），（222 688，–3502.74），（268 842，–4651.31），（333 009，–3391.77），（315 155，–2504.76），（333 551，–2506.08），（518 480，–4451.7）}）。单位：hm^2。

（3）园地= INTEG （+园地增长量，9314.25）。单位：hm^2。

（4）园地增长量 = WITH LOOKUP（第一产业投资额，{[（0，–200）–（1 000 000，50）]，（87 470，–74.16），（92 118，29.19），（99 530，–206.3），（117 638，–196.96），（119 409，–173.3），（151 294，–102.662），（186 666，–74.908），（222 688，–107.91），（268 842，–128.43），（333 009，–88.75），（315 155，–49.5），（333 551，–183.17），（518 480，13.64）}）。单位：hm^2。

（5）草地= INTEG （+草地增长量，4428.5）。单位：hm^2。

（6）草地增长量 = WITH LOOKUP （第一产业投资额，{[（0，–200）–（1 000 000，0）]，（87 470，–0.92），（92 118，–63.14），（99 530，–8.38），（117 638，–58.86），（119 409，–0.75），（151 294，–7.15），（186 666，–75.98），（222 688，–72.48），（268 842，86.08），（333 009，–108.56），（315 155，–120.15），（333 551，–128.89），（518 480，–181.39）}）。单位：hm^2。

（7）林地= INTEG （+林地增长量，89 659.3）。单位：hm^2。

（8）林地增长量 = WITH LOOKUP （第一产业投资额，{[（0，–500）–（1 000 000，8000）]，（87 470，330.93），（92 118，–372.5），（99 530，226.54），

（117 638，−349.63），（119 409，1 359.47），（151 294，7 966.94），（186 666，−120.92），（222 688，−355.92），（268 842，−444.11），（333 009，−135.9），（315 155，−422.69），（333 551，−382.24），（518 480，−433.96）}）。单位：hm^2。

（9）水域及水利设施用地= INTEG（+水域及水利设施用地增长量，257 301）。单位：hm^2。

（10）水域及水利设施用地增长量 = WITH LOOKUP（时间，{[（1997，−2000）−（2015，1000）]，（1997，809.48），（1998，846.97），（1999，−21.52），（2000，70.3），（2001，−87.76），（2002，−73.43），（2003，−47.68），（2004，−664.17），（2005，−1050.46），（2006，27.69），（2007，−154.08），（2008，−492.11），（2009，−782.18），（2010，−1439.94），（2011，−1952.64），（2012，−1698.96），（2013，−1468.41），（2014，−1246.32），（2015，−978.07）}）。单位：hm^2。

（11）耕地碳吸收量=小麦增产量×0.48/0.4+稻谷增产量×0.41/0.45+玉米增产量×0.47/0.4+大豆增产量×0.45/0.34+秋薯增产量×0.42/0.7+油料增产量×0.45/0.36+蔬菜增产量×0.45/0.4+其他农产品增产量×0.45/0.3。单位：t。

（12）耕地碳排放量 = WITH LOOKUP（时间，{[（1996，−6000）−（2015，8000）]，（1996，0），（1997，1130），（1998，−5570），（1999，6929），（2000，4171），（2001，7467），（2002，−255），（2003，5587），（2004，2328），（2005，912），（2006，−2268），（2007，31），（2008，2602），（2009，−193），（2010，−742），（2011，−5870），（2012，−997），（2013，3906），（2014，−2490），（2015，−1563）}）。单位：t。

（13）耕地碳汇量= INTEG（耕地碳吸收量−耕地碳排放量，6 247 210）。单位：t。

（14）碳汇=（园地×0.21+林地×0.644+0.021×草地+0.218×水域及水利设施用地+耕地碳汇量）/10 000。单位：10^4 t。

（15）碳排放减少量=碳汇。单位：10^4 t。

（16）交通用地=INTEG（+交通用地增长量，6559.6）。单位：hm^2。

（17）交通用地增长量=IF THEN ELSE（其他用地≥149 982，人均交通用地增长量×总人口/10 000，0）。单位：hm^2/年。

（18）交通运输碳排放量=出租车行驶碳排放量+公共交通碳排放量+载客汽车碳排量+载货汽车碳排量+其他汽车碳排量+摩托车碳排放+地铁运行碳排量。单位：t。

（19）总人口=人口净密度×居住用地。单位：人。

（20）人均呼吸碳排放=324。单位：kg/人。

（21）人均垃圾处理量 = WITH LOOKUP（时间，{[（1996，0）-（2015，3）]，（1996，1.387），（1997，1.438），（1998，1.163），（1999，1.242），（2000，1.24），（2001，1.209），（2002，1.303），（2003，1.292），（2004，1.369），（2005，1.306），（2006，1.207），（2007，1.051），（2008，0.985），（2009，0.886），（2010，0.842），（2011，1.747），（2012，1.605），（2013，0.376），（2014，0.337），（2015，0.316）}）。单位：t/人。

（22）人均废水处理量 = WITH LOOKUP（时间，{[（1996，50）-（2015，400）]，（1996，359.608），（1997，342.892），（1998，284.376），（1999，368.158），（2000，304.128），（2001，260.958），（2002，228.533），（2003，165.197），（2004，122.158），（2005，117.853），（2006，64.012），（2007，51.684），（2008，40.888），（2009，35.533），（2010，32.043），（2011，34.068），（2012，23.678），（2013，37.853），（2014，33.88），（2015，31.748）}）。单位：kg/人。

（23）人均天然气消费量 = WITH LOOKUP（时间，{[（1996，0）-（2015，20）]，（1996，1.155），（1997，1.116），（1998，1.042），（1999，1.242），（2000，1.452），（2001，1.743），（2002，1.979），（2003，2.118），（2004，2.802），（2005，3.571），（2006，4.076），（2007，4.852），（2008，4.685），（2009，4.316），（2010，5.115），（2011，5.378），（2012，4.308），（2013，7.37），（2014，6.597），（2015，6.182）}）。单位：kg/人。

（24）人均液化石油气消费量 = WITH LOOKUP（时间，{[（1996，0）-（2015，50）]，（1996，5.206），（1997，10.57），（1998，19.527），（1999，8.357），（2000，6.133），（2001，6.923），（2002，1.473），（2003，41.013），（2004，32.207），（2005，6.013），（2006，4.922），（2007，5.805），（2008，4.971），（2009，4.728），（2010，7.152），（2011，4.695），（2012，2.443），（2013，4.179），（2014，3.74），（2015，3.505）}）。单位：kg/人。

（25）人均煤气消费量 = WITH LOOKUP（时间，{[（1996，0）-（2015，1）]，（1996，0.423），（1997，0.442），（1998，0.387），（1999，0.433），（2000，0.414），（2001，0.32），（2002，0.394），（2003，0.404），（2004，0.381），（2005，0.502），（2006，0.506），（2007，0.405），（2008，0.378），（2009，0.421），（2010，0.378），（2011，0.374），（2012，0.258），（2013，0.441），（2014，0.395），（2015，0.37）}）。单位：kg/人。

（26）人均煤油消费量 = WITH LOOKUP（时间，{[（1996，0）-（2015，5）]，（1996，3.398），（1997，3.283），（1998，3.29），（1999，3.549），（2000，3.351），（2001，3.168），（2002，1.649），（2003，1.588），（2004，1.078），（2005，1.171），（2006，1.045），（2007，0.445），（2008，0.366），（2009，

0.325），（2010，0.301），（2011，0.546），（2012，0.283），（2013，0.484），（2014，0.433），（2015，0.406）}）。单位：kg/人。

（27）人均煤炭消费量 = WITH LOOKUP （时间，{[（1996，50）-（2015，600）]，（1996，568.813），（1997，512.434），（1998，474.346），（1999，416.22），（2000，378.624），（2001，351.996），（2002，360.209），（2003，376.095），（2004，407.352），（2005，395.36），（2006，389.036），（2007，332.723），（2008，252.542），（2009，221.024），（2010，203.122），（2011，219.568），（2012，164.027），（2013，288.985），（2014，264.336），（2015，251.514）}）。单位：kg/人。

（28）人均电力消费量 = WITH LOOKUP （时间，{[（1996，0）-（2015，2000）]，（1996，596.061），（1997，647.312），（1998，571.383），（1999，642.279），（2000，642.327），（2001，667.973），（2002，760.129），（2003，845.571），（2004，991.495），（2005，1295.63），（2006，1335.63），（2007，1372.46），（2008，1214.91），（2009，1187.35），（2010，1152.64），（2011，1141.34），（2012，929.814），（2013，1590.84），（2014，1423.89），（2015，1334.3）}）。单位：kW · h/人。

（29）天然气消费总量=人均天然气消费量×总人口。单位：kg。

（30）生活垃圾处理量=人均垃圾处理量×总人口。单位：t。

（31）生活废水处理量=人均废水处理量×总人口。单位：kg。

（32）液化石油气消费总量=总人口×人均液化石油气消费量/1000。单位：t。

（33）焦炭消费总量=单位地区生产总值焦炭×GDP×10 000。单位：t。

（34）煤气消费总量=人均煤气消费量×总人口/1000。单位：t。

（35）煤油消费总量=人均煤油消费量×总人口/1000。单位：t。

（36）煤炭消费总量=人均煤炭消费量×总人口/1000。单位：t。

（37）燃料油消费总量=单位地区生产总值燃料油消费量×地区生产总值×10 000。单位：t。

（38）电力消费总量=人均电力消费量×总人口。单位：kW · h。

（39）公共交通汽油消耗量 = WITH LOOKUP （时间，{[（1996，0）-（2015，50 000）]，（1996，23 120），（1997，29 300.7），（1998，31 482.1），（1999，41 512.8），（2000，41 487.9），（2001，39 124.2），（2002，39 253.8），（2003，38 456.4），（2004，31 968.3），（2005，31 258.8），（2006，35 674），（2007，21 977），（2008，8280），（2009，5580），（2010，4696），（2011，4285.9），（2012，1709.1），（2013，1560.9），（2014，1125.45），（2015，1044.36）}）。单位：t。

（40）柴油消耗量 = WITH LOOKUP（时间，{[（1996，0）-（2015，150 000）]，

（1996，39 094.3），（1997，49 545.5），（1998，53 234），（1999，70 195.4），（2000，70 153.1），（2001，66 156.3），（2002，66 375.5），（2003，65 027.2），（2004，51 114.2），（2005，53 955），（2006，62 534），（2007，76 633.5），（2008，90 733），（2009，116 160），（2010，124 671），（2011，115 194），（2012，110 329），（2013，104 720），（2014，106 998），（2015，109 564）}）。单位：t。

（41）液化石油气消耗量 = WITH LOOKUP （时间，{[（2004，0）–（2015，25 000）]，（2004，17 061.8），（2005，18 307.3），（2006，20 900），（2007，18 850.5），（2008，16 801），（2009，12 951），（2010，9202），（2011，5816.4），（2012，4187），（2013，3492.2），（2014，2882.18），（2015，2635.68）}）。单位：t。

（42）汽渡油消耗量 = WITH LOOKUP （时间，{[（1996，0）–（2015，700）]，（1996，608.89），（1997，420.3），（1998，515.25），（1999，483.15），（2000，406.56），（2001，271.26），（2002，273.69），（2003，245.39），（2004，398.25），（2005，399.5），（2006，400），（2007，413），（2008，402），（2009，405），（2010，325.9），（2011，238），（2012，238），（2013，437.85），（2014，448.48），（2015，440.82）}）。单位：t。

（43）电力消耗量 = WITH LOOKUP （时间，{[（1996，0）–（2015，4000）]，（1996，2567.89），（1997，2554.77），（1998，2700.86），（1999，2666.39），（2000，3017.12），（2001，2987.85），（2002，2500.76），（2003，2291.72），（2004，2289.99），（2005，2097.23），（2006，2286.84），（2007，2290.82），（2008，2294.8），（2009，2538.2），（2010，1509），（2011，1501.13），（2012，1476.2），（2013，1292），（2014，1162.26），（2015，3360.15）}）。单位：10^4 kW · h。

（44）电力碳排放系数 = WITH LOOKUP （时间，{[（1996，0）–（2015，0.5）]，（1996，0.298），（1997，0.296），（1998，0.295），（1999，0.291），（2000，0.287），（2001，0.282），（2002，0.281），（2003，0.28），（2004，0.276），（2005，0.271），（2006，0.27），（2007，0.262），（2008，0.261），（2009，0.259），（2010，0.256），（2011，0.253），（2012，0.250），（2013，0.246），（2014，0.243），（2015，0.240）}）。单位：kg/（kW · h）。

（45）轮渡油消耗量 = WITH LOOKUP （时间，{[（1996，0）–（2015，1200）]，（1996，1174.04），（1997，810.41），（1998，993.49），（1999，931.58），（2000，783.9），（2001，523.02），（2002，527.73），（2003，548.25），（2004，917.85），（2005，568.42），（2006，678.44），（2007，676.72），（2008，675），（2009，666），（2010，718.2），（2011，1119.5），（2012，1060.9），

（2013，1125），（2014，1046.24），（2015，1039.77）}）。单位：t。

（46）公共交通碳排放量=0.5538×公共交通汽油消耗量+0.5921×柴油消耗量+天然气消耗总量×10×1.215×0.995×0.4483+液化石油气消耗量×0.542+电力消耗量×电力碳排放系数×10+轮渡油消耗量×0.5921+汽渡油消耗量×0.5538。单位：t。

（47）社会固定资产投资增加额 = WITH LOOKUP（地区生产总值，{[（700，−60 000）−（10 000，10 000 000）]，（782.13，647 985），（912.33，211 538），（1001.89，−57 547），（1085.68，288 206），（1206.84，306 809），（1335.4，465 162），（1467.8，619 831），（1622.18，746 384），（1882.24，1 771 370），（2261.17，2 329 800），（2679.33，2 701 060），（3209.47，4 075 020），（4115.51，5 192 630），（4620.86，7 490 520），（5565.93，7 520 660），（6762.2，5 019 920），（8003.82，7 760 870），（9051.27，9 707 110）}）。单位：10^4元。

（48）社会固定资产投资= INTEG（+社会固定资产投资增加额，3 870 260）。单位：10^4元。

（49）第一产业投资比例 = WITH LOOKUP（时间，{[（2001，0）−（2015，5）]，（2001，1.96），（2002，1.53），（2003，2.35），（2004，1.45），（2005，0.87），（2006，0.89），（2007，1.08），（2008，1.4），（2009，1.11），（2010，0.89），（2011，1.22），（2012，0.53），（2013，0.37），（2014，0.59），（2015，0.44）}）。单位：%。

（50）第一产业投资额=第一产业投资比例×社会固定资产投资/100。单位：10^4元。

（51）第二产业投资比例 = WITH LOOKUP（时间，{[（2001，20）−（2015，40）]，（2001，25.68），（2002，24.15），（2003，26.04），（2004，27.37），（2005，29.28），（2006，28.21），（2007，26.75），（2008，29.73），（2009，24.9），（2010，23.79），（2011，28.75），（2012，34.2），（2013，37.7），（2014，37.75），（2015，37.04）}）。单位：10^4 元。

（52）第二产业投资额=第二产业投资比例×社会固定资产投资/100。单位：10^4元。

（53）第三产业投资比例 = WITH LOOKUP（时间，{[（2001，50）−（2015，80）]，（2001，72.37），（2002，74.32），（2003，71.61），（2004，71.18），（2005，69.65），（2006，70.9），（2007，72.17），（2008，68.87），（2009，73.99），（2010，75.33），（2011，70.03），（2012，65.27），（2013，61.86），（2014，61.66），（2015，62.52）}）。单位：%。

（54）第三产业投资额=第三产业投资比例×社会固定资产投资/100。单位：10^4元。

（55）R&D 投入比例 = WITH LOOKUP（时间，{[（2009，0）−（2015，10）]，

（2009，4.89），（2010，2.91），（2011，3.48），（2012，3.86），（2013，4.05），（2014，4.36），（2015，5.18）}）。单位：%。

（56）R&D 投入=R&D 投入比例×第三产业投资额/100。单位：10^4元。

（57）单位地区生产总值原油消费量 = WITH LOOKUP（R&D 投入，{[（100 000，0）–（10 000 000，1）]，（136 964，0.409），（159 896，0.391），（166 503，0.317），（167 207，0.335），（177 519，0.318），（189 695，0.296），（212 891，0.306），（227 403，0.295），（257 272，0.304），（313 002，0.34），（394 715，0.301），（495 829，0.256），（610 832，0.213），（802 271，0.19），（667 932，0.176），（925 785，0.154），（1 090 290，0.135），（1 264 130，0.13），（1 448 980，0.143），（1 639 340，0.142），（2 859 510，0.1589），（4 134 250，0.1753），（5 520 780，0.1917）}）。单位：t/（×10^4元）。

（58）单位地区生产总值焦炭消费量 = WITH LOOKUP（R&D 投入，{[（100 000，0）–（10 000 000，1）]，（136 964，0.3707），（159 896，0.3539），（166 503，0.2869），（167 207，0.3037），（177 519，0.2878），（189 695，0.2685），（212 891，0.2772），（227 403，0.267），（257 272，0.2752），（313 002，0.3083），（394 715，0.2731），（495 829，0.2322），（610 832，0.193），（802 271，0.1724），（667 932，0.1591），（925 785，0.1418），（1 090 290，0.1017），（1 264 130，0.131），（1 448 980，0.1075），（1 639 340，0.0983），（2 859 510，0.08768），（4 134 250，0.0708），（5 520 780，0.0539）}）。单位：t/（×10^4元）。

（59）单位地区生产总值燃料油消费量 = WITH LOOKUP（R&D 投入，{[（100 000，0）–（10 000 000，1）]，（136 964，0.409），（159 896，0.391），（166 503，0.317），（167 207，0.335），（177 519，0.318），（189 695，0.296），（212 891，0.306），（227 403，0.295），（257 272，0.304），（313 002，0.34），（394 715，0.301），（495 829，0.256），（610 832，0.213），（802 271，0.19），（667 932，0.176），（925 785，0.154），（1 090 290，0.135），（1 264 130，0.13），（1 448 980，0.143），（1 639 340，0.142），（2 859 510，0.1589），（4 134 250，0.1753），（5 520 780，0.1917）}）。单位：t/（×10^4元）。

（60）地区生产总值=第二产业地区生产总值+第三产业地区生产总值+第一产业地区生产总值。单位：10^8元。

（61）原油消费总量=单位地区生产总值原油消费量×地区生产总值×10 000。单位：t。

（62）焦炭消费总量=单位地区生产总值焦炭×地区生产总值×10 000。单位：t。

（63）燃料油消费总量=单位地区生产总值燃料油消费量×地区生产总值×10 000。单位：t。

（64）碳排放增加量=电力碳排放系数×电力消费总量/1000+焦炭消费总量×

0.814+煤气消费总量×0.21+煤炭消费总量×0.53+煤油消费总量×0.832+燃料油消费总量×0.875+天然气消费总量×0.542/1000+原油消费总量×0.828+液化石油气消费总量×0.856+生活垃圾处理量×0.03135+交通运输碳排放量+生活废水处理量×0.25×（12/16）/1000+人口呼吸碳排放/1000。单位：t。

（65）碳排放量=碳排放增加量/10 000–碳排放减少量。单位：10^4 t。

4.2.2 模型有效性检验

城市土地利用碳排放系统是由土地、经济、人口、能源、环境子系统组合成的一个综合性系统，系统中影响因素众多，关系复杂。建立的模型是对实际系统的概括，是为了准确地模拟实际系统的行为，理清各影响因素之间的复杂关系，从而预测未来的状况，但是若模型不能准确模拟实际系统行为，那么模型就会失去效用。因此，需要对建立的模型进行有效性检验。模型运行的结果虽不可能精准定量地重现现实的状况，但要求运行结果能够反映假设的影响趋势，能分析假设的正确性，能得到满意解；对于未来状况的预测则要求对变化趋势做出可靠的预测。

系统动力学模型常用的检验方法有直观与运行检验、历史检验和灵敏度分析。

1. 直观与运行检验

使用 Vensim PLE 软件自带的直观与运行检验对模型中的方程式与单位量纲进行检验。测试结果显示：模型中方程等式两边量纲一致，模型试运行未出现病态结果。因此，构建的仿真模型是合理的。

2. 历史检验

将 1997～2015 年的历史数据与模型模拟的数据进行比对验证，从系统中选取了地区生产总值、总人口、社会固定资产投资、R&D 投入、建设用地面积、农用地面积、电力消费总量、煤炭消费总量、碳汇量和碳排放量这 10 个指标为检验变量，将指标的历史数据与模型测算的数据值进行对比，进行模型历史仿真检验，即一致性检验。检验结果见表 4-2。

表 4-2 模拟相对误差

年份	地区生产总值	总人口	社会固定资产投资	R&D 投入	建设用地面积	农用地面积	电力消费总量	煤炭消费总量	碳汇量	碳排放量
1997	0.80%	1.88%	2.32%	2.26%	3.65%	2.85%	1.64%	2.40%	4.10%	–0.09%
1998	5.67%	1.61%	4.11%	2.82%	2.56%	5.67%	1.01%	4.85%	–0.17%	–1.94%

续表

年份	地区生产总值	总人口	社会固定资产投资	R&D 投入	建设用地面积	农用地面积	电力消费总量	煤炭消费总量	碳汇量	碳排放量
1999	5.22%	0.30%	−3.22%	−3.41%	5.37%	4.86%	5.08%	2.70%	−0.51%	−0.05%
2000	2.04%	−1.10%	5.09%	−0.97%	5.92%	2.41%	−2.04%	5.14%	−4.26%	0.31%
2001	2.09%	−2.14%	5.67%	4.73%	2.75%	−3.29%	−1.95%	5.57%	3.94%	−0.01%
2002	5.56%	2.08%	3.46%	−2.54%	4.74%	4.75%	−1.83%	5.07%	1.51%	−0.25%
2003	4.26%	2.40%	5.33%	3.17%	4.12%	3.92%	4.86%	−3.58%	−0.32%	0.25%
2004	5.49%	1.35%	4.97%	4.04%	3.72%	5.36%	5.45%	−4.09%	1.51%	−0.25%
2005	−3.90%	0.99%	3.37%	5.87%	5.33%	−4.07%	4.37%	−3.12%	0.45%	1.23%
2006	3.26%	3.26%	5.17%	5.67%	2.83%	−3.81%	2.78%	−3.04%	1.51%	0.27%
2007	3.74%	−1.32%	−2.17%	5.68%	1.74%	4.59%	2.64%	4.59%	−5.29%	0.27%
2008	5.60%	1.64%	3.23%	3.76%	3.57%	−4.22%	1.60%	5.24%	−1.66%	0.22%
2009	−5.43%	2.63%	2.29%	3.04%	−2.11%	−2.40%	−1.99%	2.86%	−0.08%	4.54%
2010	−2.68%	0.89%	−1.98%	4.00%	−1.59%	−3.11%	−5.19%	3.07%	0.76%	−0.40%
2011	−2.90%	1.30%	−4.86%	−1.88%	−3.90%	4.00%	−2.45%	5.06%	−5.00%	−0.59%
2012	−3.74%	2.83%	−4.24%	2.95%	−3.79%	2.73%	−1.88%	3.98%	−2.52%	−0.09%
2013	−5.99%	1.48%	−5.26%	−2.04%	−3.35%	5.24%	−1.96%	4.85%	−6.71%	−0.49%
2014	−5.27%	2.74%	−5.73%	−3.94%	−4.39%	5.04%	−3.32%	5.94%	−9.03%	0.76%
2015	−4.49%	2.87%	−4.96%	−2.76%	−3.82%	4.54%	−2.28%	5.34%	−5.10%	0.33%

模拟结果表明：①除了碳汇量指标外，其他的 9 个指标相对误差率都在 6%以内，而碳汇量指标虽在 2013 年与 2014 年的相对误差率超过了 6%，但仍在 10%以内，在误差允许的范围内；②整体而言，可认为系统模型的相对误差率不超过 6%，这说明城市土地利用碳排放系统动力学模型的模拟结果可靠，符合建模的要求，可以用来模拟武汉市土地利用碳排放的状况及变化趋势，能够通过调节关键参数来进行仿真模拟实验。

3. 灵敏度分析

对模型进行灵敏度分析，即通过观察输出变量随参数变化的情况来分析系统的稳定程度。挑选 9 个输出变量对 14 个参数变化的灵敏度进行研究，测试参数变化对整体系统的影响。①挑选的 9 个输出变量为地区生产总值、总人口、社会固定资产投资、建设用地面积、农用地面积、煤炭消费总量、电力消费总量、碳汇量、碳排放量；②14 个参数为人口净密度、第一产业投资比例、第二产业投资比例、第三产业投资比例、R&D 投入比例、农用地地均第一产业地区生产总值、建设用地地均第二产业地区生产总值、建设用地地均第三产业地区生产总值、单位地区生产总值煤炭消费量、人均煤炭消费量、单位地区生产总值电力消费量、人均电力消费量、人均交通用地增长量、居住用地增长率。每个参数年取值变化 15%，分析其对 9 个输出变量的影响。9 个灵敏度值的平均值可以表示该参数的灵敏度，通过计算得出 14 个变量的平均灵敏度，结果见图 4-11。

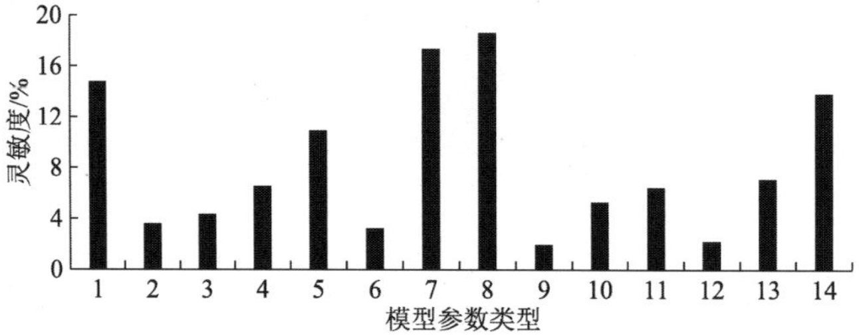

图 4-11　模型参数灵敏度分析

1，人口净密度；2，第一产业投资比例；3，第二产业投资比例；4，第三产业投资比例；5，R&D 投入比例；6，农用地地均第一产业地区生产总值；7，建设用地地均第二产业地区生产总值；8，建设用地地均第三产业地区生产总值；9，单位地区生产总值煤炭消费量；10，人均煤炭消费量；11，单位地区生产总值电力消费量；12，人均电力消费量；13，人均交通用地增长量；14，居住用地增长率

从图 4-11 可以看出：人口净密度、建设用地地均第二产业地区生产总值、建设用地地均第三产业地区生产总值和居住用地增长率的灵敏度较高，均大于 14%，表明上述参数是模拟系统中相对重要的因素。除此之外，R&D 投入比例的灵敏度也大于 10%。其余参数灵敏度低于 10%，表明本系统对多数参数变化的敏感度较低，模型稳定性较佳，可以用来模拟和分析实际系统。

4.2.3　武汉市土地利用碳排放系统的仿真结果与分析

通过对武汉市土地利用碳排放系统的仿真，得到武汉市 1996～2030 年土地利用碳汇量与碳排放量模拟数据，具体见表 4-3。武汉市 2016～2030 年土地利用碳汇量与碳排放量变化趋势如图 4-12 所示。

表 4-3　武汉市 1996～2030 年土地利用碳汇量与碳排放量 单位：10^4 t

年份	碳汇量	碳排放量	年份	碳汇量	碳排放量	年份	碳汇量	碳排放量
1996	636.309	1481.59	2001	769.558	1644.98	2006	926.468	2755.92
1997	636.346	1580.25	2002	825.379	1788.56	2007	947.114	2848.71
1998	697.570	1571.22	2003	866.643	1938.11	2008	937.055	2886.21
1999	726.447	1586.39	2004	882.624	2195.57	2009	931.473	2740.59
2000	764.272	1628.06	2005	909.219	2533.08	2010	936.440	3101.70

续表

年份	碳汇量	碳排放量	年份	碳汇量	碳排放量	年份	碳汇量	碳排放量
2011	943.325	3417.94	2018	1175.760	3922.64	2025	1328.030	4445.54
2012	969.710	3258.97	2019	1209.430	4010.6	2026	1330.000	4513.57
2013	1011.790	3649.98	2020	1240.240	4099.08	2027	1338.250	4581.31
2014	1042.420	3647.68	2021	1268.190	4168.57	2028	1352.790	4648.44
2015	1057.590	3662.26	2022	1290.950	4237.92	2029	1373.620	4714.95
2016	1099.850	3748.41	2023	1308.500	4307.21	2030	1400.730	4780.83
2017	1139.240	3835.24	2024	1320.870	4376.41			

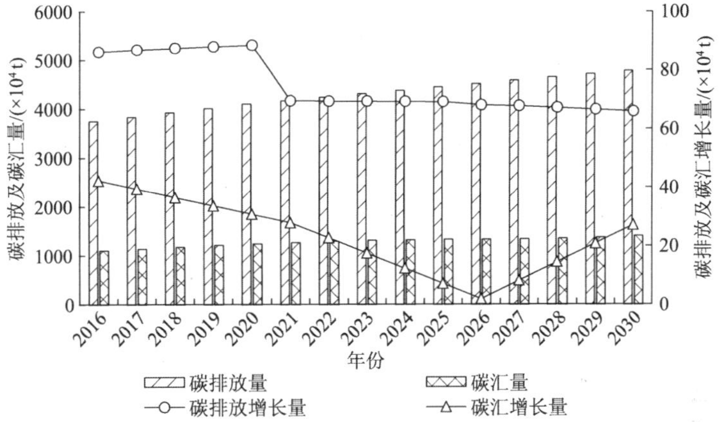

图 4-12　武汉市 2016～2030 年土地利用碳汇量与碳排放量变化趋势图

从表 4-3 可以看出：随着城市人口的进一步增加、社会经济的进一步发展，武汉市土地利用碳排放量将一直保持持续上升的趋势。2015 年 9 月武汉市在首届中美气候智慧型/低碳城市峰会上做出减排承诺：力争 2022 年完成全市碳排放达峰目标。然而模型的测算结果显示，按照目前的发展趋势，2022 年及以后几年武汉市都未能达到碳排放峰值，但模拟结果显示 2020 年之后，武汉市土地利用碳排放的增长趋势有所减缓，说明武汉市的发展将更加注重环境的保护。虽然模拟结果中 2022 年武汉市未达到碳排放的峰值，未能兑现碳减排承诺，但武汉市低碳发展战略实施，会使碳排放的增长趋势进一步减缓，促进土地低碳利用目标的尽快实现。

由图 4-12 可知，武汉市 2016～2030 年的土地利用碳排放量一直保持增长的趋势。但观察其增长量的折线图可以发现，2021 年是武汉市碳排放增长量的一个拐点。相较于 2021 年前，在这之后碳排放增长量出现明显的降幅。因此，将武汉市 2016～2030 年土地利用碳排放量预测值分成两个阶段，第一阶段为 2016～2020

年，此时土地利用碳排放量的增长率较快，年平均增长率达到了 2.26%。第二阶段为 2021～2030 年，这期间武汉市土地利用碳排放量的增长速率相对较慢，年平均增长率只有 1.53%。因此，可以推测在 2021 年之后，进一步加大针对土地利用碳减排的措施的力度，可以早日实现碳排放达峰目标。

此外，图 4-12 显示武汉市 2016～2030 年土地利用碳汇量保持了较为平缓的增长。由碳汇增长量的折线图可知，武汉市土地利用碳汇量增长速率在 2026 年之前逐渐减缓，而在 2026 年之后，碳汇量的增长速率又呈现逐步增加态势。其可能原因是在 2026 年之前农用地可转变为建设用地的面积逐步减少，因而农用地转变为建设用地的速率减缓，虽然技术进步仍然实现了农作物产量的增加，但碳汇量增加速率依然逐年下降。而在 2026 年可转变为建设用地的农用地可能已接近峰值，同时在农业技术继续优化改善的前提下，农产品产量持续增加，总净初级生产量增加，使得耕地碳汇增长量反弹上升。

运行武汉市土地利用碳排放系统动力学模型，可以得到武汉市 2016～2030 年的土地利用所产生的碳排放量及地均碳排放量、人均碳排放量与单位地区生产总值碳排放量等各碳排放强度情况，结果呈现于表 4-4 和图 4-13。

表 4-4　武汉市 2016～2030 年土地利用碳排放强度仿真模拟表

年份	碳排放量 /（$\times10^4$ t）	土地面积 /km^2	地均碳排放量/ [（$\times10^4$ t）/km^2]	人口 /（$\times10^4$ 人）	人均碳排放量 /（t/人）	地区生产总值/ （$\times10^8$ 元）	单位地区生产总值碳排放量 /[t/（$\times10^4$ 元）]
2016	3 748.41	7 245.63	0.52	838.42	4.47	11 908.92	0.31
2017	3 835.24	7 246.19	0.53	839.98	4.57	12 984.06	0.30
2018	3 922.64	7 246.98	0.54	840.21	4.67	14 107.84	0.28
2019	4 010.60	7 247.65	0.55	841.92	4.76	15 280.23	0.26
2020	4 099.08	7 248.12	0.57	842.64	4.86	16 501.24	0.25
2021	4 168.57	7 249.01	0.58	844.01	4.94	17 795.36	0.23
2022	4 237.92	7 249.99	0.58	845.02	5.02	19 164.57	0.22
2023	4 307.21	7 250.42	0.59	846.31	5.09	20 612.67	0.21
2024	4 376.41	7 250.97	0.60	847.52	5.16	22 141.73	0.20
2025	4 445.54	7 251.75	0.61	849.00	5.24	23 755.71	0.19
2026	4 513.57	7 252.63	0.62	849.98	5.31	25 456.75	0.18
2027	4 581.31	7 253.01	0.63	850.53	5.39	27 248.94	0.17
2028	4 648.44	7 253.98	0.64	851.23	5.46	29 134.49	0.16
2029	4 714.95	7 254.53	0.65	851.99	5.53	31 117.67	0.15
2030	4 780.83	7 255.02	0.66	853.01	5.60	33 200.76	0.14

注：此处的土地面积指建设用地面积与农用地面积之和

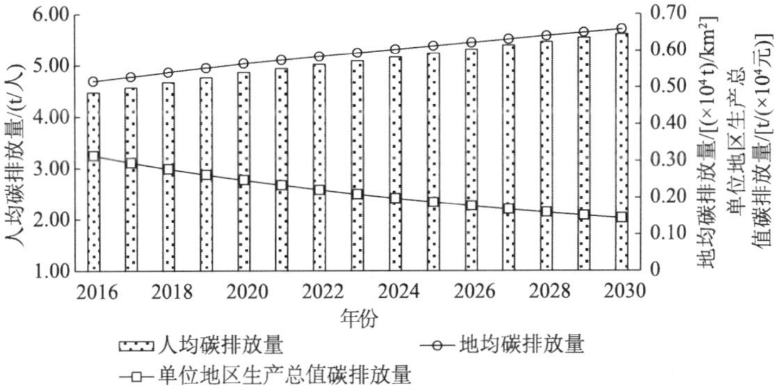

图 4-13　武汉市 2016～2030 年土地利用碳排放强度仿真模拟图

由表 4-4 和图 4-13 可知，武汉市 2016 年到 2030 年地均碳排放量与人均碳排放量呈递增趋势，且增势相近，地均碳排放量由 2016 年的 0.52×10^4 t/km^2 上升为 2030 年的 0.66×10^4 t/km^2，年平均增长率为 1.72%，人均碳排放量由 2016 年的 4.47 t/人上升到 2030 年的 5.60 t/人，年平均增长率为 1.62%。递增的趋势也说明土地开发利用速度及人口增长速度低于土地利用碳排放增长速度。

同时，图 4-13 显示，武汉市 2016 年到 2030 年单位地区生产总值的碳排放量总体保持平稳递减趋势，其数值从 2016 年的 0.31 t/（$\times10^4$ 元）降低至 2030 年的 0.14 t/（$\times10^4$ 元），年平均下降率为 5.52%，递减趋势十分明显。尽管单位地区生产总值的碳排放量在逐年下降，但为了进一步明确经济增长与碳排放关系的发展态势，本书采用脱钩分析的方法分析武汉市经济增长与碳排放变化的关系。根据 Tapio（2005）与 Vehmas 等（2003）的研究，脱钩关系可分为扩张负脱钩、扩张连接、相对脱钩、绝对脱钩、衰退脱钩、衰退连接、弱负脱钩和强负脱钩。其中最理想的状态是实现经济与碳排放的绝对脱钩发展。脱钩系数的计算公式见式（4-1）：

$$S = \Delta C / \Delta \mathrm{GDP} \tag{4-1}$$

其中，S 表示脱钩系数；ΔC 表示碳排放增长量；ΔGDP 表示地区生产总值增长量。

脱钩系数计算结果如表 4-5 所示，通过表 4-5 可以发现 2016～2030 年武汉市地区生产总值的增长量一直在增长，而碳排放增长量总体上呈下降趋势，最终导致脱钩系数一直下降，从 2017 年的 0.080 762 t/（$\times10^4$ 元）下降到 2030 年的 0.031 626 t/（$\times10^4$ 元），参照 Tapio（2005）与 Vehmas 等（2003）的研究，武汉市 2017 年至 2030 年经济增长与碳排放处于相对脱钩的状态（图 4-14）。而图 4-15 显示，脱钩系数在 2021 年发生了突变，由于武汉市承诺将在 2022 年达到碳排放量峰值，因此脱钩系数的变化可能与武汉市 2021 年颁布的减碳政策相关。脱钩系数逐渐向 0 趋近说明武汉市经济增长与碳排放的脱钩关系逐渐从相对脱钩状态向绝对脱钩过渡，因此，未来武汉市低碳发展仍有进一步改进的空间，这就要求武汉市从各个层面推动低碳城市建设，最终实现经济增长与碳排放的绝对脱钩。

表 4-5　武汉市 2017～2030 年经济增长与碳排放脱钩分析表

年份	地区生产总值	C/（$\times10^4$t）	ΔGDP/（$\times10^8$元）	ΔC/（$\times10^4$t）	脱钩系数（ΔC/ΔGDP）/[t/（$\times10^4$元）]
2016	11 908.92	3 748.41			
2017	12 984.06	3 835.24	1 075.14	86.83	0.080 762
2018	14 107.84	3 922.64	1 123.78	87.40	0.077 773
2019	15 280.23	4 010.60	1 172.39	87.96	0.075 026
2020	16 501.24	4 099.08	1 221.01	88.48	0.072 465
2021	17 795.36	4 168.57	1 294.12	69.49	0.053 697
2022	19 164.57	4 237.92	1 369.21	69.35	0.050 650
2023	20 612.67	4 307.21	1 448.10	69.29	0.047 849
2024	22 141.73	4 376.41	1 529.06	69.20	0.045 257
2025	23 755.71	4 445.54	1 613.98	69.13	0.042 832
2026	25 456.75	4 513.57	1 701.04	68.03	0.039 993
2027	27 248.94	4 581.31	1 792.19	67.74	0.037 797
2028	29 134.49	4 648.44	1 885.55	67.13	0.035 602
2029	31 117.67	4 714.95	1 983.18	66.51	0.033 537
2030	33 200.76	4 780.83	2 083.09	65.88	0.031 626

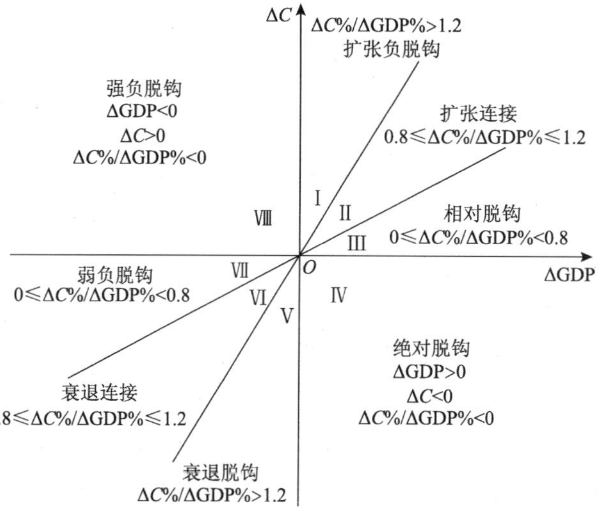

图 4-14　经济增长与能源碳排放的脱钩分析模型

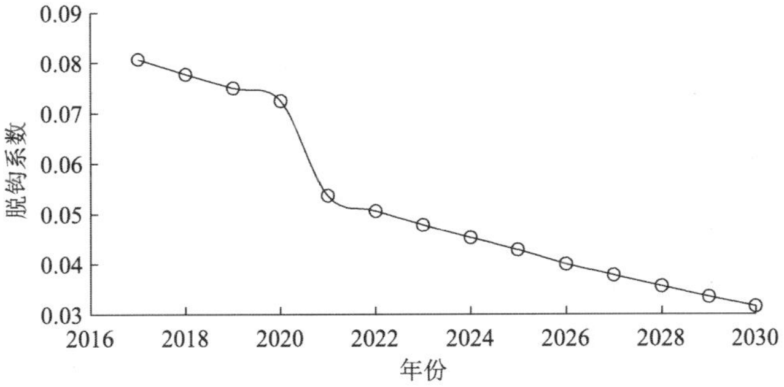

图 4-15　武汉市经济增长与碳排放的脱钩系数图

4.3　本 章 小 结

本章基于系统动力学建模的原理，通过确定系统边界与系统结构，构建系统因果回路、存量流图及模型方程式，建立了城市土地利用碳排放系统动力学模型。以武汉市为研究区域，对土地利用碳排放系统进行仿真测算，得到了武汉市 1996～2030 年土地利用碳汇量与碳排放量仿真结果，并在此基础上对结果进行了分析。主要结论如下。

（1）武汉市土地利用碳排放系统的仿真结果表明，随着城市人口的不断增加、社会经济的不断发展，武汉市土地利用碳排放量将保持持续上升的趋势。武汉市 2016～2030 年的土地利用碳排放量一直保持增长的趋势，其增长可分为 2016～2020 年与 2021～2030 年两个不同阶段。前一阶段中，武汉市土地利用碳排放的增长速率依然较快，但 2021 年后土地利用碳排放量的增长趋缓，因此，在保证武汉市经济增长的前提下，利用政策加大对碳排放的控制，武汉市将在 2021 年迎来碳排放增长的拐点；土地利用碳汇量在 2016～2030 年始终保持较为平缓的增长，但增长速率总体上仍表现出先下降再上升的趋势，2026 年是其增长趋势的一个拐点。在武汉市到达一定城市规模时，控制耕地缩减成为刚性目标，加大农业生产投入将是增加城市碳汇的最主要途径。

（2）从武汉市 2016～2030 年碳排放强度发展趋势来看，这段时间武汉市地均碳排放量与人均碳排放量表现为相似的递增趋势，这也说明了在这段时间武汉市碳排放仍与土地利用情况和人口增长存在高度的相关性，且碳排放增长速率仍然快于土地开发利用及人口增长；单位地区生产总值碳排放量在 2016～2030 年总体保持了平稳递减状态，武汉市的产业结构将更加合理，能源利用效率在逐年提高。

第5章　城市经济-土地-碳排放系统的调控因素影响分析

系统模拟分析是指以调节系统动力学模型中单个变量变化趋势的方式来分析变量在该变化趋势下对整个系统最终结果的影响。模拟是为了发现现实中存在的潜在性问题，并选取合理、有效的策略去解决它。模拟分析的前提是调整其中某一变量的变化趋势，并确保其他变量不变，最后运行模型，得出系统总体的变化趋势，并以此为基础，对系统中其他相关因素的变化趋势加以分析，进一步研究该变量在系统中所起的相关作用。

根据第 4 章的仿真模拟结果可知，保持其他条件不变，武汉市土地利用产生的碳排放量将逐年增长，未来的碳减排道路举步维艰。因此，本章将选取土地、人口、经济、能源、环境这五个子系统，对其在不同政策情景下的碳排放变化情况进行模拟分析，找出符合武汉市发展实际的低碳发展道路。（该部分研究主要参考“基于系统仿真的城市土地利用碳排放分析与低碳利用调控研究”（14BGL218）项目的阶段性成果：《武汉市土地利用碳排放分析与系统动力学仿真》，以本书武汉市土地利用碳排放测算结果为基础，在对各系统参数校正后，重新进行模拟分析。）

5.1　经济系统变化模拟对碳排放的影响

在经济系统中，情景设置主要分两种：一是预设经济发展程度，二是调整产业结构。

5.1.1　经济发展程度模拟

经济的增长在提高人们生活质量、带动社会进步的同时，也促使大量资源与能源消耗，增加了整个社会的碳排放。模拟经济发展情景是通过调节系统动力学模型中地均地区生产总值的增长率来模拟不同的经济发展程度。经济发展程度可具体分为三种模式，分别是经济高速发展、经济平稳发展与经济低速发展，见表 5-1。

表 5-1　经济发展程度模拟方案

模拟方案	条件
经济高速发展	调整经济增长趋势，分别将三次产业的地均地区生产总值增长率调高 0.5 个百分点
经济平稳发展	保持模型各变量及原始数据不变
经济低速发展	调整经济增长趋势，分别将三次产业的地均地区生产总值增长率调低 0.5 个百分点

资料来源：吴萌（2017）

通过调整系统动力学模型中的相关变量，对三种方案进行模拟分析，从而得到不同方案下的碳排放量与单位地区生产总值碳排放强度效应情况，结果见表 5-2 与图 5-1、图 5-2。

表 5-2　不同经济发展程度模拟碳排放量

年份	经济高速发展		经济平稳发展		经济低速发展	
	碳排放量/（$\times10^4$ t）	单位地区生产总值碳排放量/[t/（$\times10^4$元）]	碳排放量/（$\times10^4$ t）	单位地区生产总值碳排放量/[t/（$\times10^4$元）]	碳排放量/（$\times10^4$ t）	单位地区生产总值碳排放量/[t/（$\times10^4$元）]
2016	3817.65	0.32	3748.41	0.31	3687.32	0.31
2017	3903.67	0.30	3835.24	0.30	3699.57	0.29
2018	4034.87	0.28	3922.64	0.28	3775.20	0.27
2019	4133.70	0.27	4010.6	0.26	3734.66	0.25
2020	4179.77	0.25	4099.08	0.25	3948.79	0.24
2021	4243.53	0.24	4168.57	0.23	4045.64	0.23
2022	4316.61	0.22	4237.92	0.22	4121.72	0.22
2023	4366.87	0.21	4307.21	0.21	4170.02	0.20
2024	4510.54	0.20	4376.41	0.20	4282.30	0.19
2025	4557.73	0.19	4445.54	0.19	4340.78	0.18
2026	4606.59	0.18	4513.57	0.18	4398.69	0.17
2027	4646.75	0.17	4581.31	0.17	4445.20	0.16
2028	4740.79	0.16	4648.44	0.16	4532.07	0.16
2029	4805.42	0.15	4714.95	0.15	4609.74	0.15
2030	4900.10	0.15	4780.83	0.14	4690.04	0.14
年平均增长率	1.80%		1.75%		1.73%	

通过表 5-2 与图 5-1 可以发现，经济发展的速度与碳排放量正相关。2030 年，在经济高速发展情景中，碳排放为 4900.10×10^4 t，相比于经济平稳发展情景，提高了 2.49%碳排放量。而在经济低速发展情景下能产生 4690.04×10^4 t 碳排放，相比于平稳发展情景，降低了 1.90%的碳排放。从平均增长率角度看，武汉市在三

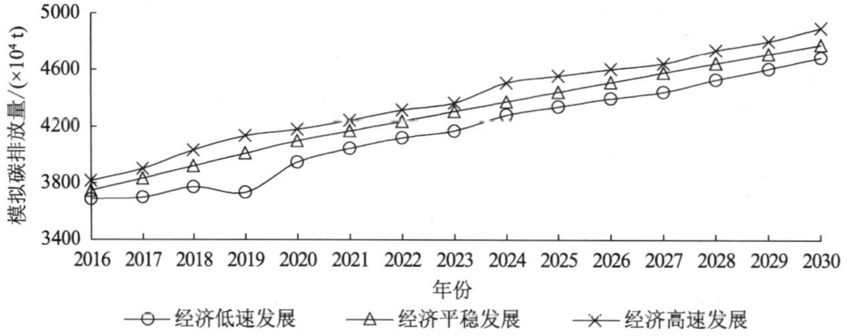

图 5-1 不同经济发展程度模拟碳排放量

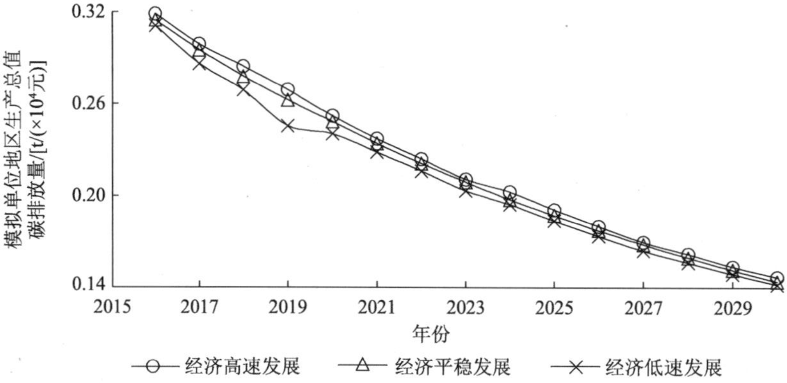

图 5-2 不同经济发展程度模拟单位地区生产总值碳排放量

种经济发展情景下碳排放的年均增长率分别为 1.80%、1.75%和 1.73%。这说明经济发展越快，碳排放增长速度越快，从而会产生更多的碳排放。从图 5-2 可以发现，单位地区生产总值的碳排放量受经济发展速率的影响并不大，这也从一定程度上说明了土地利用碳排放量的增幅与武汉市经济发展的增幅相关性甚小，也揭示出在 2015 年到 2019 年武汉市经济增长与碳排放已趋向于脱钩发展。

上述分析同时表明，社会经济发展与土地利用碳排放呈显著的正相关关系。武汉市土地利用碳排放趋势逐年上升的一个主要因素就是经济的快速发展。但是，由于中国的特殊国情，之后的一段较长时期中，中国的发展重心依然是保持国民经济的稳健增长及人民生活水平的显著提升。经济的发展趋势与碳排放趋同，意味着碳减排道路将更加崎岖坎坷。

5.1.2 产业结构调整模拟

2015 年，由武汉市统计数据可知，各产业地区生产总值结构比例为 3.3 ∶ 45.7 ∶ 51（第一产业地区生产总值∶第二产业地区生产总值∶第三产业地区生产总值）。第三产业通常能源消耗较低、产生的碳排放量也较少，为此实现武汉市经济低碳化发展的首要任务是大力发展第三产业。从目前武汉市各产业占比情况来看，耗能低的第三产业比重只占到了 51.0%，而高能耗的第二产业占到了 45.7%，因此，将第二产业逐步向第三产业过渡，可以减少能耗，降低碳排放，是实现武汉市早日达到碳减排目标的有效途径。通过构建的武汉市土地利用碳排放系统动力学模型可知，武汉市土地利用碳排放系统中影响产业结构的最主要因素是固定资产投资，所以模拟产业结构调整对系统的影响可以通过调整模型中产业结构的固定资产投资比例来实现，具体调整方案见表 5-3。

表 5-3　产业结构调整模拟方案

方案	条件
基础方案	保持模型各变量及原始数据不变
方案一	保持第一产业固定资产投资比例不变，将第二产业固定资产投资比例降低 5%，将第三产业固定资产投资比例提升 5%
方案二	保持第一产业固定资产投资比例不变，将第二产业固定资产投资比例提升 5%，将第三产业固定资产投资比例降低 5%
方案三	将第一产业固定资产投资比例降低 5%，保持第二产业固定资产投资比例不变，将第三产业固定资产投资比例提升 5%

资料来源：吴萌（2017）

注：本模拟方案设定的是 2030 年武汉市达到的产业结构比例

在本书模型中，通过对相关变量进行调整，对不同的产业调整方案进行模拟分析，从而得到不同方案下的碳排放量情况，见表 5-4 与图 5-3。

表 5-4　产业结构调整模拟碳排放量　单位：10^4 t

年份	基础方案	方案一	方案二	方案三
2016	3748.41	3644.69	3844.38	3677.90
2017	3835.24	3757.04	4000.58	3832.00
2018	3922.64	3799.59	4092.57	3885.38
2019	4010.6	3861.83	4137.87	3969.33
2020	4099.08	3999.41	4227.55	4058.27
2021	4168.57	4065.34	4281.56	4119.26
2022	4237.92	4119.34	4376.02	4187.48
2023	4307.21	4163.19	4424.30	4232.43
2024	4376.41	4305.28	4526.92	4378.38
2025	4445.54	4337.69	4597.68	4448.96
2026	4513.57	4421.22	4670.89	4489.65
2027	4581.31	4473.60	4750.20	4527.72
2028	4648.44	4554.85	4779.87	4609.72
2029	4714.95	4546.51	4836.75	4616.39
2030	4780.83	4623.84	4908.38	4689.80
年平均增长率	1.75%	1.71%	1.76%	1.75%

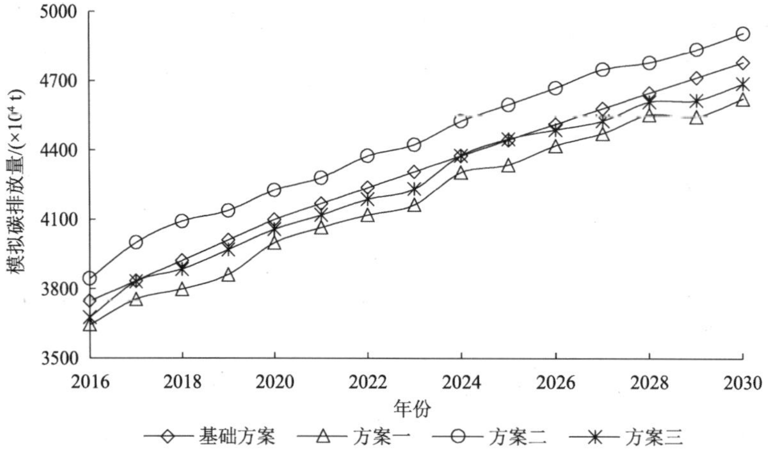

图 5-3　产业结构调整模拟碳排放量

观察表5-4与图5-3，可以发现，第三产业比重越大，产生的碳排放量越少，第二产业比重越大，产生的碳排放量越大。与基础方案相比，方案二模拟2030年的碳排放量上升了127.55×10^4 t，而方案一与方案三模拟得到的碳排放量分别下降了156.99×10^4 t 和91.03×10^4 t，这说明第三产业的占比与碳排放量呈负相关，即占比越大，碳排量越少。方案三相较于方案一碳排放量更高，这也表明第一产业比第二产业碳排放量更少。与第二产业相比，第一产业与第三产业的碳减排效果更好，此外，我国粮食安全依赖于第一产业的发展。因此，促使第二产业向第三产业转移，倡导第三产业发展将是武汉市实现土地利用碳减排的有效途径。

从碳排放效应来分析，随着第三产业比重的上升，单位地区生产总值碳排放量、人均与地均碳排放量都在不断下降。通过以上方案可知，在保持土地利用结构、能源消费结构、居民低碳意识、人口增长等条件不变的基础上，增加第三产业固定资产投资比例能促进经济绿色增长，减少碳排放量。鉴于武汉市第二产业是其支柱产业，第二产业向第三产业转移存在现实的障碍，为此，从现实出发，上述设想只是为武汉市未来发展提出一个可供参考的引导方向。

5.2　人口系统状况模拟对碳排放的影响

人们生活水平不断改善，生活性能源的消费也随之提高，由此带来了大量碳排放。研究发现影响生活性能源消费量最重要的因素是总人口数量，因此，要想控制生活性能源消费量的增长就需要控制人口总量的过快增长。本节将通过调节人口增长率的变化来控制人口总量的变化，根据人口发展程度的差异，调整方案可分为三种：人口高速增长、人口平稳增长和人口低速增长，见表 5-5。

表 5-5　人口增长调整模拟方案

方案	条件
人口高速增长	调控人口增长速度，将人口净增长率调高 0.5 个百分点
人口平稳增长	保持模型各变量及原始数据不变
人口低速增长	调控人口增长速度，将人口净增长率调低 0.5 个百分点

资料来源：吴萌（2017）

模拟人口增长状况时，利用人口净密度变量的调整，在武汉市土地利用碳排放系统动力学模型中代入调整后的参数，分别得到以上三个调整方案下的碳排放总量及碳排放效应，见表 5-6、图 5-4 与表 5-7。

表 5-6　人口增长调整模拟碳排放量　单位：10^4 t

年份	人口低速增长	人口平稳增长	人口高速增长
2016	3700.28	3748.41	3791.48
2017	3798.14	3835.24	3913.13
2018	3818.02	3922.64	3974.39
2019	3962.42	4010.60	4064.56
2020	4074.14	4099.08	4146.21
2021	4138.61	4168.57	4215.94
2022	4122.94	4237.92	4282.06
2023	4235.35	4307.21	4356.85
2024	4258.98	4376.41	4433.37
2025	4398.08	4445.54	4501.19
2026	4415.90	4513.57	4553.32
2027	4522.78	4581.31	4635.98
2028	4574.57	4648.44	4688.34
2029	4648.35	4714.95	4757.52
2030	4707.89	4780.83	4851.95
年平均增长率	1.74%	1.75%	1.78%

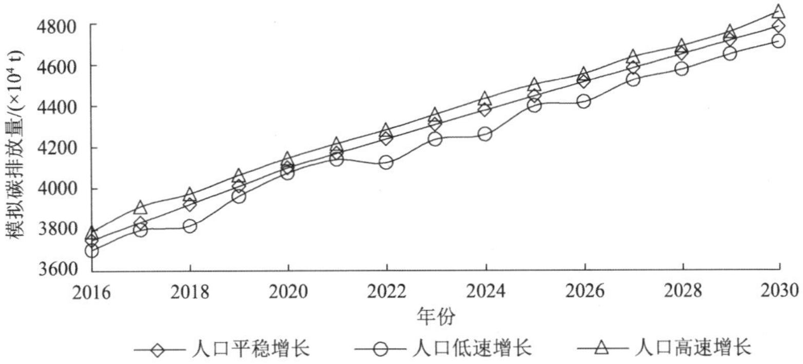

图 5-4　人口增长调整模拟碳排放量

表 5-7　2030 年不同人口增长调整方案的碳排放效应对比表

方案名称	单位地区生产总值碳排放量/[t/（$\times10^4$元）]	人均碳排放量/（t/人）	地均碳排放量/[（$\times10^4$ t）/km^2]
人口平稳增长	0.1440	5.6047	0.6590
人口低速增长	0.1418	5.5191	0.6489
人口高速增长	0.1461	5.6880	0.6688

表 5-6 与图 5-4 明确显示了人口增长会对碳排放量产生影响，碳排放量随着人口增长速度的加快而增多。2030 年，在人口高速增长方案下，碳排放量为 4851.95×10^4 t，相比于平稳增长模式，提高了 1.49%。另外，在人口低速增长方案下，碳排放量为 4707.89×10^4 t，相比于平稳增长模式，碳排放量下降了 1.53%。从碳排放的年平均增长率来看，人口低速增长方案、人口平稳增长方案与人口高速增长方案的年平均增长率分别为 1.74%、1.75%与 1.78%。这说明人口增长率、碳排放的增长速率和碳排放量三者之间存在正相关的关系。表 5-7 也显示了人口增长速率和单位地区生产总值碳排放量、人均碳排放量与地均碳排放量也存在正相关关系，随着人口增长加快，单位地区生产总值碳排放量、地均碳排放量和人均碳排放量都呈增长趋势。通过比较不难发现，人口增长对单位地区生产总值碳排放量与地均碳排放量的影响明显低于对人均碳排放量的影响，而单位地区生产总值碳排放量并没有太大变化，这是因为人口的高速增长在带动碳排放量增加的同时带动了地区生产总值的增长，人口增长对经济社会发展的影响是多元的。

2021 年 5 月 31 日三孩政策的公布，会刺激武汉市总人口规模的扩大，导致生活性能源消耗的增加，进一步诱发碳排放量的增加。为此，在发挥人口增长对经济发展的有利影响，以及减缓人口老龄化影响的同时，倡导低碳生活来减少和缓解由此带来的碳排放增加问题或将成为武汉市碳减排工作的重要内容之一。

5.3　能源系统状况模拟对碳排放的影响

在能源系统中，单位地区生产总值能耗和能源结构是其考虑调控的两个主要方面，由此，本节通过设置相关指标来完成对能源系统的模拟工作。

5.3.1　能源结构调整模拟

碳排放系数是衡量单位能源的碳排放量大小的代表性数据。其中，碳排放系数居于首位的是煤炭，达到 0.7559；石油次之，为 0.5042；天然气最低，为 0.4483。这意味着消耗相同量的煤炭、石油和天然气，消耗煤炭的碳排放量最多，其次是石油，天然气最少。因此，可以通过调整能源结构降低武汉市的总碳排放量。据统计数据，武汉市 2015 年的煤炭资源消费量占能源消费总量的 57.6%，可见碳排放系数最高的煤炭在武汉市能源消费结构中占主导地位，而天然气和其他非化石能源仅占能源消费总量的 15.02%。与发达国家美国的能源消费结构“煤炭：石油：天然气：非化石能源=16：36：29：19”（2016 年）相距甚远。当前，我国已全面号召并大力推广天然气及其他清洁能源的使用，为此，从生态保护和低碳发展出发，武汉市能源消费结构的调整理应得到重视。

为了探讨武汉市能源消费结构调整的问题，以煤炭、石油、天然气这三种能源的消费量比例作为参数进行调解。此外，根据马尔可夫改进模型的预测结果，到 2030 年，我国能源消费结构中煤炭、石油、天然气和核能水电等能源占总能源消费量的比重为 50.3%、23.9%、9.6%、16.2%。结合武汉市当前的能源消费结构状况，并参考马尔可夫改进模型的预测结果，本次模拟提出四种不同的方案，具体模拟条件如表 5-8 所示。

表 5-8　不同能源结构下的碳排放模拟方案

模拟方案	模拟条件
基础方案	模型原始数据，各变量不变
方案一	2030 年能源消费结构达到煤炭：石油：天然气=50.3：23.9：9.6
方案二	2030 年能源消费结构达到煤炭：石油：天然气=45.3：25.9：12.6
方案三	2030 年能源消费结构达到煤炭：石油：天然气=55.3：20.9：7.6

资料来源：吴萌（2017）

利用方案中的参数及研究模型，进行模拟分析，可得出每种方案下的碳排放结果。具体结果见表 5-9 和图 5-5。

表 5-9　不同能源结构调整方案下模拟碳排放量结果　　单位：10^4 t

年份	基础方案	方案一	方案二	方案三
2016	3748.41	3692.87	3655.19	3713.92
2017	3835.24	3765.77	3689.77	3806.93
2018	3922.64	3848.47	3780.27	3879.13
2019	4010.60	3934.12	3847.75	3977.79
2020	4099.08	4027.93	3963.18	4061.67
2021	4168.57	4100.66	4037.32	4150.47
2022	4237.92	4180.28	4094.86	4222.78
2023	4307.21	4237.00	4150.74	4263.74
2024	4376.41	4308.07	4254.55	4351.36
2025	4445.54	4392.78	4338.50	4428.64

续表

年份	基础方案	方案一	方案二	方案三
2026	4513.57	4451.44	4437.32	4489.66
2027	4581.31	4530.05	4445.19	4547.93
2028	4648.44	4594.58	4478.90	4628.19
2029	4714.95	4630.35	4535.08	4656.65
2030	4780.83	4690.32	4631.29	4730.72
年平均增长率	1.75%	1.72%	1.70%	1.74%

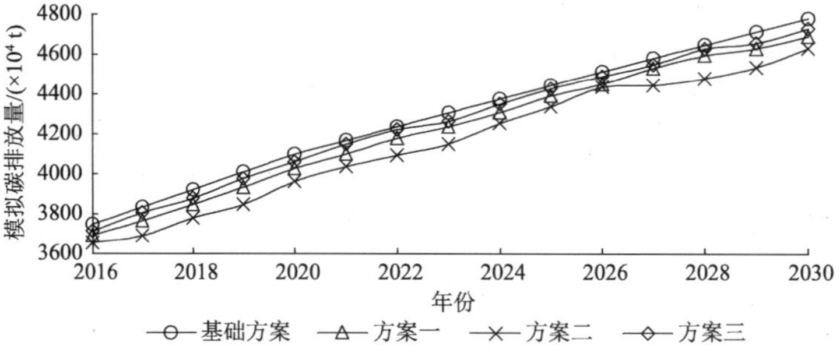

图 5-5　能源结构调整模拟碳排放量

根据表 5-9 和图 5-5 呈现的结果来看，要降低武汉市土地利用的碳排放总量，可以通过改变各能源占总量的比例来实现，如提高天然气和石油所占的比例，减少煤炭所占的比例。方案一、方案二和方案三给出的武汉市 2030 年的碳排放总量分别为 4690.32×10^4 t、4631.29×10^4 t 与 4730.72×10^4 t，相比较于基础方案，碳放量分别下降了 1.89%、3.13%与 1.05%。而表 5-10 则显示出，当煤炭消费量在总能源消费量中所占比例逐步下降，地均碳排放量、单位地区生产总值碳排放量和人均碳排放量随之下降，且碳排放年均增长率也处于下降状态。

表 5-10　2030 年不同能源结构调整方案的碳排放效应对比表

方案名称	单位地区生产总值碳排放量/[t/（$\times10^4$元）]	地均碳排放量/[（$\times10^4$ t）/km^2]	人均碳排放量/（t/人）
基础方案	0.1440	0.6590	5.6047
方案一	0.1413	0.6465	5.4986
方案二	0.1395	0.6384	5.4293
方案三	0.1425	0.6521	5.5459

通过上述分析不难得出以下结论，要在经济发展的同时减少碳排放总量，降

低能源消费结构中煤炭消费量的比例，同时提高天然气等其他清洁能源的消费量比例必不可少。然而，由于一个地区的资源禀赋是难以改变的，短时间内要对一个地区的能源消费结构做出大的改变显然十分困难。武汉市当前的能源消费结构比例与马尔可夫改进模型预测出的 2030 年我国能源消费结构状况还存在相当的差距，与设定的模拟情景亦如此，因此，武汉市能源消费结构的调整任重道远。

5.3.2　单位地区生产总值能耗调整模拟

经济的快速发展离不开科技水平提高带来的劳动生产率的大幅提升、能源利用效率的逐步提高，以及单位地区生产总值能耗的持续减少。第 4 章中已讨论过，R&D 投入因素作为辅助变量被应用到城市土地利用碳排放系统动力学模型中，其值取决于第三产业的地区生产总值，且两者呈正相关关系，即 R&D 投入因素随着第三产业地区生产总值的增长而增长；与此同时 R&D 投入又是影响着产业能耗强度的重要因素，二者呈负相关关系，即单位地区生产总值能耗随着 R&D 投入的增加而减少。

运用最小二乘回归方法对 1996～2015 年武汉市的 R&D 投入与地区生产总值历史数据进行计算，计算公式如式（5-1）所示：

$$\text{R\&D}=0.0153\text{GDP}+10.933\ (R^2=0.89) \tag{5-1}$$

将式（5-1）两边各除以 GDP，用以计算单位地区生产总值的 R&D 投入：

$$\text{R\&D/GDP}=0.0153+10.933/\text{GDP} \tag{5-2}$$

由式（5-2）可知，随着 GDP 数值的增大，10.933/GDP 的值无限趋近于 0，单位地区生产总值 R&D 投入 R&D/GDP 近似为 0.0153。在本节的情景模拟中，单位地区生产总值的 R&D 投入是主要的变量，用来模拟当单位地区生产总值能耗产生变化时武汉市土地利用碳排放量的变化情况，以呈现武汉市土地利用碳排放系统受单位地区生产总值能耗变化的影响程度。

为此，以单位地区生产总值 R&D 投入作为模拟条件，基础方案仍然是模型采用原始数据，各变量不变；方案一的模拟条件是单位地区生产总值 R&D 投入增加 0.1%；方案二的模拟条件是单位地区生产总值 R&D 投入减少 0.1%。将三个方案的模拟条件代入武汉市土地利用碳排放系统中进行模拟，不同方案下的碳排放总量及其效应模拟结果如表 5-11、图 5-6 和表 5-12 所示。

表 5-11　单位地区生产总值能耗调整模拟碳排放量　　单位：10^4 t

年份	基础方案	方案一	方案二
2016	3748.41	3683.34	3801.77

续表

年份	基础方案	方案一	方案二
2017	3835.24	3765.87	3915.69
2018	3922.64	3827.75	4023.78
2019	4010.60	3932.73	4081.73
2020	4099.08	4018.80	4155.61
2021	4168.57	4091.60	4236.25
2022	4237.92	4165.18	4292.28
2023	4307.21	4214.22	4350.46
2024	4376.41	4319.96	4461.25
2025	4445.54	4384.94	4513.01
2026	4513.57	4439.96	4579.64
2027	4581.31	4513.41	4601.00
2028	4648.44	4565.46	4692.76
2029	4714.95	4623.29	4783.83
2030	4780.83	4689.52	4853.06
年均增长率	1.75%	1.74%	1.76%

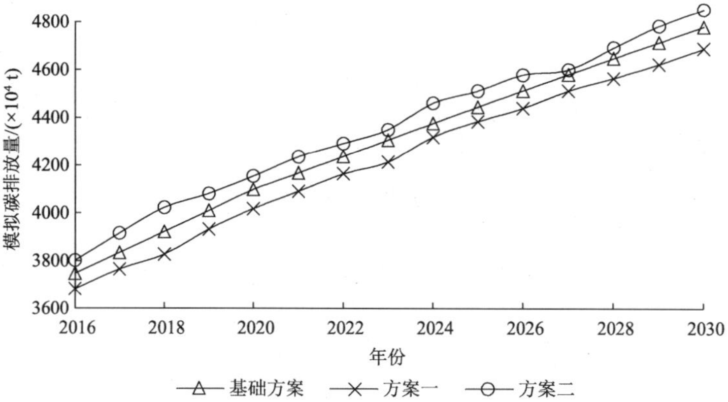

图 5-6　单位地区生产总值能耗调整模拟碳排放量

表 5-12　2030 年不同单位地区生产总值能耗调整方案的碳排放效应对比表

方案名称	单位地区生产总值碳排放量/[t/（×10^{4}元）]	地均碳排放量/[（×10^4 t）/km^2]	人均碳排放量/（t/人）
基础方案	0.1440	0.6590	5.6047
方案一	0.1412	0.6458	5.4968
方案二	0.1462	0.6689	5.6893

表 5-11 和图 5-6 中结果显示，随着单位地区生产总值 R&D 投入 2030 年增加 0.1%，碳排放总量与原始方案相比减少了 91.31×10^4 t；而随着单位地区生产总值 R&D 投入 2030 年减少 0.1%，碳排放总量与原始方案相比增加 72.23×10^4 t。模拟结果表明，单位地区生产总值的能耗随着单位地区生产总值 R&D 投入的增加而下降，从而导致能源消耗的碳排放量下降，且武汉市土地利用碳排放总量也处于减少的状态。表 5-12 的结果表明，武汉市人均碳排放量、地均碳排放量和单位地区生产总值碳排放量均随单位地区生产总值 R&D 投入的增加而减少。这些结果均表明了科技水平的提高对于劳动生产率的提高和经济发展的增速十分有利，并且对于能源消费效率的提升和单位地区生产总值能耗强度的降低也具有重要意义。

可见，为提高武汉市能源利用效率，降低碳排放总量，实现低碳发展目标，增加单位地区生产总值 R&D 投入是可行之道。值得注意的是，增加单位地区生产总值的 R&D 投入并不代表着科技创新能力的提高和技术进步，技术进步是 R&D 投入和人力、资本投入综合作用的结果，同时技术的创新和突破是一项投入大、耗时长且存在瓶颈的任务，并非单纯增加单位地区生产总值 R&D 投入就可以实现。

5.4　土地系统状况模拟对碳排放的影响

不同土地的碳排放量因其利用类型的不同而有所差异，农用地的碳排放量及其排放强度低于城镇建设用地，而农用地中具有碳吸收功能的耕地、园地、林地和草地则是主要的碳汇用地。建设用地的碳排放主要体现在城市的生产活动和居民生活所消耗的大量能源上，建设用地是主要的碳源用地。随着我国城镇化进程的持续推进，越来越多的农用地向建设用地进行用途转变，带来了碳汇用地的减少和碳源用地的增加，大幅提高了全社会的碳排放量。因此本节将土地利用结构作为主要的变化条件，对武汉市不同土地利用结构下的碳排放进行情景模拟，以分析碳排放系统随着土地利用结构调整的变化情况。

本节的情景模拟主要通过调整武汉市土地利用结构来进行，主要以农用地、建设用地和未利用地三者的面积之比来体现，将不同的各类用地面积之比代入情景中进行模拟，分析各种情景下的土地利用碳排放总量，具体的模拟方案如表 5-13 所示。根据前述的武汉市土地利用碳排放系统动力学模型，进行运算分析，到 2030 年武汉市各类用地面积之比可以表示为“农用地面积：建设用地面积：未利用地面积=54.84：29.87：15.29”，以此为基础，以 0.5%的变动设计模拟情形。

表 5-13 不同土地利用结构下的碳排放模拟方案

方案	条件
基础方案	模型原始数据，各变量不变
方案一	2030 年农用地面积：建设用地面积：未利用地面积=54.34：30.37：15.29
方案二	2030 年农用地面积：建设用地面积：未利用地面积=54.84：30.37：14.79
方案三	2030 年农用地面积：建设用地面积：未利用地面积=55.34：29.37：15.29

将上述四个方案依次代入武汉市土地利用碳排放系统动力学模型进行运算，得出不同土地利用结构下的碳排放量及其效应，具体结果如表 5-14、图 5-7 和表 5-15 所示。

表 5-14 不同土地利用结构下的碳排放量模拟结果 单位：10^4 t

年份	基础方案	方案一	方案二	方案三
2016	3748.41	3828.58	3780.32	3627.30
2017	3835.24	3946.24	3910.63	3688.75
2018	3922.64	3963.19	3932.26	3742.44
2019	4010.60	4066.15	4040.39	3888.55
2020	4099.08	4200.00	4136.62	3983.91
2021	4168.57	4271.58	4226.33	4047.94
2022	4237.92	4312.48	4288.25	4108.14
2023	4307.21	4358.95	4315.94	4143.01
2024	4376.41	4443.59	4413.36	4241.42
2025	4445.54	4548.23	4503.41	4329.25
2026	4513.57	4558.09	4532.73	4408.50
2027	4581.31	4631.48	4597.56	4468.13
2028	4648.44	4732.58	4676.17	4530.09
2029	4714.95	4780.27	4722.14	4535.56
2030	4780.83	4885.00	4821.15	4602.55
年平均增长率	1.75%	1.76%	1.75%	1.72%

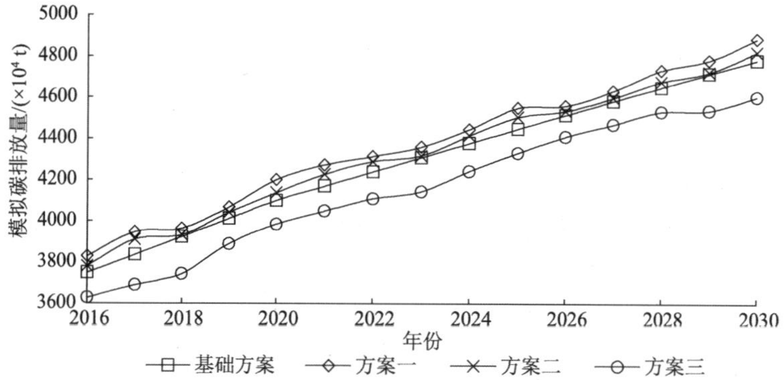

图 5-7 土地利用结构调整模拟碳排放量

表 5-15　2030 年不同土地利用结构调整方案的碳排放效应对比表

方案名称	单位地区生产总值碳排放量 /[t/（×10⁴元）]	地均碳排放量 /[（×10⁴ t）/km²]	人均碳排放量 /（t/人）
基础方案	0.1440	0.6590	5.6047
方案一	0.1471	0.6733	5.7268
方案二	0.1452	0.6645	5.6519
方案三	0.1386	0.6344	5.4957

表 5-14 和图 5-7 中的结果显示了武汉市碳排放量随着建设用地面积的增多而增加，随着农用地面积的增加而减少。将方案一和方案二进行对比不难看出，农用地转为建设用地所增加的碳排放量比未利用地转为建设用地所增加的碳排放量更多，造成这一结果的原因可能是同样作为碳汇用地的农用地在碳吸收方面的能力比未利用地更强。

综上所述，为控制武汉市土地利用碳排放，严格管控建设用地的增加是可行的路径之一，当然建设用地的缩减会给城市的经济增长带来压力。为此，保护农用地的土地利用结构调整，维持经济发展和环境保护之间的平衡，仍将是未来武汉市规划管控的重要任务之一。

5.5　环境系统状况模拟对碳排放的影响

随着全球生态环境的逐步恶化，低碳意识一词渐渐出现在公众的视野之中，它指的是居民对以减少生活能源消费和减少碳排放总量为目的的生活方式的认知。这种生活方式涵盖了居民衣食住行的方方面面，可以通过减少生活能源消费量，降低个人乃至全社会的碳排放总量。低碳意识越强的居民，越能够有意识地降低生活能源消费量，为此，在这里，通过调整居民的低碳意识和降低能源消费的情况可以模拟环境系统的调控因素变化对碳排放的影响。本节通过以不同居民低碳意识下生活性能源消费量的变化作为主要变化条件，设定不同的情景进行模拟，具体的模拟方案如表 5-16 所示。

表 5-16　不同居民低碳意识的碳排放模拟方案

方案	条件
基础方案	模型原始数据不变，各变量不变
方案一	提高低碳意识，人均生活性能源消费量均降低 5%
方案二	降低低碳意识，人均生活性能源消费量均提高 5%

将表5-16中三种方案的不同低碳意识变量代入武汉市土地利用碳排放系统动力学模型进行计算，得出的不同低碳意识下武汉市碳排放总量如表 5-17 和图 5-8 所示。

表 5-17 不同居民低碳意识的碳排放量模拟结果 单位：10^4 t

年份	基础方案	方案一	方案二
2016	3748.41	3716.76	3788.57
2017	3835.24	3800.40	3876.42
2018	3922.64	3869.86	3954.16
2019	4010.60	3962.68	4039.81
2020	4099.08	4062.50	4124.66
2021	4168.57	4131.08	4191.83
2022	4237.92	4203.89	4267.05
2023	4307.21	4235.34	4341.85
2024	4376.41	4327.38	4441.10
2025	4445.54	4425.10	4522.33
2026	4513.57	4494.30	4561.11
2027	4581.31	4543.68	4609.15
2028	4648.44	4585.84	4678.26
2029	4714.95	4659.49	4752.33
2030	4780.83	4720.11	4833.84
年平均增长率	1.75%	1.72%	1.76%

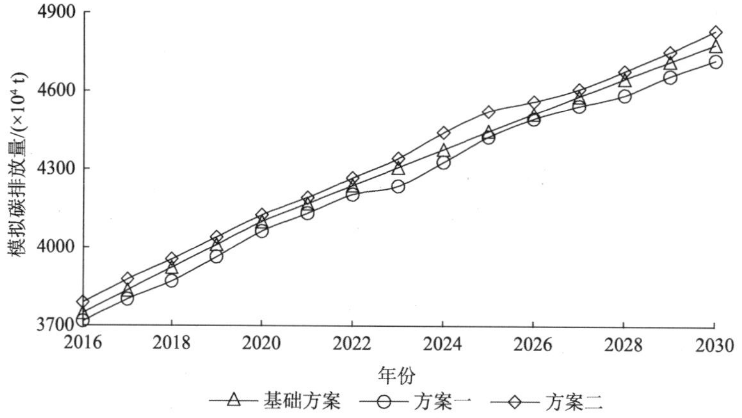

图 5-8 低碳意识调整模拟碳排放量

从表 5-17 与图 5-8 可以看出，随着人们低碳意识的提高，人均生活性能源消费量减少，土地利用碳排放量呈现下降的趋势。与基础方案相比，当 2030 年居民的低碳意识提高，能源消费量降低 5%以后，相应的碳排放量将减少 60.72×10^4 t；而当居民的低碳意识下降，能源消费量增加 5%后，相应的碳排放量将增加 53.01×10^4 t。与此同时，表 5-18 的结果显示，人均碳排放量、地均碳排放量与单位地区生产总值碳排放量均随着居民低碳意识的上升而不断减少。

表 5-18　2030 年低碳意识调整方案的碳排放效应对比表

方案名称	单位地区生产总值碳排放量/[t/（$\times10^4$元）]	地均碳排放量/[（$\times10^4$ t）/km^2]	人均碳排放量/（t/人）
基础方案	0.1440	0.6590	5.6047
方案一	0.1422	0.6506	5.5335
方案二	0.1456	0.6663	5.6668

随着社会经济的高速发展，居民生活水平日益提高，人们也越来越注重生活品质的提高和衣食住行方方面面的物质享受。在家中加装暖气、长时间使用空调或购买私人小型汽车这些提高生活品质的需求正不断增加，由此带来了城市居民生活总能源消费量的增加，低碳意识的约束力相对于人们对更高水平物质享受的追求显得十分有限。因此，虽然低碳意识能一定程度上影响居民的能源消费，促进碳排放总量降低，但仅依靠提高居民低碳意识来降低碳排放的作用有限，需要一定的经济措施和制度手段来影响人们的能源消费行为。

5.6　情景比较分析

5.6.1　不同碳排放影响因素方案对比

表 5-19 选取的方案包含了经济高速发展、人口高速增长和农地非农化加剧（土地利用结构调整方案一），求出这三个方案的碳排放量结果与基础方案的碳排放量的差值。各方案与基础方案的差值对比情况如表 5-20 和图 5-9 所示。

表 5-19　不同碳排放影响因素方案比较

方案	条件
经济高速发展	调整经济发展速度，将三产业的地均地区生产总值增长率调高 0.5 个百分点
人口高速增长	调控人口速度，将人口净增长率调高 0.5 个百分点
农地非农化加剧（土地利用结构调整方案一）	2030 年农用地面积比例减少 0.5%，建设用地面积比例增加 0.5%

资料来源：吴萌（2017）

表 5-20 各方案碳排放量与基础方案碳排放量的差值比较 单位：10^4 t

年份	经济高速发展	人口高速增长	土地利用结构调整方案一
2016	69.24	43.07	80.17
2017	68.43	77.89	111.00
2018	112.23	51.75	40.55
2019	123.10	53.96	55.55
2020	80.69	47.13	100.92
2021	74.96	47.37	103.01
2022	78.69	44.14	74.56
2023	59.66	49.64	51.74
2024	134.13	56.96	67.18
2025	112.19	55.65	102.69
2026	93.02	39.75	44.52
2027	65.44	54.67	50.17
2028	92.35	39.90	84.14
2029	90.47	42.57	65.32
2030	119.27	71.12	104.17

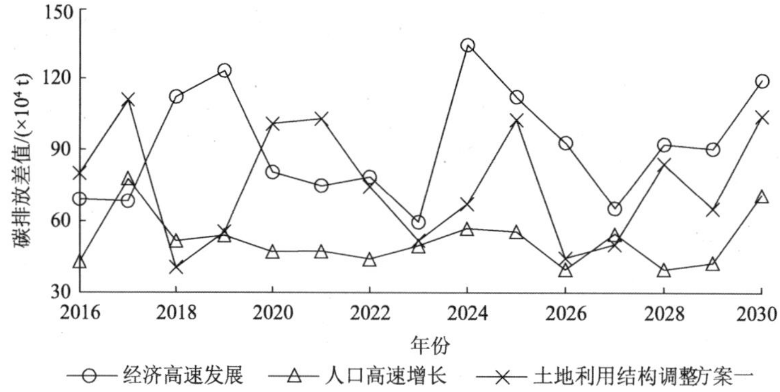

图 5-9 各方案与基础方案的差值对比

表 5-20 结果显示，到 2030 年，武汉市由不同因素造成的碳排放增量由大到小依次为经济高速发展 119.27×10^4 t，土地利用结构调整方案一 104.17×10^4 t，人口高速增长 71.12×10^4 t。图 5-9 显示，在 2016～2030 年，三种方案中总体增长幅度最大的是经济高速增长方案，其次是土地利用结构调整方案一（农用地向建设用地转换），最小的是人口高速增长方案。这个结果与第 3 章中对武汉市土地利用碳排放影响因素分解的结果相呼应：造成武汉市土地利用碳排放量增加的主要原因是经济增长，其次是土地利用结构调整（农用地向建设用地转换），人口增长水平的影响程度较小。

5.6.2　不同减排方案对比

表 5-21 选取了本章研究中可能带来碳减排效应的五种方案：①产业结构调整方案一；②能源结构调整方案一；③单位地区生产总值能耗调整方案一；④土地利用结构调整方案三（建设用地向农用地转换）；⑤居民低碳意识调整方案一。将以上五种方案得出的碳排放总量与基础方案碳排放总量之差进行比较，具体结果如表 5-22 和图 5-10 所示。

表 5-21　不同碳减排方案对比

方案	条件
产业结构调整方案一	第二产业固定资产投资比例下降，第三产业固定资产比例上升
能源结构调整方案一	煤炭比例下降，石油、天然气比例上升
单位地区生产总值能耗调整方案一	增加单位地区生产总值 R&D 投入
土地利用结构调整方案三	农用地面积比例提高，建设用地面积比例降低
居民低碳意识调整方案一	提高低碳意识，降低人均生活能源消费量

资料来源：吴萌（2017）

表 5-22　各碳减排方案与基础方案的差值对比　　单位：10^4 t

年份	产业结构调整方案一	能源结构调整方案一	单位地区生产总值能耗调整方案一	土地利用结构调整方案三	居民低碳意识调整方案一
2016	103.72	55.54	65.07	121.11	31.65
2017	78.20	69.47	69.37	146.49	34.84
2018	123.05	74.17	94.89	180.20	52.78
2019	148.77	76.48	77.87	122.05	47.92
2020	99.67	71.15	80.28	115.17	36.58
2021	103.23	67.91	76.97	120.63	37.49
2022	118.58	57.64	72.74	129.78	34.03
2023	144.02	70.21	92.99	164.20	71.87
2024	71.13	68.34	56.45	134.99	49.03
2025	107.85	52.76	60.60	116.29	20.44
2026	92.35	62.13	73.61	105.07	19.27
2027	107.71	51.26	67.90	113.18	37.63
2028	93.59	53.86	82.98	118.35	62.60
2029	168.44	84.60	91.66	179.39	55.46
2030	156.99	90.51	91.31	178.28	60.72

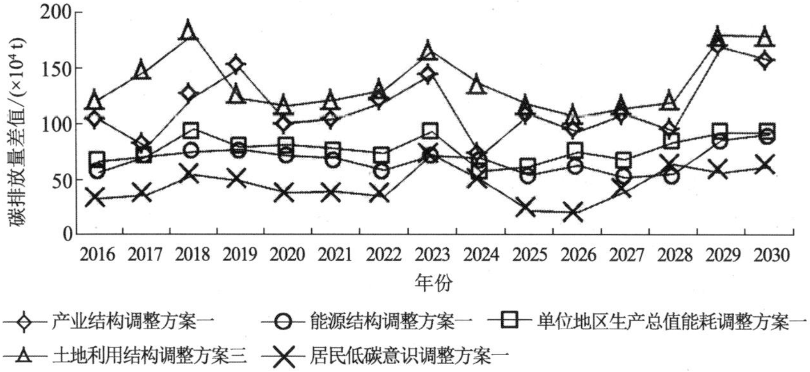

图 5-10　各减排方案与基础方案的差值对比

根据表 5-22 与图 5-10 中的结果，主要结论如下。

（1）上述几种碳减排方案调整的效果由小到大依次为居民低碳意识调整方案一<能源结构调整方案一<单位地区生产总值能耗调整方案一<产业结构调整方案一<土地利用结构调整方案三。其中，调整土地利用结构的减排效果最佳，居民低碳意识的增强则未表现出显著的减排效应。

（2）对土地利用结构进行调整，并控制农用地转化为建设用地的速率是武汉市未来实现低碳发展的主要途径。主要的做法包括：提高土地利用效率，并对各行业用地进行合理配置，从而降低因经济发展需要对建设用地需求的过度增长；控制生态用地向非生态用地转化，从而增加城市碳汇量，促进碳排放量的减少。

（3）产业结构依赖于建设用地的配置，产业结构调整在减少土地利用碳排放方面，发挥着关键作用。相对于第一产业、第三产业来说，第二产业对煤、石油、天然气等化石能源的需求量较大，消耗的能源量也比较多，会排放更多的碳。因此，应对产业结构进行调整，逐步降低第二产业的比重，重点发展能源消耗较少的第三产业。

（4）调整能源结构，提高能源利用效率对于武汉市土地利用碳减排也有促进作用，但效果不够显著。这也间接说明相比于土地因素和经济因素而言，能源利用效率因素对土地利用碳排放系统的影响程度较小。因此，合理利用土地、转变经济发展方式将是今后实现土地利用碳减排的有效手段。

（5）居民低碳意识的提高对于减少土地利用碳排放总量的效果与其他四种方案相比较弱，这表明通过提高居民低碳意识来实现武汉市土地利用碳减排目标的作用有限，需与其他碳减排措施共同实施才能有效实现土地利用碳减排。

5.7　综合模拟方案调整

城市土地利用碳排放系统由多个子系统组合而成，各子系统各因素之间是相互影响和相互作用的，因而，单一调整某一变量的情景模拟存在一定的局限性，对现实的解释和引导有限。同时，上述的情景分析表明，为了达成武汉市在首届中美气候智慧型/低碳城市峰会上所承诺的“2022 年实现全市碳排放达峰目标”，需要发挥多种碳减排手段的协同作用。为此，在前述不同减排方案的碳排放情景模拟的基础上，本书将对整个碳排放系统进行复合动态模拟，以期在展示各种因素共同作用下武汉市碳排放总量变化情况的同时，能寻求一套综合调整方案来在确保经济发展速度不降低的大前提之下，力争于 2022 年实现武汉市做出的碳减排达峰目标的承诺。本次综合模拟共给出五种方案，这些方案综合了武汉市社会经济发展状况，同时兼顾了方案的可实施性，具体方案设置如表 5-23 所示，模拟结果如表 5-24 和图 5-11 所示。

表 5-23　综合调整模拟方案

条件		方案一	方案二	方案三	方案四	方案五
产业结构调整	第二产业固定资产投资比例	–5%	–10%	–10%	–16%	–16%
	第三产业固定资产投资比例	+5%	+10%	+10%	+16%	+16%
煤炭：石油：天然气		55.3：20.9：7.6	55.3：20.9：7.6	50.3：23.9：9.6	50.3：23.9：9.6	50.3：23.9：9.6
单位地区生产总值 R&D 投入增加		0.1%	0.1%	0.2%	0.2%	0.3%
农用地：建设用地：未利用地		55.34：29.37：15.29	56.34：28.37：15.29	56.34：28.37：15.29	56.84：27.87：15.29	56.34：28.37：15.29
提高低碳意识，降低人均生活性能源消费量		–5%	–5%	–10%	–10%	–12%

资料来源：吴萌（2017）

表 5-24　综合调整方案碳排放量　　单位：10^4 t

年份	方案一	方案二	方案三	方案四	方案五
2016	3248.86	3076.04	2951.68	2944.68	2894.96
2017	3350.67	3186.69	3034.15	2965.55	2918.51
2018	3370.11	3254.13	3061.14	3004.22	3046.73
2019	3473.46	3312.27	3164.24	3077.08	3139.63
2020	3524.89	3327.19	3181.77	3117.75	3180.56

续表

年份	方案一	方案二	方案三	方案四	方案五
2021	3576.67	3369.26	3257.76	3108.34	3221.03
2022	3594.97	3391.93	3293.09	3098.46	3267.27
2023	3656.63	3488.02	3309.40	3064.91	3260.22
2024	3772.21	3518.77	3319.09	3046.36	3247.60
2025	3890.30	3598.82	3379.66	3034.87	3235.97
2026	3918.44	3606.65	3269.51	3020.82	3218.46
2027	3916.42	3571.27	3232.81	3009.05	3210.75
2028	3922.63	3519.48	3177.43	3005.21	3206.80
2029	3930.80	3501.32	3162.01	2995.29	3203.94
2030	3987.13	3512.34	3074.23	2991.68	3198.28

通过表 5-24 和图 5-11 可以得出各方案的土地利用碳排放达峰情况：除方案一直到 2030 年都未能达峰外，方案二至方案五的达峰时间依次是 2026 年，2025 年，2020 年和 2022 年。能够实现碳减排承诺的方案为方案四和方案五。因此，再对这两种方案在 2016 年到 2030 年的地区生产总值进行预测，预测结果如图 5-12 所示。

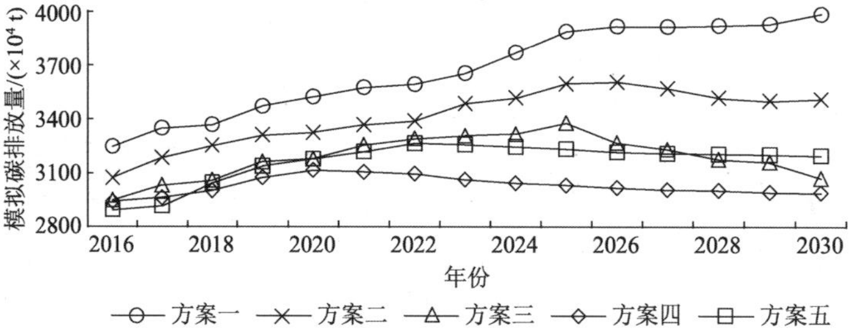

图 5-11　综合调整方案碳排放量

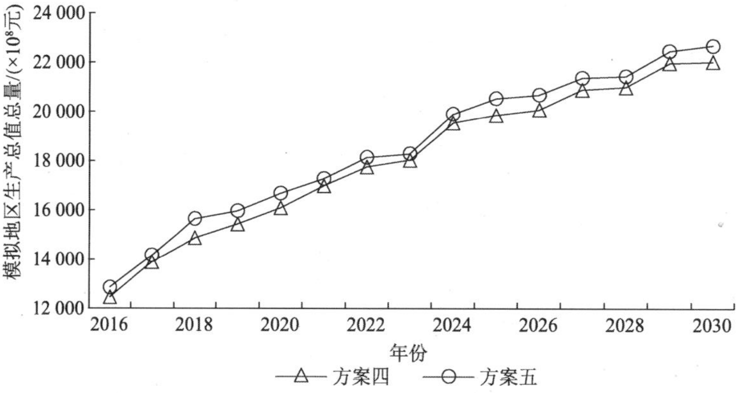

图 5-12　综合调整方案地区生产总值

据上图可知，方案五在 2016 年至 2030 年的地区生产总值增长和经济发展效果较方案四更快、更好。两者比较不难发现，造成方案五经济增长更快的原因是有更多的农用地转为建设用地，而方案四中建设用地供应不足将直接对经济增长造成限制。综合考虑经济发展状况和碳减排效果，实现武汉市碳减排承诺的最佳方案是方案五。一方面，该方案能确保武汉市经济增长不减速；另一方面，还能有效减少碳排放总量，使武汉市土地利用碳排放总量在 2022 年达到峰值。该方案对武汉市土地低碳利用的调控和实施具有一定的参考价值。

5.8　本章小结

本章通过系统模拟分析土地、人口、经济、能源、环境这五个子系统的不同政策情景，在已构建的武汉市土地利用碳排放系统动力学模型的基础上，对五个子系统中每种情景展开模拟分析并得到不同方案下的碳排放效应，以此为基础展开不同调控因素对碳排放量的影响程度及趋势分析。最后，为实现 2022 年土地利用碳减排目标，将各减排方案进行综合模拟，通过不同碳排放调控影响方案与基础方案的比较，在考虑武汉市社会经济实际发展状况及方案实施可行性的前提下找到符合武汉社会经济发展与减排双重目标的最佳方案。本章主要研究结论如下。

（1）社会经济发展与土地利用碳排放呈显著正相关关系，经济发展速度越快，碳排放量就越大。从 2015 年至 2019 年，武汉市经济发展的速率对单位地区生产总值碳排放量影响不大，这说明武汉市的经济发展与碳排放并未脱钩。研究表明，经济快速发展是导致武汉市土地利用碳排放量增长的主要原因，未来碳减排任务将更加艰巨。与此同时，产业结构的调整对土地利用碳排放量和碳排放效率具有显著影响。相较于第二产业，第一产业与第三产业所带来的经济产出碳排放效率更高。因此，引导产业结构调控可以在保证城市经济持续发展的同时减少碳排放量。在大力推广第三产业发展的同时合理限制并缩减第二产业的发展，对于粮食安全和实现武汉市未来土地利用碳减排具有重要意义。

（2）人口增长对碳排放产生正向影响，人口增长越快，碳排放量也越多。这说明城镇化过程中人口增长的持续加快，一方面，将导致单位地区生产总值碳排放量、人均碳排放量与地均碳排放量的不断上升；另一方面，由于人口高速增长在带动碳排放量增加的同时带动了地区生产总值增长，地均碳排放量和单位地区生产总值碳排放量受到人口增长因素的影响则小于人均碳排放量。由于武汉市城市化进程仍在持续，未来人口仍将呈上升趋势，由此带来的碳排放问题也应当予以持续关注。

（3）能源系统对碳排放的影响体现在能源结构和单位地区生产总值能源的效

率上，表明能源的量与质对能源碳排放的影响同时存在。随着煤炭在武汉市能源消费结构中的占比逐步下降，地均、人均和单位地区生产总值碳排放量都在不断下降，碳排放年均增长率也在下降。研究表明，若降低煤炭在能源结构中的比例，提高天然气等清洁能源在能源结构中的占比，在实现经济稳步发展的同时，能在一定程度上有助于碳减排目标的实现。但从武汉市资源禀赋条件和实际情景来看，仅依靠调整能源消费结构来提高能源碳效应存在较大的难度。从技术创新所带来的单位产出能耗降低的作用来看，单位地区生产总值能耗随着 R&D 投入的增加而减少。综上，引导武汉市能源结构改善和鼓励低碳技术的利用都将促进城市能源消费产生的碳排放减少。

（4）土地利用结构中，建设用地和农用地面积的增减对净碳排放量都具有影响。而农用地转为建设用地增加的碳排放量比未利用地转为建设用地增加的碳排放量更多，这表明同样作为碳汇用地的农用地在碳吸收方面的能力比未利用地更强。因此在保证武汉市经济发展的同时，科学控制建设用地的开发利用，合理安排土地利用结构，减少碳汇地类向碳源地类的快速转化是控制土地利用碳排放的可行途径之一。

（5）综合考虑五个子系统对碳排放的影响，经济高速增长对碳排放量增长影响最大，土地利用结构调整方案一次之，人口高速增长的影响最小。对碳减排效应的影响由小到大依次为低碳意识调整方案一 < 能源结构调整方案一 < 单位地区生产总值能耗调整方案一 < 产业结构调整方案一 < 土地利用结构调整方案三。鉴于综合调整模拟方案中只有方案四和方案五完成了武汉市在首届中美气候智慧型/低碳城市峰会做出的碳减排承诺，且方案五比方案四模拟的地区生产总值增长更快，经济发展效果更好。因此以综合调整模拟方案五作为武汉市的政策引导方向，将能够在保障经济稳定发展的同时，减少未来城市土地利用碳排放，有助于武汉于 2022 年实现达到土地利用碳排放峰值的目标。

第6章　城市土地利用低碳调控路径选择与调控目标确定

从第 5 章系统模拟结果分析可知，通过合理设置城市发展目标可以有效降低城市碳排放水平，但在城市发展过程中，城市规划、土地利用规划是城市土地利用安排和管控的重要依据。依据相关法律，土地利用总体规划是对规划区域未来土地利用做出的超前性安排，以新增建设用地占用耕地、城乡建设用地规模、耕地保有量、基本农田保护面积、土地整理开发复垦补充耕地、人均城镇工矿用地等作为约束性指标，显然，规划的实施涉及碳源、碳汇用地数量和建设开发的强度，而当前的土地利用总体规划编制并没有考虑碳减排和低碳发展对土地利用安排的要求，因此如何使得城市土地利用的调控符合碳减排的目标，成为城市实现低碳发展的重要议题。本章将以城市整体碳环境的稳定性分析作为提出土地利用调控目标的切入点，探寻武汉市碳排放现状及系统模拟结果的可持续性，并对当前土地利用规划的碳效应进行评估，最后以土地利用规划相关约束性指标为前提，寻求符合武汉市碳环境可持续发展的土地调控路径和目标。

6.1　武汉市碳环境的可持续性分析

6.1.1　碳足迹与碳承载力计算

现有研究通常将农田、森林作为生产性土地，部分学者将草地也纳入到区域生产性土地的补充（谢鸿宇等，2008）。本书中关于土地利用碳足迹和碳承载力的计算参考赵荣钦和黄贤金（2010）的计算方法：①计算土地利用碳排放量和实际碳吸收量；②计算森林、水体和农田在碳吸收总量中的占比；③通过净生态系统生产力（net ecosystem productivity，NEP）计算吸收 CO_2 所需的生产性土地面积和实际生产性土地面积。其中，NEP 表示植被固碳能力，即 1 hm^2 的植被 1 年吸收固定的 CO_2 的质量。如式（6-1）所示：

$$\begin{cases} C_{\text{foot}} = C_t \times \left(\dfrac{P_{\text{F}}}{\text{NEP}_{\text{F}}} + \dfrac{P_{\text{G}}}{\text{NEP}_{\text{G}}} + \dfrac{P_{\text{A}}}{\text{NEP}_{\text{A}}} \right) \\ C_{\text{cap}} = C_a \times \left(\dfrac{P_{\text{F}}}{\text{NEP}_{\text{F}}} + \dfrac{P_{\text{G}}}{\text{NEP}_{\text{G}}} + \dfrac{P_{\text{A}}}{\text{NEP}_{\text{A}}} \right) \end{cases} \tag{6-1}$$

其中，C_{foot}表示碳排放总量带来的碳足迹；C_{cap}表示碳吸收量对应的碳承载力；C_t和C_a分别表示土地利用的碳排放量和碳吸收量；P_{F}、P_{G}、P_{A}分别表示森林、草地和农田的碳吸收比例；NEP_{F}、NEP_{G}、NEP_{A}分别表示森林、草地和农田的NEP。其中，森林和草地的NEP采用谢鸿宇等（2008）的计算结果。农田NEP的计算方法如下：

$$\text{NEP}_{\text{A}} = \frac{C_S}{S} = \sum\nolimits_i C_d / S \tag{6-2}$$

其中，i表示农作物类型；C_S表示农作物生育期吸收的总碳量；S表示耕地面积；C_d表示某种作物全生育期对碳的吸收量。$C_d=\delta_a D_w=\delta_a Y_w/H$，$\delta_a$为碳吸收率；$D_w$为生物产量；$Y_w$为经济产量，$H$为经济系数，中国主要农作物的经济系数和碳吸收率见《土地利用变化和温室气体净排放与陆地生态系统碳循环》与《中国沿海地区农田生态系统部分碳源/汇时空差异》（李克让，2002；赵荣钦和秦明周，2007）。

由于武汉市内草地较少、湖泊众多，因此本节为了贴合武汉市实际对公式做了适当修改，仅考虑森林、水体和农田生态系统的净吸收能力。修改后计算公式如下：

$$\begin{cases} C_{\text{foot}} = C_t \times \left(\dfrac{P_{\text{F}}}{\text{NEP}_{\text{F}}} + \dfrac{P_{\text{W}}}{\text{NEP}_{\text{W}}} + \dfrac{P_{\text{A}}}{\text{NEP}_{\text{A}}} \right) \\ C_{\text{cap}} = C_a \times \left(\dfrac{P_{\text{F}}}{\text{NEP}_{\text{F}}} + \dfrac{P_{\text{W}}}{\text{NEP}_{\text{W}}} + \dfrac{P_{\text{A}}}{\text{NEP}_{\text{A}}} \right) \end{cases} \tag{6-3}$$

其中，P_{W}表示水体的碳吸收比例；NEP_{W}表示水体的NEP。森林、水体的NEP分别为3.810 t/hm^2、0.279 t/hm^2。

6.1.2　武汉碳赤字现状及趋势

结合武汉市实际，依据上述计算方法得出1996年至2015年的现实碳足迹变化曲线和碳赤字情况。同时，按照系统模拟结果计算了2015年后的碳足迹变化曲线和碳赤字情况，结算结果见表6-1和图6-1。

表 6-1　武汉市碳足迹、碳承载力及碳赤字发展与模拟结果　单位：10^4 hm^2

年份	碳足迹	承载力	碳赤字	方案五碳足迹	方案五碳赤字	年份	碳足迹	承载力	碳赤字	方案五碳足迹	方案五碳赤字
1996	131.10	56.40	74.69			2014	190.06	49.55	140.51		
1997	134.01	56.33	77.68			2015	178.00	49.19	128.81		
1998	124.18	56.23	67.95			2016	185.50	54.43	131.07	143.26	88.84
1999	122.37	55.95	66.42			2017	186.52	55.41	131.12	141.94	86.53
2000	123.16	55.74	67.42			2018	187.50	56.20	131.30	145.63	89.43
2001	114.38	55.49	58.89			2019	189.00	57.00	132.01	147.96	90.96
2002	117.42	55.04	62.38			2020	190.45	57.62	132.83	147.77	90.15
2003	121.75	54.11	67.64			2021	190.95	58.09	132.86	147.54	89.45
2004	132.00	53.73	78.27			2022	191.38	58.30	133.08	147.55	89.25
2005	149.45	53.31	96.14			2023	191.75	58.25	133.50	145.14	86.89
2006	156.51	53.03	103.48			2024	192.05	57.96	134.08	142.51	84.55
2007	167.34	52.73	114.61			2025	192.28	57.44	134.84	139.96	82.52
2008	164.65	52.39	112.26			2026	192.39	56.69	135.70	137.18	80.49
2009	161.19	52.08	109.12			2027	192.42	56.21	136.21	134.85	78.65
2010	170.23	51.62	118.61			2028	192.23	55.94	136.29	132.62	76.67
2011	194.35	51.02	143.33			2029	191.95	55.92	136.03	130.44	74.51
2012	174.01	50.42	123.60			2030	191.74	56.18	135.56	128.27	72.09
2013	191.59	49.95	141.64								

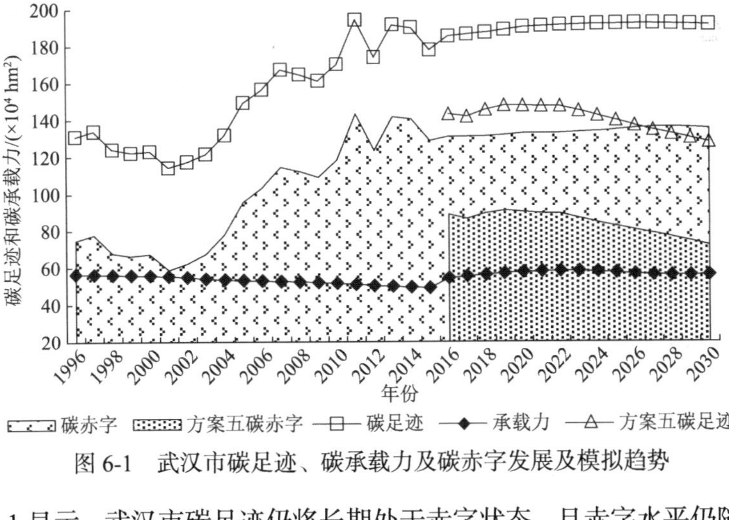

图 6-1　武汉市碳足迹、碳承载力及碳赤字发展及模拟趋势

图 6-1 显示，武汉市碳足迹仍将长期处于赤字状态，且赤字水平仍随着时间在进一步扩大，难以见到其收敛趋势。尽管 2015 年后的碳足迹增长速率远不及 2015 年之前，但仍处于增长的状态，相较于碳承载力的小幅爬升态势，碳赤字总体仍呈上升趋势。上述基于现实状况的模拟趋势分析表明，武汉市当前的碳赤字现状及发

展将处于不可持续状态，无法保证武汉市碳环境的稳定性，需要加强低碳调控。

在第 5 章对整个城市系统进行模拟分析过程中，模拟系统通过设定经济、土地等合理的发展目标使得未来武汉市碳排放总量实现了有效缩减。其中，方案五的目标设置不仅使得武汉市总体碳排放量减少，而且有效保证了武汉市经济发展的持续性。以实施方案五后的模拟碳排放水平为准，对其碳足迹及碳赤字水平进行计算，可得出方案五的碳足迹曲线和碳赤字情况，计算结果已在表 6-1 和图 6-1 中展示。如图 6-1 所示，在经历小幅上升后，从 2019 年开始方案五碳足迹增长态势得到了有效控制，其平稳态势一直持续到 2022 年。随后方案五碳足迹开始表现出稳定的收缩态势。从方案五碳赤字看，虽然和方案五碳足迹的整体态势一致，但其缩减的趋势更为明显，到 2030 年时，方案五碳足迹与方案五碳赤字总量已经与 1996 年时的实际水平基本持平。上述结果证实了可以通过合理的发展目标规划来有控制地缩减城市碳足迹。

6.2 现行土地利用规划碳效应

6.2.1 规划地类与现状地类转换

现行土地利用结构分类标准中的规划分类和现状分类存在不一致，为便于测算土地利用碳排放，首先将《武汉市土地利用总体规划（2006～2020 年）》中基期年（2005 年）和目标年（2020 年）的土地利用规划分类转换为土地利用现状分类（表 6-2）。《武汉市土地利用总体规划（2006～2020 年）》中提出，到 2020 年武汉市耕地面积应不小于 338 000.00 hm^2；由于生态城市建设，2020 年武汉市园地和林地的面积也有一定数量的增加；城镇村及工矿用地、交通用地的面积在 2020 年有所增加，原因是经济社会发展导致的建设用地扩张；而由于土地分类体系的转变和土地后备资源的开发，草地面积到 2020 年减少 6927 hm^2；水域及水利设施用地面积的下降是由于湖泊、坑塘水面、滩涂等水域面积的下降；由于田坎面积和未利用地面积减少，其他土地面积也相应减少。

表 6-2 地类转换后的武汉市土地利用结构 单位：hm^2

土地利用现状分类	规划基期年（2005 年）	规划目标年（2020 年）
耕地	345 119.34	338 000.00
园地	13 524.00	14 700.00
林地	88 042.28	103 100.00
草地	11 257.13	4 330.13

续表

土地利用现状分类	规划基期年（2005 年）	规划目标年（2020 年）
城镇村及工矿用地	111 053.62	144 100.00
交通用地	20 057.45	32 312.45
水域及水利设施用地	244 796.45	206 786.98
其他土地	21 058.54	11 579.26
总计	854 908.81	854 908.82

6.2.2　2020 年武汉市土地利用碳源/汇强度预测

首先，基于第 4 章武汉市 1996～2015 年土地利用碳源、碳汇测算结果，按照土地利用现状分类标准，测算各类土地的碳源、碳汇；其次，根据武汉市 1996～2015 年土地利用现状数据，测算各类土地碳源、碳汇强度；最后，根据武汉市各类土地碳源、碳汇强度年际发展趋势，进行趋势外推，预测其在 2020 年的碳源、碳汇强度，即在不考虑技术进步和政府管控等外部因素的前提下，依据现有的土地开发利用水平对碳输出和碳输入水平的影响，体现现行土地利用规划的碳排放效应。

1. 武汉市土地利用碳源强度趋势预测

土地利用碳源强度中，耕地碳源强度受化肥、农业机械、农膜使用量和农业灌溉的影响，城镇村及工矿用地碳源强度受工业用地、居住用地、公共及商服用地上能源消费等人为因素的影响，其他土地碳源强度指其他农用地碳源强度。武汉市各地类 1996～2015 年碳源强度计算结果见表 6-3。

表 6-3　武汉市土地利用碳源强度　　单位：t/hm^2

年份	耕地	城镇村及工矿用地	交通用地	其他土地
1996	0.587 33	141.65	25.76	16.73
1997	0.592 68	150.20	25.81	18.28
1998	0.580 23	144.34	29.40	19.31
1999	0.623 36	145.00	31.17	20.93
2000	0.626 28	146.03	32.40	22.12
2001	0.644 05	145.42	31.08	23.18
2002	0.638 11	154.01	30.94	23.69
2003	0.655 39	162.89	32.24	25.60
2004	0.652 40	181.37	35.79	25.63
2005	0.658 03	205.68	33.86	27.16

续表

年份	耕地	城镇村及工矿用地	交通用地	其他土地
2006	0.640 38	216.70	35.91	26.89
2007	0.646 69	218.59	37.42	27.72
2008	0.658 94	215.40	38.70	28.58
2009	0.663 06	207.82	42.09	28.43
2010	0.667 16	217.01	45.34	30.05
2011	0.661 75	228.44	48.37	30.57
2012	0.665 82	206.64	51.12	32.78
2013	0.684 31	225.09	55.52	33.71
2014	0.682 44	220.31	62.90	33.37
2015	0.683 37	212.23	71.92	32.04

如图 6-2 所示，1996～2015 年武汉市耕地碳源强度呈波动上升趋势从 0.587 33 t/hm^2 上升到 0.683 37 t/hm^2，利用幂函数 $y=ax^b$ 进行拟合，可得式（6-4），拟合度指标 R^2 等于 0.88。因此，2020 年武汉市耕地碳源强度为 0.685 76 t/hm^2。

$$Y = 0.5732X^{0.0557} \quad (6\text{-}4)$$

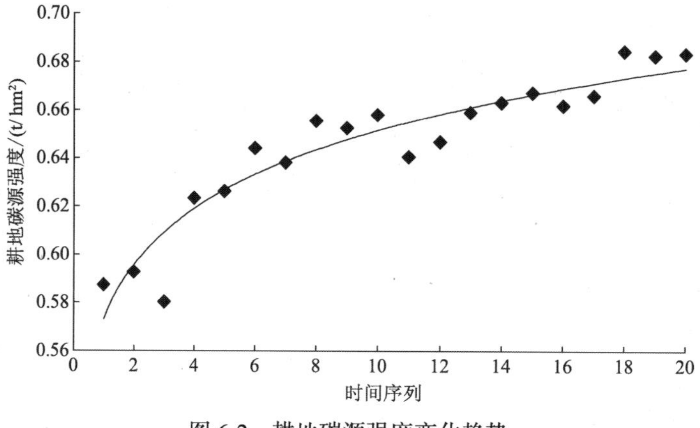

图 6-2　耕地碳源强度变化趋势

如图 6-3 所示，武汉市城镇村及工矿用地碳源强度在 1996～2015 年呈线性上升趋势，利用线性函数 $y=ax+b$ 进行拟合，可得式（6-5），拟合度指标 R^2 等于 0.8122。因此 2020 年武汉市城镇村及工矿用地碳源强度为 262.01 t/hm^2。

$$Y = 5.1565X + 1331.1 \quad (6\text{-}5)$$

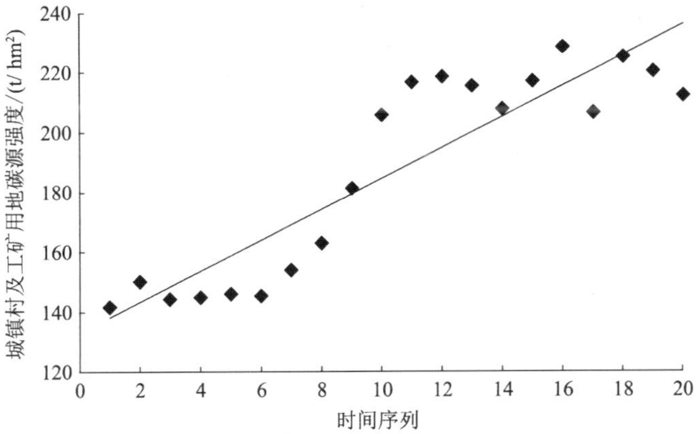

图 6-3　城镇村及工矿用地碳源强度变化趋势

如图 6-4 所示，1996～2015 年武汉市交通用地碳源强度总体呈加速上升趋势，从 25.76 t/hm^2 上升到 71.92 t/hm^2，利用指数函数 $y=ae^{bx}$ 进行拟合，可得式（6-6），拟合度指标 R^2 等于 0.9211。因此武汉市交通用地碳源强度在 2020 年可达到 75.04 t/hm^2。

$$Y = 23.524e^{0.0464x} \tag{6-6}$$

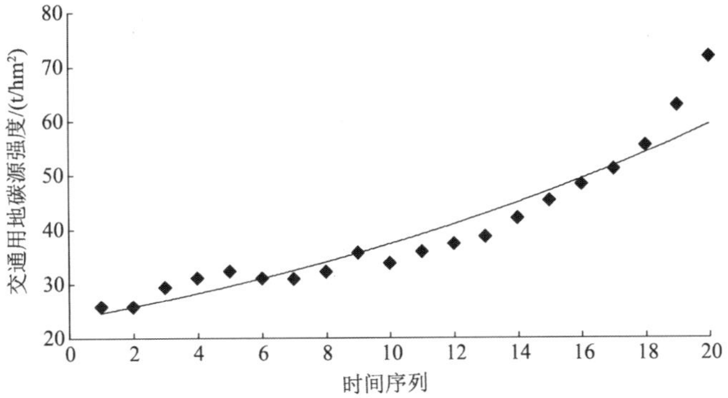

图 6-4　交通用地碳源强度变化趋势

如图 6-5 所示，1996～2015 年武汉市其他土地碳源强度呈上升减缓趋势，由 16.73 t/hm^2 上升到 32.04 t/hm^2，利用对数函数 $y=a\ln x+b$ 进行拟合，可得式（6-7），拟合度指标 R^2 等于 0.9214。因此 2020 年武汉市其他土地碳源强度为 32.97 t/hm^2。

$$Y = 6.0193\ln x + 13.597 \tag{6-7}$$

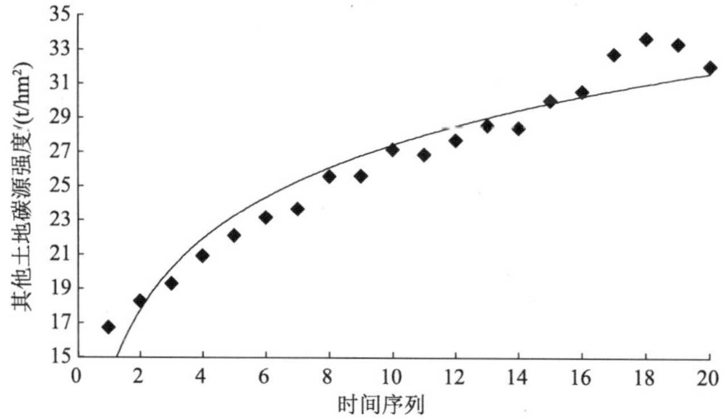

图 6-5　其他土地碳源强度变化趋势

2. 武汉市土地利用碳汇强度趋势预测

由于不同土地上附着的植被不同，各类土地的碳汇强度也存在差异。耕地作为最主要的碳汇用地，其碳汇强度主要取决于各类农作物每年的产量；城镇村及工矿用地上的碳汇强度取决于城市绿地覆盖率；其他土地碳汇强度取决于湿地的碳吸收能力和其他未利用地上覆盖的少量植被。由于年际间农作物产量和植被覆盖率不同，耕地、城镇村及工矿用地和其他土地的碳汇强度年际间存在差异，上述地类的碳汇强度计算结果见表 6-4。园地、林地、草地和水域的碳吸收能力在短期内不会发生变化。为此，将其碳汇系数视为上述地类 2020 年的碳汇强度，分别为 0.210 t/hm^2、0.644 t/hm^2、0.021 t/hm^2、0.218 t/hm^2。而 1996～2015 年武汉市其他土地碳汇强度较小，且变化趋势极小，取其平均值 0.449 86 t/hm^2 作为 2020 年武汉市其他土地碳汇强度。

表 6-4　武汉市土地利用碳汇强度　　单位：t/hm^2

年份	耕地	城镇村及工矿用地	其他土地
1996	17.116 07	0.015 68	0.471 29
1997	17.908 29	0.015 44	0.468 79
1998	18.897 87	0.015 92	0.470 63
1999	19.851 87	0.016 07	0.470 73
2000	20.273 32	0.016 45	0.470 13
2001	22.177 38	0.016 77	0.457 40
2002	23.621 65	0.016 79	0.450 12
2003	24.973 18	0.016 99	0.456 14
2004	26.236 64	0.017 29	0.446 57
2005	27.056 19	0.017 41	0.439 69

续表

年份	耕地	城镇村及工矿用地	其他土地
2006	28.035 33	0.017 15	0.442 57
2007	27.115 48	0.033 83	0.444 15
2008	28.013 80	0.033 76	0.445 16
2009	28.491 32	0.033 97	0.439 80
2010	29.224 12	0.033 49	0.437 91
2011	28.205 03	0.033 62	0.438 41
2012	30.117 13	0.033 82	0.439 22
2013	30.662 20	0.034 26	0.437 87
2014	31.233 05	0.034 88	0.435 42
2015	33.236 27	0.034 66	0.435 10

如图 6-6 所示，1996～2015 年武汉市耕地碳汇强度呈线性上升趋势，利用一次函数 $y=ax+b$ 进行拟合，可得式（6-8），拟合度指标 R^2 等于 0.9476。由此预测 2020 年武汉市耕地碳汇强度将达到 37.031 t/hm^2。

$$Y = 0.7868X + 17.361 \tag{6-8}$$

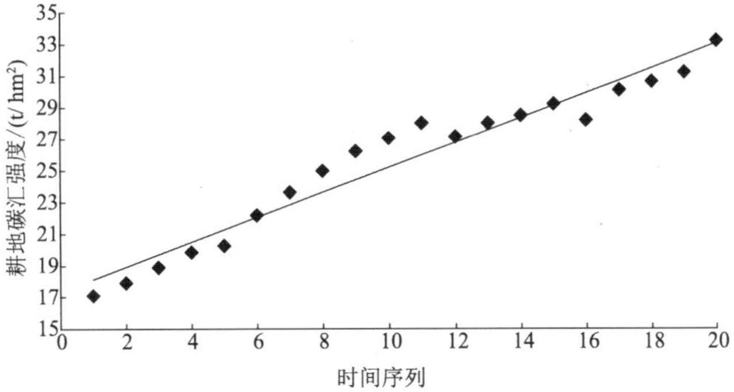

图 6-6　耕地碳汇强度变化趋势

从表 6-4 可以看出，1996～2006 年武汉市城镇村及工矿用地碳汇强度在 0.016 t/hm^2 上下波动，2007～2015 年在 0.033 t/hm^2 上下波动。考虑到我国生态文明战略的实施与深入推进的影响，武汉市城镇村及工矿用地碳汇能力也将得到保持和提升，取 2007～2015 年平均值作为武汉市 2020 年城镇村及工矿用地碳汇强度值，即 0.034 03 t/hm^2。

3. 土地利用规划碳效应评估

根据现行土地利用规划方案下 2020 年武汉市土地利用结构和预测出的 2020 年各类土地碳源、碳汇强度值，得到 2020 年武汉市各类土地的碳输出量和碳输入量（表 6-5）。

表 6-5　武汉市土地利用规划方案碳效应

土地利用现状分类	碳源强度/（t/hm^2）		碳输出量/（$\times 10^4$ t）		碳汇强度/（t/hm^2）		碳输入量/（$\times 10^4$ t）	
	2005 年	2020 年	2005 年	2020 年	2005 年	2020 年	2005 年	2020 年
耕地	0.658 03	0.685 76	21.85	23.18	27.06	37.03	898.52	1 251.65
园地	—	—	—	—	0.210 00	0.21 000	0.181 88	0.308 70
林地	—	—	—	—	0.644 00	0.644 00	6.38	6.64
草地	—	—	—	—	0.021 00	0.021 00	0.009 13	0.009 09
城镇村及工矿用地	205.68	262.01	2 413.11	3 775.60	0.017 41	0.034 03	0.204 25	0.490 37
交通用地	33.86	75.04	75.68	242.47	—	—	—	—
水域	—	—	—	—	0.218	0.218	5.15	4.51
其他土地	27.16	32.97	43.62	38.18	0.439 69	0.449 86	0.706 07	0.520 90
武汉市	29.88	47.72	2 554.26	4 079.43	10.66	14.79	911.14	1 264.13

由表6-5可知，现行土地利用规划方案下，一方面，武汉市碳输出量到2020年将达到4079.43×10^4 t，比基期年2005年增加了59.71%，碳输出增加效应为1525.17×10^4 t；另一方面，碳输入量将达到1264.13×10^4 t，比基期年2005年增加38.74%，碳输入增加效应为352.99×10^4 t，两者相抵，武汉市土地利用规划净碳增加效应为1172.18×10^4 t。同时，现行的土地利用规划下，2020年武汉市碳源强度为47.72 t/hm^2，比基期年2005年增加17.84 t/hm^2；碳汇强度为14.79 t/hm^2，比基期年2005年增加4.13 t/hm^2。

从碳输出增长量角度看，规划期内武汉市城镇村及工矿用地碳输出增长量最大，共增长1362.49×10^4 t；从碳输出增长比例角度看，交通用地碳输出在规划期内的增长比例最大，共增长220.39%。规划期间武汉市建设用地（包括城镇村及工矿用地和交通用地）碳输出增长1529.28×10^4 t，略大于碳输出总增量，而其他类型土地的碳源强度变化不大。因此，控制建设用地规模和降低建设用地碳源强度是武汉市碳减排的有效路径。从碳输入和碳汇强度角度看，规划期间武汉市各地类的碳汇强度基本保持稳定，而碳输入变化的主要原因是各类型土地面积的增减。相对于其他地类而言，耕地的碳输入增长最大，但仅为353.13×10^4 t。因此，减少碳输出是碳减排的主要手段，增加碳输入为碳减排的次要手段。

6.3　城市土地低碳利用宏观调控路径碳效应及调控目标确定

6.3.1　路径一：建设用地规模管控

1. 分析方法：两变量协整分析法

两变量协整，即两变量在平稳的基础上存在长期均衡。如果序列$\{y_{1t}、y_{2t}\}$都是d阶单整的，则存在一个向量$a=(a_1, a_2)$使得$Z_t=ay_t \sim I(d-b)$，并认为该序列是（d，b）阶协整的，记为$y_t \sim CI(d, b)$，a为协整向量。如果两个变量都是（d，b）阶协整的，那么这两个变量之间就会存在一个长期稳定的比例关系；如果这两个变量都是单整的，那么只有当这两个变量同阶时，才会有可能协整。Engle-Granger 两步法可以用来检验两变量是否协整。

建立回归模型，如式（6-9）所示：

$$y_t = \alpha + \beta X_t + \varepsilon_t \tag{6-9}$$

α'和β'代表回归系数的估计值，模型残差如式（6-10）所示：

$$\varepsilon' = y_t - \alpha' - \beta' X_t \tag{6-10}$$

如果$\varepsilon' \sim I(0)$，则可以说x和y具有协整关系。误差修正模型（error correction model，ECM）可以用来分析短期波动，其基本形式如式（6-11）所示：

$$\Delta y_t = \beta_0 + \beta_0 \Delta x_t + \lambda \mathrm{ecm}_{t-1} + \varepsilon_t \tag{6-11}$$

其中，ecm_{t-1}表示误差修正项。从式（6-11）可以看出，第t期的Δy值不仅受到Δx_t的影响，还与 ecm 的状态值有关。ecm 反映了变量在短期波动中偏离长期均衡关系的程度。本节运用两变量协整分析的方法来探讨武汉市建设用地扩张和碳排放增长的短期与长期关系。

2. 武汉市建设用地扩张与碳排放增长关系分析

用$\ln y$表示武汉市碳排放总量的对数，$\ln x$表示武汉市建设用地面积的对数，并对$\ln y$和$\ln x$进行增广迪基–富勒检验（augmented Dickey-Fuller test，ADF 检验）。检验类型（C，T，K）中，C代表带常数项（C=0 时表示无常数项）；T代表带趋势项（T=0 时表示无趋势项）；K代表滞后阶数。***表示在 1%的水平下显著，**表示在 5%的水平下显著，*表示在 10%的水平下显著。ADF 检验结果如表 6-6 所示。

表 6-6　ADF 检验结果

变量	检验类型（C，T，K）	ADF 统计量	1% 临界值	5% 临界值	10% 临界值	p 值	结论
ln$y$	（0，0，0）	2.81	−2.69	−1.96	−1.61	1	不平稳***
D（ln$y$）	（0，0，0）	−2.72	−2.70	−1.96	−1.61	0.0100	平稳***
ln$x$	（C，0，0）	2.54	−3.83	−3.03	−2.66	1	不平稳
D（ln$x$）	（C，0，0）	−2.88	−3.86	−3.04	−2.66	0.0673	平稳*

由表6-6可知，ln$y$与ln$x$都是一阶单整的，因此有可能协整，运用Engle-Granger两步法对 ln$y$ 和 ln$x$ 之间的协整关系进行检验。

（1）首先，运用普通最小二乘法（ordinary least squares，OLS）对 ln$y$ 和 ln$x$ 之间的方程式（6-12）进行估计，并对非均衡误差进行计算。

$$\begin{gathered}\ln(y_t) = -24.90 + 2.71\ln(x_t) \\ (-12.04^{***}) \qquad\qquad (15.57^{***})\end{gathered} \tag{6-12}$$

经过调整后的回归方程，R^2=0.93，DW=0.48，残差计算公式如式（6-13）所示：

$$e_t = \ln(y_t) - \ln(y_t') \tag{6-13}$$

（2）其次，检验 e 的单整性，看残差序列 e_t 是否平稳，残差序列 ADF 检验结果如表 6-7 所示。

表 6-7　残差序列 ADF 检验结果

变量	检验类型（C，T，K）	ADF 统计量	1% 临界值	5% 临界值	10% 临界值	p 值	结论
e_t	（0，0，0）	−0.24	−2.69	−1.96	−1.61	0.190	不平稳
D（e_t）	（0，0，0）	−3.67	−2.70	−1.96	−1.61	0.001	平稳***

由表 6-7 可知，残差序列 e_t 在 1%的置信水平下是一阶平稳的，因此认为在 1%的置信水平下 ln$y$ 与 ln$x$ 为（1，1）阶协整，即 ln$y$ 和 ln$x$ 之间存在一个长期稳定的比例关系。由此得出，武汉市碳排放总量与建设用地面积的对数序列之间有着长期稳定的关系。将 e_t 作为误差修正项，建立 ECM，如式（6-14）所示：

$$\begin{gathered}\Delta\ln(\hat{y}_t) = 2.108\Delta\ln(x_t) + 0.187\ln(y_{t-1}) - 0.259e_{t-1} \\ (2.3231) \qquad (0.7470) \qquad (-1.3540)\end{gathered} \tag{6-14}$$

据式（6-9）和式（6-11）的推算可知，ln*y* 关于 ln*x* 的长期弹性为 2.71，短期弹性为 2.108。在长期情况下，每当武汉市建设用地面积增长 1 个百分点时，其碳排放量相应增长 2.71 个百分点；在短期情况下，每当武汉市建设用地面积增长 1 个百分点时，其碳排放量相应增长 2.108 个百分点。同时武汉市碳排放增长在短期内还受上一期碳排放量增长的影响，这说明经济社会发展导致了建设用地扩张和碳源强度的增加。因此，无论是短期还是长期，碳排放量的增长都受建设用地面积增长的影响，对城市建设用地规模进行管控有助于城市土地低碳利用宏观调控。

6.3.2　路径二：土地利用结构低碳优化

1. 分析方法：多元线性规划模型

设定决策变量和关于决策变量的目标函数即多元线性规划模型，其是指在满足各项约束条件的前提下，求得一组决策变量使目标函数达到最大值或最小值。将各类土地面积定为决策变量，各类土地面积的发展上下限定为约束条件，以现行土地利用规划为参照，通过建立多元线性规划模型，从而调整土地利用结构，提出低碳优化方案。

$$\max(\min)F(X)=\sum a_i X_i \quad (i=1,2,3,\cdots,n) \tag{6-15}$$

其中，X_i 表示 2020 年武汉市各类土地的面积；a_i 表示各类土地的碳源/汇强度；F（X）表示碳输出/入量。

2. 武汉市土地利用结构低碳优化

1）土地利用结构低碳优化模型

根据式（6-15），选取以下决策变量：耕地、园地、林地、草地、城镇村及工矿用地、交通用地、水域和其他土地的面积，据此建立关于碳输出最小化和碳输入最大化的目标函数式（6-16）和式（6-17）。

$$\begin{aligned}\min F(X_i)=&\,0.685\,76x_1+0x_2+0x_3+0x_4+262.01x_5\\&+75.04x_6+0x_7+32.97x_8\end{aligned} \tag{6-16}$$

$$\begin{aligned}\max F(X_i)=&\,37.03x_1+0.21x_2+0.644x_3+0.021x_4\\&+0.034\,03x_5+0x_6+0.218x_7+0.449\,86x_8\end{aligned} \tag{6-17}$$

其中，决策变量 X_i（i=1, 2, 3, …, 8）分别依次表示上述 8 类土地的面积。将上述 8 类土地的面积分别乘以 2020 年各自的碳源/汇强度，目标函数即求和所得，分别求得一组解使得 F（X_i）达到最大或最小，即碳输出量最小或碳输入量最大。

2）约束条件设定

根据《武汉市土地利用总体规划（2006～2020年）》《武汉市园林和林业发展“十三五”规划》，以及武汉市经济发展状况，设定各决策变量的约束条件。由于武汉市土地总面积为854 908.82 hm^2，因此设定约束条件式（6-18），式中j代表土地类型，j=1, 2, ···, 8时分别代表耕地、园地、林地、草地、城镇村及工矿用地、交通用地、水域和其他土地。

$$\sum X_j = 854\,908.82(X_j \geqslant 0) \tag{6-18}$$

根据《武汉市土地利用总体规划（2006～2020年）》，规划目标年2020年耕地面积应不低于338 000 hm^2；同时考虑到经济社会发展会进一步占用耕地，以现行规划的基期2005年耕地面积作为上限。设定约束条件式（6-19）：

$$338\,000 \leqslant X_1 \leqslant 345\,119 \tag{6-19}$$

发展园地具有一定的经济意义，预计规划期间武汉市居民对园地产品的需求量还会进一步增加，预测与2005年相比，2020年园地面积将增加8%～12%（黎孔清，2013）。故而约束条件式（6-20）设定如下：

$$14\,605.92 \leqslant X_2 \leqslant 15\,146.88 \tag{6-20}$$

根据《武汉市园林和林业发展“十三五”规划》，到2020年，武汉市森林覆盖率稳定在28%左右，即到2020年武汉市林地面积需达到109 320.62 hm^2（未考虑宜林地等）。参照现行土地利用规划方案中目标年林地面积为103 100 hm^2，以此作为下限。设定约束条件式（6-21）：

$$103\,100 \leqslant X_3 \leqslant 109\,320.62 \tag{6-21}$$

武汉市城市发展需要大量的后备土地资源，荒草地作为重要的后备土地资源在规划期间将减少70%～90%，而作为畜牧生产的草地面积在规划期内保持不变。设定约束条件式（6-22）：

$$1377.39 \leqslant X_4 \leqslant 3572.18 \tag{6-22}$$

根据武汉市土地利用规划中的约束指标，2020年武汉市建设用地面积不得超过185 000 hm^2。土地利用规划分类中的建设用地包括水利设施用地，而土地利用现状分类中的建设用地则包括农村道路，两种分类存在不一致性。为此，在设定约束指标时，用土地利用规划分类中的建设用地约束指标减水利设施用地规划指标同时加上农村道路规划指标来作为土地利用现状分类中的建设用地规模上限；另外根据有关研究，2020年武汉市建设用地面积将至少在基期年（2005年）的基础上增长 25%（屈宇宏，2015），因此将此作为建设用地规模的下限。设定约束条件式（6-23）～式（6-25）：

$$163\,888.84 \leqslant X_5 + X_6 \leqslant 176\,681.33 \tag{6-23}$$

$$138\,817.03 \leqslant X_5 \leqslant 144\,099.62 \tag{6-24}$$

$$25\,071.81 \leqslant X_6 \leqslant 32\,581.71 \tag{6-25}$$

随着城市的建设和发展，水域被侵占的趋势难以扭转，2020 年水域面积将减少 15%～20%（黎孔清，2013），将减少 15%和减少 20%分别作为上限和下限；其他土地包括田坎、沙地、裸地等，规划期间其他土地面积也将减少，将基期年面积作为上限，减少 50%作为下限。设定约束条件式（6-26）、式（6-27）：

$$195\,837.16 \leqslant X_7 \leqslant 208\,076.98 \tag{6-26}$$

$$10\,529.27 \leqslant X_8 \leqslant 21\,058.54 \tag{6-27}$$

3）模型结果和分析

根据表6-8，当碳输出量达到最小时，武汉市2020年的碳输出量仅为 3883.61×10^4 t，比2020年现行土地利用规划方案中的碳输出量减少了4.8%，通过增加耕地、园地、林地、水域面积和控制建设用地面积起到了较好的碳减排效果。在该优化方案中，耕地、园地、林地和水域面积分别比规划方案多了6374.05 hm^2、446.88 hm^2、6220.62 hm^2和1290 hm^2，而与规划方案相比，城镇村及工矿用地和交通用地的面积则分别减少了5282.97 hm^2和7240.64 hm^2。

表 6-8　基于碳输出最小化的土地利用结构优化方案

地类	2020 年土地利用规划方案		基于碳输出最小化的土地利用结构优化方案	
	面积/hm^2	碳输出量/（$\times10^4$ t）	面积/hm^2	碳输出量/（$\times10^4$ t）
耕地	338 000.00	23.18	344 374.05	23.62
园地	14 700.00	—	15 146.88	—
林地	103 100.00	—	109 320.62	—
草地	4 330.13	—	3 572.18	—
城镇村及工矿用地	144 100.00	3 775.60	138 817.03	3 637.15
交通用地	32 312.45	242.47	25 071.81	188.14
水域	206 786.98	—	208 076.98	—
其他土地	11 579.26	38.18	10 529.27	34.71
总计	854 908.82	4 079.43	854 908.82	3 883.62

根据表 6-9，当碳输入量达到最大时，武汉市 2020 年碳输入量为 1291.10×10^4 t，比土地利用总体规划方案下的碳输入量增加了 2.13%，说明增加耕地和林地面积起到了较好的碳增汇效果。在该优化方案中，耕地、林地面积分别比规划方案多了 7119 hm^2、6220.62 hm^2，而与规划方案相比，城镇村及工矿用地和交通用地的面积则分别减少了 5282.87 hm^2 和 7240.64 hm^2。

表 6-9　基于碳输入最大化的土地利用结构优化方案

地类	2020 年土地利用规划方案		基于碳输入最大化土地利用结构优化方案	
	面积/hm^2	碳输入量/（$\times10^4$ t）	面积/hm^2	碳输入量/（$\times10^4$ t）
耕地	338 000.00	1 251.65	345 119.00	1 277.98
园地	14 700.00	0.308 70	14 605.92	0.306 70
林地	103 100.00	6.64	109 320.62	7.04
草地	4 330.13	0.009 09	1 377.39	0.002 89
城镇村及工矿用地	144 100.00	0.490 37	138 817.13	0.472 39
交通用地	32 312.45	—	25 071.81	—
水域	206 786.98	4.51	199 538.41	4.35
其他土地	11 579.26	0.520 90	21 058.54	0.947 33
总计	854 908.82	1 264.13	854 908.82	1 291.10

根据表 6-10，对比不同土地利用结构方案下的碳排放结果可以发现，碳输出最小化方案下武汉市净碳排放量相比于规划方案减少了 221.13×10^4 t，而碳输入最大化方案下的净碳排放量则减少了 188.01×10^4 t，说明碳输出最小化方案起到了更好的碳减排作用。因此，通过调整土地利用结构来实现碳减排应主要从减少碳输出量入手，且重点应放在控制建设用地快速扩张上，而碳输出量的减少也有利于促进城市土地的集约、节约利用。

表 6-10　不同用地结构方案下碳排放结果对比　　单位：10^4 t

地类	现行规划方案			碳输出最小化方案			碳输入最大化方案		
	碳输出	碳输入	净排放	碳输出	碳输入	净排放	碳输出	碳输入	净排放
耕地	23.18	1 251.65	−1 228.47	23.62	1 276.60	−1 252.98	23.67	1 277.98	−1 254.31
园地	—	0.308 70	−0.308 70	—	0.318 08	−0.318 08	—	0.306 70	−0.306 70
林地	—	6.64	−6.64	—	7.04	−7.04	—	7.04	−7.04
草地	—	0.009 09	−0.009 09	—	0.007 50	−0.007 50	—	0.002 89	−0.002 89

续表

地类	现行规划方案			碳输出最小化方案			碳输入最大化方案		
	碳输出	碳输入	净排放	碳输出	碳输入	净排放	碳输出	碳输入	净排放
城镇村及工矿用地	3 775.60	0.490 37	3 775.11	3 637.15	0.472 39	3 636.67	3 637.15	0.472 39	3 636.67
交通用地	242.47	—	242.47	188.14	—	188.14	188.14	—	188.14
水域	—	4.51	–4.51	—	4.54	–4.54	—	4.35	–4.35
其他土地	38.18	0.520 90	37.66	34.72	0.473 67	34.24	69.43	0.947 33	68.48
总计	4 079.43	1 264.13	2 815.30	3 883.61	1 289.44	2 594.17	3 918.38	1 291.10	2 627.29

6.3.3　城市土地利用低碳调控目标确定

将现行土地利用规划方案、碳输出最小化方案及碳输入最大化方案的土地利用结构作为可执行的调控目标，可形成三个不同的土地利用结构目标调整方案；再结合前述综合调整模拟方案五中的产业、能源等调控目标，对其城市土地利用碳排放系统再进行模拟，得到武汉市 2020 年三种土地利用结构调整方案加上方案五的产业、能源调控的碳排放及碳汇量，即各种调控手段协同作用后的碳排放及碳汇量；同时结合前述相关模拟数据计算相应的碳足迹和碳承载力，结果如表 6-11 所示。

表 6-11　综合调整模拟方案五情景下不同土地利用规划目标模拟结果表

土地利用规划方案	碳排放/($\times10^4$ t)	碳汇/($\times10^4$ t)	碳净排放量/($\times10^4$ t)	碳足迹/($\times10^4$ hm^2)	碳承载力/($\times10^4$ hm^2)	碳赤字/($\times10^4$ hm^2)
现行规划方案	3149.75	1271.38	1878.37	145.90	58.89	87.01
碳输出最小化方案	2917.33	1292.26	1625.07	134.30	59.49	74.81
碳输入最大化方案	2987.67	1302.22	1685.45	137.14	59.78	77.37

表 6-11 中，以综合调整模拟方案五为基础，在三种土地利用结构调控方案中，现行土地利用规划方案的碳排放量最大、碳汇最小，分别为 3149.75×10^4 t 和 1271.38×10^4 t，因此其净碳排放量也最大。而碳输出最小化方案的碳排放量大于碳输入最大化方案，其碳汇量则略小于后者。从净碳排放水平分析，碳输出最小化方案的减排效果略微优于碳输入最大化方案。

从碳环境的稳定性分析，即便是上述方案中碳赤字最大的现行规划方案，其碳赤字 87.01×10^4 hm^2 也已经略微低于原综合调整模拟方案五的 90.15×10^4 hm^2，当然该方案并非最优解。在碳承载力水平基本持平的情况下，碳输出最小化方案的碳足迹小于碳输入最大化方案，该方案的碳赤字为 74.81×10^4 hm^2，提前将武汉市碳足迹水平缩减至原综合调整模拟方案五 2029 年的碳赤字水平，因此采用碳输出最小化方案的土地利用结构，配以前述综合调整模拟方案五中的产业、能源等调控手段，可有效促进武汉市碳生态足迹的缩减，确保系统稳定。

鉴于以上分析，在 2020 年之前，关于土地利用结构调整，应将武汉市城镇村工矿及交通用地面积增长控制在 $16.39\times10^4\,hm^2$ 红线内，通过城市土地整理、退耕还林等工程确保耕地达到 $34.44\times10^4\,hm^2$，林地达到 $10.93\times10^4\,hm^2$，同时将园地和水域分别维持在 $1.51\times10^4\,hm^2$ 和 $20.81\times10^4\,hm^2$，能更好地保证武汉市碳环境的可持续发展。

6.4 本章小结

本章在前文系统模拟结果基础上，利用碳足迹理论分析了 1996～2030 年武汉市碳环境的可持续性和城市系统的稳定性，并对现行土地利用规划的碳效应进行了评估。在上述碳效应评估基础上对城市建设用地规模管控和土地利用结构低碳优化两种调控路径的碳效应进行了分析，将土地利用规划、碳输出最小化方案和碳输入最大化方案的三种目标结构与前文系统仿真最适方案的其他目标相结合重新模拟，并利用碳足迹理论寻求武汉市城市土地利用的最佳调控目标，主要研究结论如下。

（1）根据武汉市现状和变化模拟测算得到武汉市碳足迹趋势时序图，结果显示武汉市碳足迹将长期处于赤字状态，且赤字水平随时间进一步扩大，未出现收敛势头。而以前述综合调整模拟方案五情景条件进行模拟，结果显示通过设定城市产业、土地、能源结构等相关目标可使城市系统的碳足迹开始表现出稳定的收缩态势，其碳赤字水平在 2030 年基本等同于 1996 年的水平，研究结果证实通过合理的发展目标规划可以有控制地缩减城市碳生态足迹。

（2）采用回归拟合法对武汉市土地利用现状的碳源、碳汇强度进行趋势预测。碳源强度方面，1996～2015 年，武汉市耕地、城镇村及工矿用地、交通用地，以及其他土地碳源强度分别呈波动上升、线性上升、加速上升与上升减缓趋势。至 2020 年时，碳源强度分别达到 $0.685\,76\ t/hm^2$、$262.01\ t/hm^2$、$75.04\ t/hm^2$ 和 $32.97\ t/hm^2$，城镇村及工矿用地的碳源强度最高；碳汇强度方面，1996～2015 年，武汉市耕地碳汇强度呈线性上升趋势，2020 年武汉市耕地碳汇强度为 $37.031\ t/hm^2$；其他地类的碳汇强度始终较小，城镇村及工矿用地、园地、林地、草地、水域、其他土地碳汇强度分别为 $0.034\,03\ t/hm^2$、$0.21\ t/hm^2$、$0.644\ t/hm^2$、$0.021\ t/hm^2$、$0.218\ t/hm^2$ 、$0.449\,86\ t/hm^2$。

（3）根据现行土地利用规划方案和上述各类预测的碳源、碳汇强度值，可计算2020年武汉市各类土地的碳输出量和碳输入量。土地碳输出量方面，规划期内武汉市城镇村及工矿用地碳输出增长量最大，共增长1362.49×10^4 t；交通用地碳输出在规划期内的增长比例最大，共增长220.39%；建设用地总碳输出增长1529.28×10^4 t，其他类型土地的碳源强度变化不大。土地碳输入量方面，规划期间武汉市各地类的碳汇强度基本保持稳定，碳输入变化的主要原因是各类型土地面积的增减；耕地的碳输入增长量最大，为353.13×10^4 t。由上述结果分析可知，减少土地利用碳输出量是控制武汉市碳排放的有效手段。

（4）通过武汉市建设用地扩张与碳排放增长两变量关系的协整分析可知，无论是短期还是长期，碳排放量增长都受建设用地面积增长的影响，控制城市建设用地规模是土地利用低碳调控的有效路径。

（5）参照现行的土地利用规划，构建了分别以碳输出最小化、碳输入最大化为目标函数的多元线性规划模型，可知相应的低碳土地利用结构，比较三种不同土地利用结构的碳效应，可知土地低碳利用结构优化对于碳减排具有显著效果，其中碳输出最小化方案相较现行规划方案减少净碳排放 221.13×10^4 t，效果优于碳输入最大化方案。为此，武汉市土地利用碳减排应考虑从减少城镇村及工矿用地和交通用地的碳输出量入手。

（6）现行土地利用规划方案、碳输出最小化方案和碳输入最大化方案在仿真系统中的重新模拟结果显示，在产业、土地、能源等相关目标设定下，2020 年武汉市碳输出最小化方案的净碳排放水平最低。而系统稳定性分析表明，上述三种方案都低于原综合调整模拟方案五的碳赤字水平，其中以碳输出最小化方案的碳赤字水平最低，碳赤字为 $74.81\times10^4\ hm^2$，提前将武汉市碳足迹水平缩减至原综合调整模拟方案五 2029 年的碳赤字水平。因此，采用碳输出最小化方案的土地利用结构，配以前述综合调整模拟方案五中对产业、能源等的调控手段，可有效促进武汉市碳生态足迹的缩减，确保系统稳定。研究结果说明，城市低碳发展应发挥土地利用结构调整与产业结构调整、能源结构调整及能源效率的提升等调控手段的协同作用，城市低碳目标的设立应以城市碳生态足迹的缩减和城市系统的持续稳定为导向。

第 7 章　城市土地利用现实减碳潜力分析

由第 6 章碳赤字现状和趋势分析可知，武汉市碳赤字水平在可预见的未来都将呈持续上升态势，其面临的碳减排压力较大，因此需要对其可能存在的现实减碳潜力进行分析，以此明晰在土地利用过程中存在的减排潜力，为城市减排方向做出引导，以便提出更为具体和更有针对性的城市土地低碳利用政策与调控措施。

本章将选点城市武汉与国内文化、经济、产业和生态发展领先的 4 座城市进行横向比较，通过比较 2015 年武汉市与北京市、上海市、广州市、杭州市这四座城市在产业结构、能源利用结构、交通出行结构上的差别，并基于上述 4 个方面的结构调整，分析武汉市在土地利用过程中具有的减碳潜力，由此提出实现碳减排的可行方向。本章采用的数据主要来源于《中国城市统计年鉴》《中国能源统计年鉴》《武汉统计年鉴》《湖北农村统计年鉴》《北京统计年鉴》《上海统计年鉴》《广州统计年鉴》《杭州统计年鉴》等。

7.1　产业结构调整的减碳潜力

7.1.1　产业间结构调整的减碳潜力

2015 年，武汉市地区生产总值达到 10 905.6 亿元，其中第一产业占比 3.3%、第二产业占比 45.7%、第三产业占比 51%，与 1996 年的 9.2%、46.8%、44%相比，武汉市产业结构调整初具成效，第三产业比重逐步提高且达到 50%以上。由图 7-1 可知，将武汉市产业结构与北京市、上海市、广州市、杭州市这 4 座城市进行对比分析，武汉市产业结构有待进一步升级，主要体现在其第二产业比重偏高，第三产业比重低于其他城市，尤其是与北京市相比（79.7%）。

根据第 4 章和第 8 章的测算结果，汇总出各产业上土地利用净碳排放。本书将农用地碳排放定义为第一产业碳排放，工业用地碳排放定义为第二产业碳排放，交通用地碳排放和公共及商服用地碳排放之和定义为第三产业碳排放。经计算，2015 年武汉市第一产业、第二产业、第三产业上土地利用净碳排放分别为-934.52×10^4t、2892.81×10^4t、395.78×10^4t，碳排放主要集中在第二产业，优化产

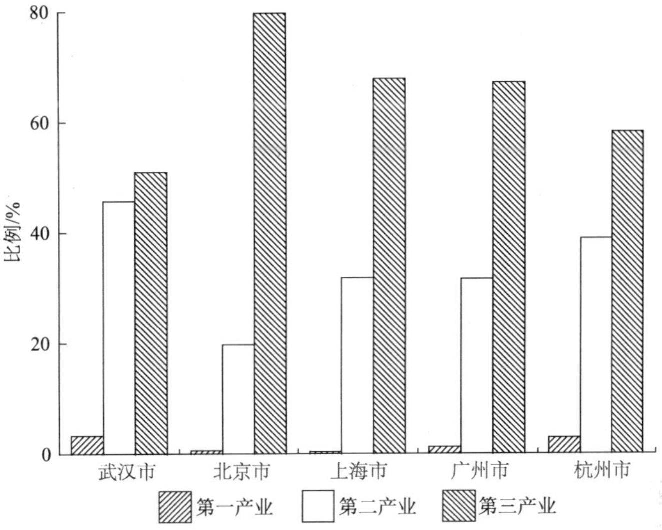

图 7-1　产业结构城市比较

业结构有利于武汉市土地利用碳减排。在保持武汉市地区生产总值、各产业单位产出碳排放不变的情况下，现设定将武汉市产业结构调整到其他城市水平，其减碳潜力如表 7-1 所示（朱永彬等，2013）。

表 7-1　产业间结构调整的减碳潜力

情景		武汉市	北京市	上海市	广州市	杭州市
产业间结构调整的减碳潜力	第一产业、第二产业、第三产业上土地利用净碳排放/（$\times 10^4$ t）	2354.08	1695.61	2425.83	2169.64	2092.79
	减排百分比		27.97%	–3.05%	7.84%	11.10%

表 7-1 表明，通过实施产业结构调整，武汉市尚有较大的碳减排潜力：把武汉市产业结构调整到北京市、广州市和杭州市的水平，可分别减排 27.97%、7.84% 和 11.10%；而调整到上海市的水平时，则未能达到减排效果，原因是上海市碳汇用地数量不足。为此，武汉市优化产业结构，应考虑逐步降低第二产业比重，提高第三产业比重，同时还应保有一定的碳汇用地，发挥武汉市大江大湖、山水园林城市的作用。

7.1.2　产业内结构调整的减碳潜力

随着近年来城市经济发展和居民消费水平的提高，武汉市产业结构改善明显，第三产业产值在其生产总值中所占比重逐步增大。但在第三产业内部结构中，传统第三产业碳排放（包括交通运输、仓储和邮政业碳排放和住宿餐饮业碳排放等）

所占比重较大。因此，在未来第三产业占比快速上升的前提下，进一步优化武汉市第三产业内结构是促进城市经济持续发展与碳排放增长脱钩的有力措施。

依据我国第三产业的统计，第三产业即服务业，包括流通和服务两大部门。按照其技术和人员从业特点一般又可分为传统第三产业（交通运输、仓储和邮政业，批发零售业，住宿餐饮业）和技术资本密集型第三产业（金融业、房地产业、互联网业等）两大类（国家党政机构与国内公共服务不计入第三产业产值和生产总值）。受数据可得性等因素影响，本节研究的第三产业仅包括交通运输、仓储和邮政业、批发零售业，住宿餐饮业，金融业和房地产业。2015 年，武汉市交通运输、仓储和邮政业，批发零售业，住宿餐饮业，金融业和房地产业产值分别为 455.28 亿元、994.05 亿元、349.13 亿元、837.49 亿元和 641.47 亿元，其中传统第三产业占比较大，达到 54.87%，而技术资本密集型第三产业占比为 45.13%，还有较大的提升空间。将武汉市与北京市、上海市、广州市、杭州市等城市比较（图 7-2），武汉市和广州市传统第三产业比重均在 50%以上，而北京市、上海市和杭州市传统第三产业比重则低于 50%。考虑到传统第三产业的高能耗属性，降低传统第三产业比重将降低该产业的碳排放。此外，武汉市和广州市交通运输、仓储和邮政业比重较大，能源消耗加大，不利于碳减排和环境保护，这也值得关注。

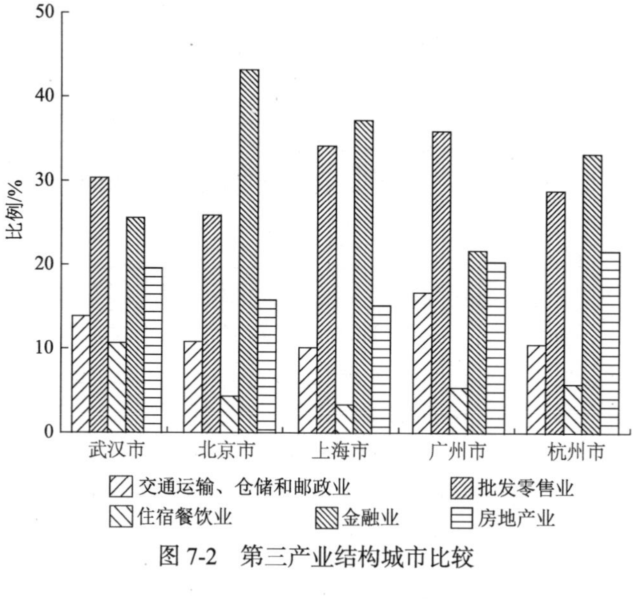

图 7-2　第三产业结构城市比较

根据第 6 章测算结果，交通运输、仓储和邮政业碳排放主要归为交通用地碳排放，批发零售业和住宿餐饮业碳排放包括其液化石油气、天然气和电力使用时产生的碳排放，金融业和房地产业碳排放包括其电力使用产生的碳排放。测算结果显示，武汉市 2015 年传统第三产业碳排放为 329.91×10^4 t，技术资本密集型第三产业碳排放为 28.74×10^4 t，碳排放主要集中在传统第三产业。在保持武汉市第三产业总值、传统第三产业单位产出碳排放、技术资本密集型第三产业单位产出碳排放不变的情况下，现设定武汉市第三产业结构调整到其他城市水平，得出第三产业内结构调整的减碳潜力见表 7-2。

表 7-2　第三产业内结构调整的减碳潜力

情景		武汉市	北京市	上海市	广州市	杭州市
第三产业内结构调整的减碳潜力	第三产业净碳排放/（$\times 10^4$ t）	358.65	284.28	319.72	375.27	306.48
	减排百分比		20.74%	10.86%	–4.63%	14.55%

由表 7-2 可知，当武汉市第三产业内结构调整到北京市、上海市和杭州市的水平，可分别减排 20.74%、10.86%和 14.55%；而调整到广州市的水平时，则未能达到减排效果，原因是广州市交通运输、仓储和邮政业与批发零售业所占比重较大。为此，优化第三产业结构，应考虑逐步降低传统第三产业比重并提高技术资本密集型第三产业比重，鼓励发展现代新型服务业将是未来第三产业土地利用碳减排的选择。

7.2　能源利用结构调整的减碳潜力

近年来，我国工业化和城镇化的进程不断加快，能源消耗量持续增加，而能源消耗过程中不断产生的碳排放成为城市土地利用碳排放的重要组成部分。2015 年，武汉市能源消耗碳排放共 2525.04×10^4 t（不包含交通用地能源消耗碳排放），占总碳排放量的 68.9%，其中工业用地上能源消耗碳排放 2219.15×10^4 t、居住用地上能源消耗碳排放 125.48×10^4 t、公共及商服用地上能源消耗碳排放 180.41×10^4 t，针对不同用地调整能源利用结构可以有效推动土地利用碳减排。

7.2.1　工业用地上能源利用结构调整的减碳潜力

2015年，武汉市工业用地上能源消耗共3531.45×10^4 t 标准煤，其中电力消耗占17.04%、煤炭消耗占48.86%、原油消耗占31.19%、热力消耗占2.91%。将武汉市工业用地上能源利用结构与北京市、上海市、广州市、杭州市进行对比分析，从图7-3可以看出，武汉市和上海市工业用地上电力消耗占比在25%以下，北京市、广州市、杭州市电力消耗占比则高于25%；北京市工业用地上煤炭消耗仅占8.23%，而其他城市煤炭消耗均占40%以上；武汉市、北京市、上海市工业用地上原油消耗占比在23%以上，而广州市和杭州市原油消耗则低于3%；武汉市、北京市、上海市、广州市、杭州市工业用地上热力消耗占比均低于15%。

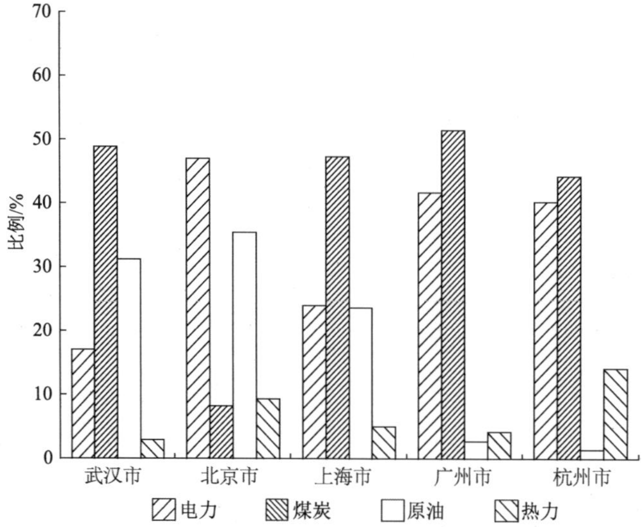

图 7-3　工业用地上能源利用结构城市比较

2015年武汉市工业用地上能源消耗碳排放达2219.15×10^4 t，其中电力碳排放275.55×10^4 t、煤炭碳排放1278.31×10^4 t、原油碳排放638.61×10^4 t、热力碳排放26.68×10^4 t，碳排放主要来自煤炭消费。在保持武汉市工业用地上能源消耗总量不变的情况下，若设定武汉市工业用地能源利用结构调整到其他城市水平，其减碳潜力见表7-3。

表 7-3　工业用地上能源利用结构调整的减碳潜力

情景		武汉市	北京市	上海市	广州市	杭州市
工业用地上能源利用结构的减碳潜力	工业用地上能源消耗碳排放/（×10^4 t）	2219.15	1786.37	2156.68	2113.55	1967.05
	减排百分比		19.50%	2.82%	4.76%	11.36%

表 7-3 显示，当武汉市工业用地上能源利用结构调整到北京市和杭州市的水平时，减排潜力较大，可分别减排 19.50%和 11.36%；而调整到上海市和广州市的水平时则可分别减排 2.82%和 4.76%。这主要是由于北京市和杭州市高碳排放能源（煤炭和原油）占比较低，因此可在较大程度上减少碳排放；此外，上海市工业用地上能源利用结构与武汉市相似，因此调整到上海市水平时对碳排放的影响相对较弱；而广州市虽然煤炭消耗量高达 50%以上，但其电力消耗量高于 40%，因此也实现了一定的碳减排。综上分析，逐步降低煤炭和原油等高碳排放化石燃料消耗量，增加电力能源的使用是优化工业用地能源利用结构，实现能源消耗碳减排的有效举措。此外，如未来增加核能、太阳能等新型低碳和无碳能源在工业用地的使用，也将进一步降低工业生产过程的碳排放量。

7.2.2　居住用地上能源利用结构调整的减碳潜力

2015 年，武汉市居住用地上能源消耗共 237.94×10^4 t 标准煤，其中煤炭消耗占 11.71%、液化石油气消耗占 2.14%、天然气消耗占 13.97%、电力消耗占 72.18%。将武汉市居住用地上能源利用结构与北京市、上海市、广州市、杭州市等城市进行对比分析，从图 7-4 可以看出，武汉市和北京市居住用地上煤炭消耗量占比较大，占总量的 11%左右，上海市、广州市和杭州市的煤炭消耗量占比小于 2%；武汉市、北京市、上海市和杭州市居住用地上液化石油气消耗量占比小于 8%，广州市液化石油气消耗量占比大于 17%；武汉市、广州市和杭州市居住用地上天然气消耗量占比小于 15%，北京市和上海市天然气消耗量占比则高于 25%；五座城市居住用地上电力消耗占比均高于 55%，且武汉市、广州市和杭州市达到 70%以上。

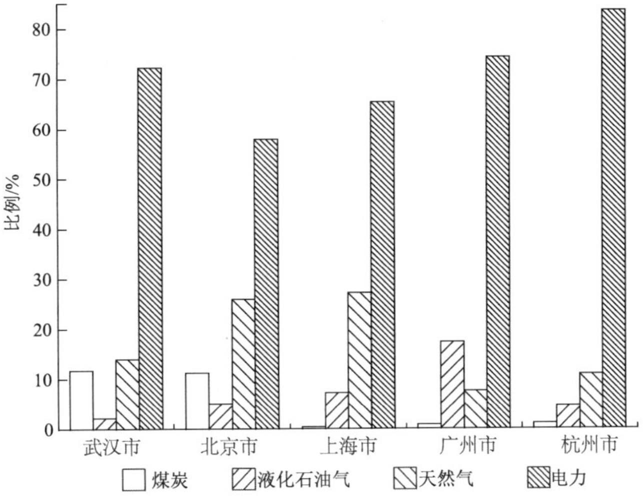

图 7-4　居住用地上能源利用结构城市比较

2015 年武汉市居住用地上能源消耗碳排放达 125.48×10^4 t，其中煤炭碳排放 29.48×10^4 t、液化石油气碳排放 2.54×10^4 t、天然气碳排放 14.83×10^4 t、电力碳排放 78.63×10^4 t，碳排放主要集中电力消耗上。在保持武汉市居住用地上能源消耗总量不变的情况下，若设定武汉市居住用地上能源利用结构调整到其他城市水平，其减碳潜力见表 7-4。

表 7-4　居住用地上能源利用结构调整的减碳潜力

情景		武汉市	北京市	上海市	广州市	杭州市
居住用地上能源利用结构的减碳潜力	居住用地上能源消耗碳排放/（$\times10^4$ t）	125.48	124.75	109.39	111.66	110.61
	减排百分比		0.58%	12.82%	11.01%	11.85%

根据表 7-4，当武汉市居住用地上能源利用结构调整到上海市、广州市和杭州市的水平时，可分别减排 12.82%、11.01%和 11.85%；而调整到北京市的水平时，减排效果不明显，北京市虽然天然气消耗量所占比重较高，但是煤炭消耗量占比依然较大。当调整到上海市、广州市和杭州市水平时，清洁能源（包括天然气和电力）消耗占比较大，煤炭消耗量占比较小，因此可达到较好的减排效果。综上分析，逐步提高天然气、电力等清洁能源所占比例，降低煤炭、液化石油气等高碳排放化石能源消耗量占比是优化居住用地上能源利用结构的可行方案。

7.2.3 公共及商服用地上能源利用结构调整的减碳潜力

2015 年，武汉市公共及商服用地上能源消耗共 395.42×10^4 t 标准煤，液化石油气消耗占 5.48%、天然气消耗占 31.77%、电力消耗占 62.76%。将武汉市公共及商服用地上能源利用结构与北京市、上海市、广州市、杭州市等城市进行对比分析，从图 7-5 可以看出，北京市和上海市公共及商服用地上天然气消耗占比较大，达 40%以上；五座城市液化石油气消耗占比均低于 6%，电力消耗占比均高于 45%，广州市和杭州市的电力消耗占比更是高于 70%。

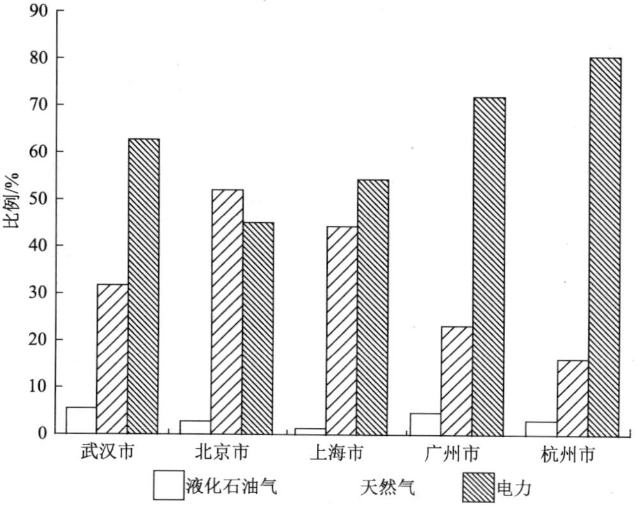

图 7-5 公共及商服用地上能源利用结构城市比较

2015 年武汉市公共及商服用地上能源消耗碳排放达 180.41×10^4 t，其中液化石油气碳排放 10.77×10^4 t、天然气碳排放 56.03×10^4 t、电力碳排放 113.61×10^4 t，碳排放主要集中在电力消耗上。在保持武汉市公共及商服用地上能源消耗总量不变的情况下，若设定武汉市公共及商服用地上能源利用结构调整到其他城市水平，其减碳潜力见表 7-5。

表 7-5　公共及商服用地上能源利用结构调整的减碳潜力

情景		武汉市	北京市	上海市	广州市	杭州市
公共及商服用地上能源利用结构的减碳潜力	公共及商服用地上能源消耗碳排放/（$\times10^4$ t）	180.41	179.04	179.18	180.69	180.76
	减排百分比		0.76%	0.68%	−0.16%	−0.19%

由表 7-5 可得，当武汉市公共及商服用地上能源利用结构调整到北京市和上海市的水平时，可分别减排 0.76%和 0.68%；而调整到广州市和杭州市的水平时，则未能达到碳减排效果。无论是调整到哪一座城市的能源利用结构，对公共及商服用地上能源消耗碳排放的影响均不大，说明武汉市公共及商服用地上的能源结构的碳排放水平与其他参照城市相当。

7.3　交通出行结构调整的减碳潜力

2015 年，武汉市城市交通出行总客运量达 400 612.47 万人次，其中出租车总客运量约 40 000 万人次、公共电汽车客运量达 143 092.4 万人次、城市内部民用车客运量为 161 009.97 万人次、地铁客运量为 56 510.10 万人次，分别占 9.98%、35.72%、40.19%和 14.11%。将武汉市交通出行结构与北京市、上海市、广州市、杭州市等城市进行对比分析，由图 7-6 可知，武汉市、北京市、上海市和广州市的公共交通出行（包括出租车、公共电汽车和地铁）比例高于 50%，上海市和广

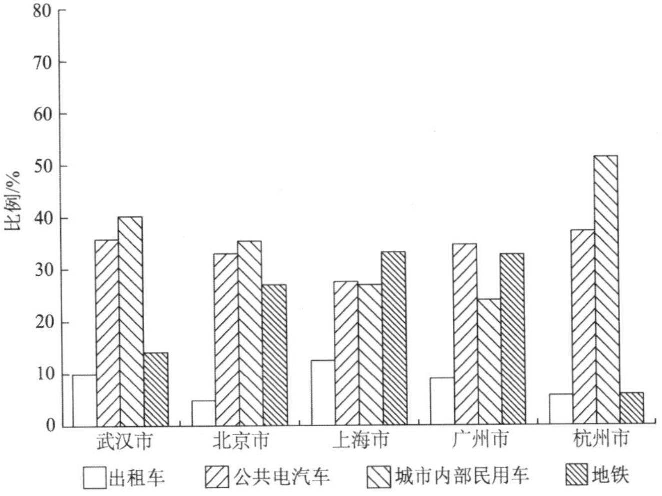

图 7-6　城市交通出行结构比较

州市的公共交通出行比例更是高于 70%，而杭州市公共交通出行比例为 48.63%。武汉市、北京市、上海市、广州市、杭州市的城市内部民用车出行比例分别为 40.19%、35.35%、26.94%、23.96%和 51.37%。

2015 年武汉市交通碳排放达 215.16×10^4 t，其中出租车碳排放占 6.77%、公交车碳排放占 6.12%、城市内部民用车碳排放占 86.96%、地铁碳排放占 0.16%，碳排放主要集中在城市内部民用车上。在保持武汉市交通出行总客运量不变的情况下，若设定为武汉市交通出行结构调整到其他城市水平，其减碳潜力见表 7-6。

表 7-6　交通出行结构调整的减碳潜力

情景		武汉市	北京市	上海市	广州市	杭州市
交通出行结构的减碳潜力	城市交通碳排放/（$\times10^4$ t）	215.16	184.09	154.29	137.84	260.91
	减排百分比		14.44%	28.29%	35.94%	−21.26%

从表 7-6 中得出，当武汉市交通出行结构调整到北京市、上海市、广州市水平时，可分别减排 14.44%、28.29%和 35.94%；而调整到杭州市水平时，则未能达到减排效果。北京市、上海市和广州市的公共交通出行比例均高于武汉市，而杭州市的公共交通出行比例在五座城市中最低，提高公共交通出行比例可实现交通出行碳减排（高菠阳和刘卫东，2013）。

7.4　本 章 小 结

本章分别选取全国政治文化中心城市（北京市）、金融经济中心城市（上海市）、高端制造业中心城市（广州市）和绿色生态文明城市（杭州市）为参照城市，结合前文分析结果筛选了对武汉市碳排放影响最显著的产业发展、能源利用和城市交通三种因素，并以上述三种因素的结构调整为参照，分析了武汉市在城市土地利用中具备的减碳潜力，明确其碳减排的可行方向。

（1）将武汉市第一产业、第二产业和第三产业的产业间结构调整分别调整至北京市、广州市和杭州市的水平，可分别减排 27.97%、7.84%和 11.10%，表明武汉市产业间结构仍处于第二产业占比较大的高碳排放产业结构，通过继续推进产业结构升级，改善第二产业/第三产业结构比有助于促进产业碳排放减少。同时，由于传统服务业和交通运输、仓储和邮政业较为发达，即使是第三产业的碳排放水平，武汉市也是高于上述几个城市的，若武汉市第三产业内部结构调整至北京市、上海市和杭州市水平，可分别减排 20.74%、10.86%和 14.55%。因此，通过优化第三产业结构，即逐步降低传统第三产业比重并提高技术资本密集型第三产业比重、鼓励发展现代新型服务业将为武汉市提升碳排放效率、减少第三产业碳排放量产生重要作用。

（2）将武汉市工业用地上能源利用结构调整到北京市和杭州市的水平，减排潜力较大，可分别减排 19.50%和 11.36%；而调整到上海市和广州市的水平时则可分别减排 2.82%和 4.76%。将武汉市居住用地上能源利用结构调整到上海市、广州市和杭州市的水平，可分别减排 12.82%、11.01%和 11.85%；而北京市因冬季供暖的影响，可比性不高。同时，公共及商服用地上能源利用结构调整对碳排放的影响较小。因此，逐步降低煤炭、原油和液化石油气等高碳排放化石燃料消耗量，增加电力、天然气等清洁能源的使用是优化各类用地上能源利用结构、实现能源消耗碳减排的有效举措。此外，如未来增加核能、太阳能等新型低碳和无碳能源在各类用地上的使用，将进一步降低碳排放量。

（3）武汉市城市交通碳排放近年来增长迅速，所占总碳排放的比重也逐年增加，成为城市碳排放不可忽视的来源。城市中较高的公共交通比例可提高交通出行能源消费的碳效率，经测算，若将武汉市交通出行结构调整到北京市、上海市、广州市的同等水平，分别具有减排 14.44%、28.29%和 35.94%的潜力，因而通过交通规划和政策引导市民使用公共交通出行可实现交通出行碳减排。

第 8 章　城市土地利用碳减排策略分析

前文分析结果表明，武汉市碳排放中占比最大、增长最快的领域分别为产业发展和交通运输，且二者具有较大的减排潜力，本章将从武汉市城市发展的产业规划改进和基于居民出行选择的交通优化两个视角出发，针对性讨论分析武汉市土地利用的减排策略。

8.1　基于产业发展的城市土地利用减排策略分析

8.1.1　武汉市产业及布局发展历程

1. 武汉市产业结构变化

武汉市作为湖北省经济发展中心及我国最大的工商业城市之一，20 世纪 90 年代以来，其产业结构经历了重大的变化。如表 8-1 所示，从三大产业结构来看，武汉市第一产业的地区生产总值份额和从业人数占比总体呈不断下降趋势；第二产业的地区生产总值份额变化较为平稳，第二产业从业人数占比 1996 年至 2006 年略微下降，2008 年至 2015 年又缓慢回升，总体上保持不变；第三产业的地区生产总值份额和从业人数占比整体均呈现不断上升趋势，在 1996～2015 年分别上升了 7%和 13.02%，第一产业则同期下降了 5.86%和 13.38%。1998 年武汉市第一产业、第二产业、第三产业占地区生产总值的份额分别为 7.57%、44.89%和 47.54%，首次出现第三产业比重大于第二产业比重的现象。同时，武汉市的就业结构也发生了变化，第一产业、第二产业从业人数占比下降，第三产业从业人数占比逐渐上升。

表 8-1　1996～2015 年武汉市产业结构变化

三次产业结构		1996	1998	2000	2002	2004	2006	2008	2010	2012	2014	2015
地区生产总值份额	第一产业	9.16%	7.57%	6.74%	6.06%	5.27%	4.47%	3.65%	3.06%	3.76%	3.48%	3.30%
	第二产业	46.82%	44.89%	44.19%	44.24%	46.17%	46.15%	46.15%	45.51%	48.22%	47.53%	45.68%
	第三产业	44.02%	47.54%	49.07%	49.70%	48.57%	49.37%	50.19%	51.44%	48.02%	49.00%	51.02%

续表

三次产业结构		1996	1998	2000	2002	2004	2006	2008	2010	2012	2014	2015
从业人数占比	第一产业	22.50%	22.36%	21.88%	21.12%	19.60%	19.40%	17.45%	13.15%	12.11%	9.12%	9.12%
	第二产业	38.04%	36.67%	35.65%	35.21%	33.84%	32.68%	34.21%	36.95%	38.41%	38.60%	38.40%
	第三产业	39.46%	40.97%	42.47%	43.67%	46.56%	47.92%	48.34%	49.90%	49.48%	52.28%	52.48%

从各产业内部变化来看，传统产业更替，新兴产业得以发展，行业结构升级。首先，在第一产业内部，农、林、牧、渔业比例逐步调整，且种植业、畜牧业和渔业均逐渐往特色化、优质化、规模化、高新化和产业化方向发展。农产品加工形成了粮食、蔬菜、水产、油料、肉制品、禽类制品、乳制品和饲料加工的 8 大产业群，农产品加工产值是农业总产值的 3 倍，并突破了 800 亿元大关。其次，在第二产业内部，高新技术产业（电子通信、汽车制造业、生物工程等）逐步发展，传统工业产品质量稳步提高，如纺织业、饮料制造业、有色金属冶炼及压延加工业等，但这些产业经济增长速度缓慢，而重化工业发展快速，行业集中度上升。最后，在第三产业内部，产业结构逐渐升级，新型第三产业（房地产业、金融业、旅游业等）发展较快，传统第三产业（交通运输、仓储和邮政业等）稳步发展。目前，房地产业，金融业，交通运输、仓储和邮政业，批发零售业在第三产业增加值中占比均超过 10%，地区生产总值占比均在 5%以上，成为武汉市第三产业中的支柱行业。

2. 武汉市产业用地结构调整变化

产业结构的调整促进城市功能的完善，使城市用地出现新的需求、新的类型，产业结构调整带来了城市土地利用结构的重组。20 世纪 90 年代以来，武汉市经济建设进展迅速，建设用地面积占比由 1996 年的 20.24%增长为 2015 年的 31.74%，外部交通设施也不断完善，城市空间增长十分迅速，并向外围郊区扩散。1995 年长江二桥通车形成武汉第一条城市环线，至 2010 年三环通车，武汉市用地结构也伴随着交通环线的建设呈圈层结构不断调整。

现阶段，武汉市一环内的第二产业用地逐步被第三产业用地取代，第二产业搬迁至二环以外，形成新产业园。一环内的部分低级住宅用地、工业用地、教育用地和行政用地被置换，形成了长江南北辐射中南地区的金融、贸易、商业、信息中心和汉口金融、信息服务业商务中心。二环内的工业用地，如对环境有污染的工业企业用地、设备较为陈旧的工业企业用地等逐步被置换。第三产业在郊区（青山、沌口、东湖开发区、阳逻、东西湖产业园）形成五个城市副中心，贸易服务、金融服务发展迅速，同时形成大规模的居住区。武汉市二环内湖泊等水域面积较大，建设用地占用受限，交通用地进一步发展较为困难，由于二环内的企业逐步搬迁，城市副中心的居民得以就近工作，三环内的高新技术产业用地和教育科研用地面积较大。

3. 武汉市产业空间布局演变趋势

进入新世纪以来，武汉市产业空间布局出现了积极变化。近年来，武汉锅炉股份有限公司、中车长江车辆有限公司、武汉重型机床集团有限公司、武汉烟草（集团）有限公司等大型企业相继迁出中心城区，沿三环线和四环线展开；产业区域集聚水平不断提高，正在构建的五大产业集聚区分别为钢铁化工及环保产业聚集区（青山—阳逻—左岭）、汽车及机电产业聚集区（武汉经济技术开发区—汉阳—蔡甸—汉南）、光电子及生物医药产业聚集区（东湖新技术开发区—洪山—江夏）、食品工业聚集区（东西湖—汉阳黄金口），以及都市型工业聚集区（硚口—江汉—东西湖）。

《武汉 2049 远景发展规划》表明武汉市未来空间结构演变趋势为“制造业区域扩散，服务业中心集聚”，传统优势产业主要沿江布局。①沿长江上游形成汽车产业集群，包括汉南的汽车配件制造、江夏的汽车生产、沌口的汽车及装备制造；②沿长江下游形成以钢材、装备制造为主导的产业集群，包括青山精品钢材，以及新洲船舶装备制造；③沿汉江上游形成轻工制造业产业集群，以食品、家电等生产为主，包括东西湖的吴家山开发区；④高新技术产业主要临湖布局；⑤沿东湖、汤逊湖等湖区形成以电子信息、生物医药和节能环保为主导的产业集群，包括洪山的节能环保，东湖和江夏的电子信息、生物医药。战略新兴产业主要在临空港预留，形成未来大型战略新兴产业预留的产业空间，包括东西湖临空产业区和黄陂的航空制造等临空产业（武汉市国土资源和规划局，2014）。

8.1.2 产业用地的供应策略分析

1. 产业用地碳排放的多元线性回归分析

1）模型构建

为分析各产业经济发展对产业用地碳排放的影响程度，从而为武汉市制定合理的产业用地供地顺序策略提供借鉴，本节将构建不同产业经济发展与产业用地碳排放之间的线性回归关系，选取 11 个产业分类经济产值指标作为自变量，分别为第一产业生产总值（x_1），工业生产总值（x_2），建筑业生产总值（x_3），交通运输、仓储及邮政业生产总值（x_4），信息传输计算机服务和软件业生产总值（x_5），批发零售业生产总值（x_6），住宿餐饮业生产总值（x_7），金融业生产总值（x_8），房地产业生产总值（x_9），教育业生产总值（x_{10}），文化体育和娱乐业生产总值

（x_{11}），单位为 10^8 元；因变量为产业用地碳排放，指相对应的产业类型划分的用地上产生的碳排放，记为 y，单位为 10^4 t。对变量做对数处理，处理后的变量分别依次记为

$y_1=\ln(y)$

$z_1=\ln(x_1)$，$z_2=\ln(x_2)$，$z_3=\ln(x_3)$，$z_4=\ln(x_4)$，$z_5=\ln(x_5)$，$z_6=\ln(x_6)$，$z_7=\ln(x_7)$，$z_8=\ln(x_8)$，$z_9=\ln(x_9)$，$z_{10}=\ln(x_{10})$，$z_{11}=\ln(x_{11})$

由于变量较多，且各产业经济之间存在相互影响的关系，若采用普通最小二乘法进行多元线性回归，无法解决自变量之间的多重共线性问题，从而导致分析结果的准确性和科学性降低。为此，本节采用岭回归方法，通过 SAS 软件中的 REG 过程来估计岭回归系数，分析各产业经济发展对产业碳排放的影响程度。

2）数据来源

自变量统计数据选取武汉市 1996～2015 年三大产业的 11 类产业分类经济产值的时间序列数据，均来源于《武汉市统计年鉴》，产业用地碳排放总量为计算得到的武汉市 1996～2015 年进行产业生产的用地的碳排放数据，数据统计情况如表 8-2 所示。

表 8-2　变量数据统计情况

年份	x_1/（×10^8元）	x_2/（×10^8元）	x_3/（×10^8元）	x_4/（×10^8元）	x_5/（×10^8元）	x_6/（×10^8元）	x_7/（×10^8元）	x_8/（×10^8元）	x_9/（×10^8元）	x_{10}/（×10^8元）	x_{11}/（×10^8元）	y/（×10^4t）
1996	71.61	300.91	65.28	55.74	0.00	62.02	34.15	52.12	12.70	29.25	4.09	667.5457
1997	78.79	346.60	75.46	66.74	0.00	72.18	38.68	35.80	14.52	33.64	5.01	735.6414
1998	75.85	366.68	83.04	70.16	0.00	84.00	43.81	28.47	24.14	38.68	6.14	651.6271
1999	78.54	387.38	91.01	77.57	0.00	97.76	49.62	31.48	27.83	44.47	7.52	659.1072
2000	81.36	434.33	98.98	82.43	0.00	113.78	56.19	41.54	30.81	51.13	9.22	688.8456
2001	85.03	485.01	109.83	89.38	0.00	132.42	63.64	43.70	37.08	58.79	11.30	642.1445
2002	90.44	534.01	126.45	94.29	36.83	168.21	75.40	55.13	53.74	75.02	17.69	737.1404
2003	95.13	598.69	143.18	100.84	40.94	186.22	83.71	64.48	64.84	82.24	18.86	854.8742
2004	103.00	733.00	170.00	112.00	46.00	216.00	100.00	76.00	79.00	97.00	20.00	1096.7370
2005	109.57	852.53	166.73	165.59	74.42	234.62	105.00	88.22	86.83	89.77	23.38	1417.8090
2006	115.91	1000.74	195.00	167.21	84.57	261.19	121.42	125.98	105.92	99.85	28.00	1575.5150
2007	129.15	1197.49	242.51	182.74	104.99	301.19	131.95	195.23	134.14	132.43	36.12	1695.2690
2008	144.70	1515.65	312.00	233.06	134.91	396.86	168.15	239.19	137.62	163.30	51.60	1705.0140
2009	149.06	1772.14	370.00	235.07	116.19	445.30	160.98	292.57	283.95	180.92	47.01	1671.8690
2010	170.04	2079.82	453.00	303.61	148.97	551.61	188.61	352.07	332.01	221.60	66.04	1852.2020
2011	198.70	2709.02	545.00	334.89	163.75	686.22	214.15	398.20	342.26	254.84	106.70	2173.7390
2012	301.21	3203.66	655.90	353.48	174.06	779.27	277.42	530.11	418.70	277.65	124.65	1954.1430
2013	335.40	3645.32	750.85	386.45	177.33	851.08	298.28	607.32	505.88	313.95	129.73	2289.4600
2014	350.06	3942.75	842.91	437.39	202.14	913.50	322.09	699.57	584.20	360.99	159.00	2286.4630
2015	359.81	4081.91	906.98	455.28	215.55	994.05	349.13	837.49	641.47	415.07	194.86	2167.8950

3）回归统计结果分析

在 SAS 软件中输入相关程序和数据，利用最小二乘法进行多元线性回归，表 8-3 为得到的回归参数估计结果。

表 8-3　多元线性回归参数估计结果

变量	自由度	参数估计	标准误差	t 值	p 值
Intercept	1	1.251 35	3.461 31	0.36	0.752 3
z_1	1	−0.160 33	0.760 10	−0.21	0.852 5
z_2	1	2.486 70	1.237 64	2.01	0.182 3
z_3	1	−0.839 34	2.787 22	−0.30	0.791 7
z_4	1	−0.958 82	1.533 45	−0.63	0.595 6
z_5	1	1.275 88	1.568 48	0.81	0.501 4
z_6	1	−1.807 89	1.984 50	−0.91	0.458 5
z_7	1	0.506 59	0.912 59	0.56	0.634 6
z_8	1	−1.227 50	1.062 52	−1.16	0.367 4
z_9	1	0.467 86	0.601 46	0.78	0.518 1
z_{10}	1	1.032 50	1.301 78	0.79	0.510 8
z_{11}	1	−0.009 40	0.504 01	−0.02	0.986 8

模型检验结果为 R^2=0.9923；p=0.0417；F=23.39。回归系数的 p 值均大于 0.05，不显著。从对各变量的相关性分析中可发现，变量之间存在较强的相关性。运行 SAS 软件进行多重共线性诊断，诊断结果如表 8-4 所示。

表 8-4　多重共线性诊断结果

变量	方差膨胀系数	条件特征值	条件数
Intercept	0	11.969 79	1.000 00
z_1	300.673 06	0.026 77	21.147 13
z_2	1 597.477 13	0.001 90	79.416 65
z_3	7 633.569 57	0.000 927 42	113.606 99
z_4	1 392.492 23	0.000 271 98	209.786 30
z_5	1 801.798 30	0.000 224 36	230.979 22
z_6	3 170.789 76	0.000 057 60	455.874 85
z_7	440.026 21	0.000 038 38	558.445 53
z_8	1 985.221 10	0.000 013 15	954.014 50
z_9	554.556 49	0.000 004 79	1 581.531 27
z_{10}	1 184.697 01	0.000 002 40	2 233.223 07
z_{11}	373.559 72	0.000 001 10	3 301.016 12

由表 8-4 可以看出，各变量的方差膨胀系数均较大，都在 200 以上，说明各变量之间有密切联系。此外，从 z_1 到 z_{11} 这 11 个独立变量中，z_{11} 的特征值为 0.000 001 10，为 11 个变量中最小的，且条件数为 3 301.016 12，回归模型中的各独立变量存在共线性，无法运用普通最小二乘法。因此，运用 SAS 软件中的岭回归程序，得到不同的岭参数下各自变量的标准回归系数（表 8-5）。

表 8-5　不同的岭参数下各自变量的标准回归系数

岭参数	截距项	z_1	z_2	z_3	z_4	z_5	z_6
0	0.928 78	−0.176 13	4.462 31	2.455 25	−1.334 28	1.529 26	−3.244 54
0.05	0.356 99	−0.107 33	0.193 37	0.155 42	0.299 23	0.001 16	0.009 54
0.10	0.303 98	−0.086 44	0.141 15	0.092 50	0.050 98	0.009 87	0.029 85
0.15	0.272 78	−0.066 65	0.121 41	0.083 70	0.219 17	0.008 70	0.040 88
0.20	0.252 24	−0.050 72	0.110 70	0.088 62	0.196 96	0.003 24	0.047 89
0.25	0.237 81	−0.038 08	0.103 85	0.017 34	0.180 57	0.007 14	0.052 73
0.30	0.227 25	−0.027 95	0.099 01	0.013 82	0.167 94	0.007 08	0.056 25

岭参数	z_7	z_8	z_9	z_{10}	z_{11}	y_1
0	0.745 47	−2.810 29	1.174 58	1.710 22	−0.022 69	−1
0.05	0.155 51	0.089 49	0.043 80	−0.157 65	−0.153 40	−1
0.10	0.113 95	0.102 84	0.048 45	−0.081 33	−0.073 51	−1
0.15	0.099 96	0.102 69	0.053 94	−0.043 72	−0.036 85	−1
0.20	0.093 41	0.100 37	0.058 12	−0.020 82	−0.015 02	−1
0.25	0.089 75	0.097 76	0.061 21	−0.005 31	−0.000 36	−1
0.30	0.087 45	0.095 32	0.063 53	0.005 91	0.010 21	−1

由表 8-5 可知，当岭参数大于 0.05 时，以水平直线为渐近线，各自变量的标准回归系数趋于平稳，选取岭参数等于 0.10 时的标准化回归方程，如式（8-1）所示：

$$\begin{aligned} y_1 = {} & 0.303\,98 - 0.086\,44 \times z_1 + 0.141\,15 \times z_2 + 0.092\,50 \times z_3 \\ & + 0.050\,98 \times z_4 + 0.009\,87 \times z_5 + 0.029\,85 \times z_6 + 0.113\,95 \times z_7 \\ & + 0.102\,84 \times z_8 + 0.048\,45 \times z_9 - 0.081\,33 \times z_{10} - 0.073\,51 \times z_{11} \end{aligned} \tag{8-1}$$

4）各产业发展对产业用地碳排放的贡献度分析

贡献度又称贡献率，是分析经济效益的一个指标，用于分析经济增长中各因素作用大小的程度，我们在此对贡献度的概念进行延伸，以分析影响产业用地碳排放的各因素对其作用大小的程度。用原变量表示的回归方程为

$$\begin{aligned}\ln(y) = {} & 0.303\,98 - 0.086\,44 \times \ln(x_1) + 0.141\,15 \times \ln(x_2) \\ & + 0.092\,50 \times \ln(x_3) + 0.050\,98 \times \ln(x_4) + 0.009\,87 \times \ln(x_5) \\ & + 0.029\,85 \times \ln(x_6) + 0.113\,95 \times \ln(x_7) + 0.102\,84 \times \ln(x_8) \\ & + 0.048\,45 \times \ln(x_9) - 0.081\,33 \times \ln(x_{10}) - 0.073\,51 \times \ln(x_{11})\end{aligned} \tag{8-2}$$

由回归方程的回归系数符号可知，x_1、x_{10}及x_{11}与y呈负相关，表明当第一产业、教育业及文化体育和娱乐业生产总值增加时，产业用地碳排放减少，其中x_1系数的绝对值最大，其次是x_{10}系数的绝对值，x_{11}系数的绝对值最小，说明第一产业经济发展对产业用地碳排放的减排贡献度最大，其次为教育业，文化体育和娱乐业经济发展对产业用地碳减排贡献度较小。当第一产业生产总值增加 1%时，产业用地碳排放减少 0.086 44%；当教育业生产总值增加 1%时，产业用地碳排放减少 0.081 33%；当文化、体育及娱乐业生产总值增加 1%时，产业用地碳排放减少 0.073 51%。除x_1、x_{10}及x_{11}外，其他 8 个变量与y呈正相关，正相关变量回归系数由大到小分别为x_2、x_7、x_8、x_3、x_4、x_9、x_6、x_5，表明工业经济发展对产业用地碳排放的贡献度最大，工业生产总值每增加 1%会导致产业用地碳排放增加 0.141 15%；住宿餐饮业、金融业对产业用地碳排放的贡献度相差不大，住宿餐饮业生产总值每增加 1%会导致产业用地碳排放增加 0.113 95%，金融业生产总值每增加 1%会导致产业用地碳排放增加 0.102 84%；建筑业生产总值每增加 1%会导致产业用地碳排放增加 0.092 50%；交通运输、仓储及邮政业生产总值每增加 1%会导致产业用地碳排放 0.050 98%；房地产业生产总值每增加 1%会导致产业用地碳排放增加 0.048 45%；批发零售业生产总值每增加 1%会导致产业用地碳排放增加 0.029 85%；信息传输、计算机服务和软件业经济发展对产业用地碳排放贡献度最小，其生产总值每增加 1%会导致产业用地碳排放增加 0.009 87%。

2. 产业用地供应顺序的策略建议

《武汉市战略性新兴产业发展“十三五”规划》中强调，未来五年仍是武汉加快发展的黄金机遇期，世界经济虽然仍处于深度调整期，但主要发达国家及新兴经济体围绕培育和发展战略性新兴产业、抢占经济科技未来制高点展开了激烈角逐。战略性新兴产业发展以低碳增长为目标，从建设武汉城市圈“两型”社会到东湖国家自主创新示范区，再到国家创新型城市试点，不断叠加的国家战略迫切需要武汉市加快战略性新兴产业发展。《武汉市战略性新兴产业发展“十三五”规划》还对产业智能化和绿色化发展提出新要求，要求工业化和信息化深度融合，同时要求重点行业单位工业增加值能耗、物耗及污染物排放明显下降。

基于武汉市产业发展现状及产业发展规划需求，未来产业发展应在兼顾产业经济发展的同时，通过调整产业供地的策略来减少产业用地碳排放，以低碳增长为目标，避免用地低效、资源浪费等问题的存在。结合本章对武汉市各产业经济发展对产业用地碳排放的贡献程度的分析可知，第一产业、教育业、文化体育和娱乐业经济发展能减少产业用地碳排放，信息传输、计算机服务和软件业，以及批发零售业经济发展对产业用地碳排放增长的贡献度很小。因此，以武汉市产业发展规划的要求为导向，未来产业用地应优先供应第一产业、教育业、文化体育和娱乐业，以及批发零售业用地。首先，优先供应第一产业用地，应建立现代农业体系，打造国家现代农业示范区，走高效、节约、安全的农业现代化道路；其次，在服务业上应重点发展批发零售业，计算机服务和软件业，房地产业，交通运输、仓储和邮政业等；武汉市高校聚集，应满足教育业发展用地需求，建设国家人才高地，留住本地高校人才，吸引人才集聚；最后，要大力发展互联网等新兴产业，拓展制造业发展新空间，推进产业结构由“工业型经济”向“服务型经济”转变，推进服务业和制造业融合发展。

8.1.3　产业用地的空间策略分析

1. 武汉市产业空间布局的模式

1）武汉市三大产业发展特点及存在的问题

（1）第一产业在武汉市三次产业结构中一直以来所占比重最少。第一产业虽不作为经济发展重点，但第一产业是国民经济发展的基础，且作为直接从自然界获取产品的生产部门，与产业用地碳排放有着最为直接与紧密的联系，由于第一产业用地中存在大量的碳汇用地，第一产业经济发展对产业用地碳排放的减少有着显著的推动作用。2015 年武汉市完成农业总产值 620.28×10^8 元，比 2014 年增长 4.8%，其中种植业、林业、牧业、渔业总产值分别增长 5.2%、11.7%、1.2%、5.0%，粮食、棉花及油料种植面积分别减少 $1.57\times10^3\ hm^2$、$8.70\times10^3\ hm^2$、$0.86\times10^3\ hm^2$。近年来，武汉市耕地面积不断减少，建设用地面积不断增加，交通、工业和房地产业的发展大量占用了农用地。此外，武汉市农业龙头企业规模偏小，带动作用不强，发展缓慢。随着开放、开发的推进，武汉市农村基础设施建设已经有了一定的发展，但仍然比较薄弱，制约了现代都市农业的发展。

（2）第二产业是武汉市经济增长的主要来源。武汉市重工业和轻工业的产值比例为 72.5∶27.5，重化工业的发展速度较快，轻工业的比重较低，不利于第二产业拉动就业。从第二产业用地布局来看，现阶段武汉市工业用地主要集中在三环外，但中心城区仍然保留了部分污染企业，这些企业影响了中心城区的环境和中心城区功能的升级。

（3）第三产业在武汉市经济发展中所起的作用越来越重要。近年来武汉市第三产业地区生产总值占地区生产总值的比重逐渐增加，但第三产业内部结构升级缓慢，新型第三产业占比仍然较低。2015 年武汉市第三产业增加值为 5564.25 亿元，在全国 15 个副省级城市中排在第 6 位，低于广州市、深圳市、杭州市、成都市和南京市。此外，武汉市第三产业地区生产总值占地区生产总值的比重较低，2015 年占比仅为 51%，在全国 15 个副省级城市中居第 11 位，低于广州市、西安市、深圳市、杭州市、济南市、哈尔滨市等城市。从第三产业内部结构看，武汉市新型第三产业发展滞后，如 2015 年武汉市文化体育和娱乐业增加值为 409.31 亿元，占地区生产总值的比重仅为 3.8%。

2）武汉市产业空间布局发展规划

《武汉市“十二五”产业规划》中提到未来武汉市产业布局要从更长远和更大的空间上实现产业空间的优化、立体化、园区化和集群化，实施“四圈层”战略：三环线内的主体都市产业圈、三环线和外环线之间的核心产业圈、以 6 个远城区为主体的产业发展圈和以“8+1”城市圈为主体的产业对接圈。三环线内的主体都市产业圈要加快发展现代服务业；核心产业圈中要强化东湖新技术开发区、武汉经济技术开发区的核心支撑作用，发展工业和物流业；远城区在发展现代农业的同时，也要发展先进制造业和现代服务业，从而实现以工促农、以工促服务业；在产业对接圈中，武汉城市圈中的其他 8 市要积极承接武汉市产业转移，并优化产业布局。

3）武汉市产业空间布局模式选择

从武汉市产业经济发展对产业用地碳排放的贡献度来看，工业发展对产业用地碳排放的贡献度较大，但工业目前仍是武汉市经济发展的重点，武汉市确立了“工业强市”的发展战略，工业化进程仍有很长的一段路要走。因此，未来在进行工业发展的同时，要实现节能减排、绿色发展、低碳增长的目标，需要进一步优化产业发展空间布局，改变当前武汉市产业发展圈层空间布局还不够完善，发展结构不够立体、明晰的局面，探索低碳发展及经济可持续发展目标下的产业发展空间布局模式。

结合武汉市三次产业发展特征及未来产业发展的空间布局规划，武汉市产业空间布局总体上应选择有机复合的空间布局模式，包括集群化布局模式、主题分散布局模式、腹地扩张布局模式和产业联动布局模式，从而打造低碳产业集群（滕苗，2012）。首先，集群化布局模式，即各圈层中分别形成不同的产业发展集聚区，在三环内形成现代化服务业发展集群及都市工业园集群，在三环与外环之间形成工业、先进制造业及物流业组团发展的产业群。其次，主题分散布局模式，要求因地制宜进行产业发展。由于目前武汉市存在农业发展规模小、农业基础设施薄弱、农业生产力投入资金来源不足等问题，因此可引导各区重点建设适宜其发展的主题特色农产品，在各区内部集中进行农业基础设施建设，可避免分散、混乱经营状态下带来的农业基础设施的浪费，从而实现资源的集约、节约利用，建立都市化的农业体系。再次，腹地扩张布局模式，武汉市生产性企业搬迁至远城区及武汉周边地市，而一些研发中心等则搬迁至武汉市。沿圈层向外围构筑高速公路、高速铁路、城际铁路等一体化的交通网络，“圈层+轴线”的结构将加强武汉作为核心的辐射能力，加强近域联系，带动周边发展。最后，产业联动布局模式。“8+1”城市圈可形成武汉市与远城区及周边各市的产业联动，形成武汉市与其他 8 个城市产业的对接和立体分工，实现市场一体化和产业一体化布局。

2. 武汉市产业园建设建议

2015 年，武汉市第一产业、第二产业、第三产业的能耗占全市能源消费总量的比重分别为 0.5%、63.1%、26.3%。随着武汉市经济结构的转型升级和高新技术产业、新兴服务业的蓬勃发展，武汉市能耗增长正逐渐由第二产业向第三产业转移，但完全转向以第三产业为主导的低碳经济发展方式仍需要一个长期的过程。武汉市主要能源消耗行业为黑色金属冶炼及压延加工业、石油加工炼焦及核燃料加工业、化学原料及化学制品制造业、造纸及纸制品业、非金属矿物制品业、电力生产与供应业这六大行业。2015 年，六大高能耗行业能源消费量占比下降到 45.1%，比 2010 年降低 1.4%，说明武汉市重点行业节能取得了一定的突破，但是武汉市重工业化特征显著，重工业能耗占比高达 96.0%，且由于资金、技术等限制，短期内很难提高能源利用效率。因此，未来武汉市的产业发展要从“高碳”向“低碳”转变，不仅要开发利用新能源，进行技术的变革与创新，还要调整产业发展方式与产业结构，构建产业发展的低碳循环系统。

近年来，产业园区建设成为各地政府提升产业结构、促进地方产业升级的产业发展举措。产业园区建设可利用产业集群带来的外部效应，形成各产业之间相互关联、互补共存的业态环境。根据国内外产业园的相关成功经验，要推动产业集群发展，必须通过园区之间的资源共享和避免负外部效应来实现，并通过产业园区和产业集群之间的良性互动来带动区域经济的持续增长。在加快新型工业化的进程中，武汉市亟须走以产业集群为导向的产业园区发展之路。

在目前武汉市产业园发展的大背景下，要想走低碳经济的产业发展道路，武汉可以构建主要能源消耗产业发展的低碳循环产业园。低碳循环产业园以低碳经济发展模式为基础，遵循产业循环互补、低碳节能和低碳经济学原理，是以低能耗、低污染、高产量为发展目标而设计建立的新型产业园区，园区内各单位可以通过共同管理来实现各方面效益的最大化（董文芳，2014）各单位应注重清洁生产和节能减排，同时要注重园区土地的集约、节约利用，从而实现低碳发展。低碳循环产业园可加快推进武汉市六大主要能源消耗产业的融合进程，提升产业关联度，还可重点推进化工、造纸、冶金等产业副产物的循环利用，推进产业园内副产品和固体废弃物的循环利用和综合利用，形成六大主要能源产业的横向扩展及资源深加工纵向延伸的循环型工业体系。

8.2 基于居民出行选择的土地利用减排策略分析

城市的交通出行碳排放是城市土地利用碳排放的重要部分，根据 IPCC 第五次评估，2000～2010 年，交通业温室气体的排放量占到人为温室气体排放量的 11%，从温室气体排放量来看，交通部门是仅次于能源供应和工业生产的第三大部门（IPCC，2014），而城市居民出行碳排放是交通过程产生碳排放的主要过程。随着经济的发展、城市的扩张及城市人口的增加，城市居民出行碳排放在不断增加，交通碳减排逐步成为城市碳减排的重要突破点。实现交通用地的碳减排首先应厘清城市居民出行碳排放的驱动因素，从而为优化城市居民出行结构，合理配置城市用地格局，建设低碳城市交通创造条件。

8.2.1 武汉市交通出行碳排放变化的时序变化分析

城市居民出行碳排放的核算有两种途径。一种方法是采取自上而下方式根据总能源消费量进行核算，从宏观上分析区域交通碳排放的变化情况，以此比较不同出行方式如出租车、地铁、城市内部民用车辆、公交车等对居民出行碳排放的贡献（赵敏等，2009）。另一种方法是针对区域内不同人群特定目的的出行方式展开微观统计，采取自下而上方式根据单个车辆的行驶里程进行核算，分析居民交通出行碳排放的个体差异，并在此基础上比较不同出行目的，如工作通勤与日常出行对居民交通出行碳排放的贡献（肖作鹏等，2011）。

不同类型交通出行方式产生的碳排放量不同，能耗效率更是相差甚大。采取自上而下方法对 1996 年以来武汉市不同交通出行方式的碳排放进行核算统计，最终结果如表 8-6 所示。

表 8-6 武汉市不同交通出行方式碳排放量

年份	出租车/t	地铁/t	城市内部民用车辆/t	公交车/t	合计/t	人均交通出行碳排放/（kg/人）
1996	95 593.22		287 490.42	58 528.92	441 612.56	0.348
1997	96 072.71		275 710.79	72 431.00	444 214.50	0.304
1998	90 133.35		341 879.74	77 687.26	509 700.35	0.335
1999	94 106.37		368 821.70	101 048.97	563 977.04	0.306
2000	96 013.34		403 894.27	100 803.19	600 710.80	0.320

续表

年份	出租车/t	地铁/t	城市内部民用车辆/t	公交车/t	合计/t	人均交通出行碳排放/（kg/人）
2001	96 649.12		408 823.81	95 459.59	600 932.52	0.324
2002	98 813.85		422 536.34	94 862.25	616 212.44	0.324
2003	99 309.83		464 981.92	92 232.59	656 524.34	0.332
2004	99 808.32	276.48	564 918.32	89 610.45	754 613.57	0.369
2005	100 309.32	279.55	563 090.60	93 135.74	756 815.21	0.348
2006	100 815.32	279.89	601 787.29	107 301.72	810 184.22	0.334
2007	101 321.33	261.29	654 749.05	110 820.84	867 152.51	0.328
2008	107 300.14	218.20	700 534.05	114 060.91	922 113.30	0.319
2009	107 838.61	216.86	785 541.68	129 888.58	1 023 485.73	0.296
2010	118 619.74	587.00	891 496.19	131 969.74	1 142 672.67	0.324
2011	125 883.79	662.04	1 008 438.63	123 661.42	1 258 645.88	0.319
2012	136 415.75	616.72	1 115 575.42	119 514.36	1 372 122.25	0.311
2013	134 519.13	1940.71	1 294 342.21	127 525.57	1 558 327.62	0.302
2014	143 490.14	2569.20	1 566 684.35	125 540.41	1 838 284.10	0.304
2015	145 509.37	3423.93	1 868 910.73	133 793.83	2 151 637.86	0.302
年均增长率	2.24%	25.70%	10.35%	4.45%	8.69%	–0.74%

表 8-6 显示，武汉市不同类型车辆的出行碳排放及总的交通用地碳排放在研究期内呈逐年递增趋势。从不同交通出行方式碳排放量的年均增长率看，地铁碳排量的年均增长率最大，达到了 25.70%，出租车碳排量的年均增长率最小，仅为 2.24%。地铁极高的年均增长率归因于武汉市快速实施的地铁规划，2004 年以来，每一条地铁线路的增开都意味着地铁碳排放量的倍数递增。而出租车数量每年保持着稳定增长，因而其碳排放量也保持同步稳定增长。从不同交通出行方式碳排放量占总碳排放量的比重看，城市内部民用车辆碳排放所占比重最大，由 1996 年的 65% 上升到 2015 年的 87%。而从地铁碳排放占交通碳排放量的比重来看，其比重最小，2013 年前，武汉市地铁每年运营产生的碳排放占交通总碳排放比重不足 0.1%，即使 2013 年及之后，多条地铁线路相继投入运营，其每年所占比重也不足 0.2%，可见，虽然其增长率较高，但对武汉市交通碳排放总量增长的影响很微弱。不仅如此，从人均出行碳排放角度分析，自 2004 年地铁开通运营，虽然出行人数快速增加，但人均出行碳排放量总体呈现下降趋势，可见由于地铁运营分流了大批私人汽车和出租车的乘客，最终使得人均出行碳排放量下降。由此可知，城市内部民用车辆的增加是武汉市交通碳排放增长的最大驱动力。

由上文分析可知，不同类型出行碳排放增长量对交通总碳排放量的贡献程度是不同的，为此对这些不同出行方式的贡献程度做出专门定义，如式（8-3）所示：

$$C_{yi}=t_{yi} / T_{yi} \quad (8\text{-}3)$$

其中，C_{yi}表示第 i 种出行方式第 y 年对总交通碳排放的贡献值；t_{yi}表示第 i 种出行方式第 y 年碳排放量相对于 y–1 年的同比增长量；T_{yi}表示第 y 年总的交通碳排放量相对于 y–1 年的同比增长量，计算结果见表 8-7。为排除 2001 年异常值的影响，平均贡献值未将 2001 年的数据计算在内。2001 年武汉市对公用事业管理局予以撤销，并决定由武汉市交通运输委员会对城市公共交通行政管理职能和武汉市汽车轮渡管理所、武汉市客运出租汽车管理处、武汉市公共客运交通监察办公室等 12 家企业单位进行管理，使得铁路、水路、公路、航空和城市公共交通一体化，从而推进公共交通出行能源消耗效率的提高，使得武汉市 2001 年公共交通碳排放量相对于 2000 年大幅减少。而城市内部车辆并不受统一管理的限制，还保持着稳定的增长，因而城市内部车辆碳排放量增长与车辆增长保持同步。由此，虽然武汉市 2001 年总的交通碳排放量相对于 2000 年表现为略微增长，但 2001 年城市内部车辆碳排放增长量的贡献值达到了 22.231，而公共交通碳排放增长量贡献值为−24.098，出租车碳排放增长量贡献值为 2.867。其余年份中，地铁碳排放增长量对总碳排放增长量的作用微乎其微，出租车碳排放增长量贡献值则保持在 0.056 上下波动，且在 1998 年与 2013 年出现了碳排放量的负增长，但是总体仍保持增长趋势。

表 8-7　不同出行方式碳排放增长量对交通总碳排放增长量的贡献表

年份	出租车碳排放增长量贡献值	地铁碳排放增长量贡献值	城市内部民用车辆碳排放增长量贡献值	公交车碳排放增长量贡献值
1997	0.184		−4.527	5.343
1998	−0.091		1.010	0.080
1999	0.073		0.496	0.430
2000	0.052		0.955	−0.007
2001	2.867		22.231	−24.098
2002	0.142		0.897	−0.039
2003	0.012		1.053	−0.065
2004	0.005		1.019	−0.027
2005	0.228	0.001	−0.830	1.601
2006	0.009	0.000	0.725	0.265
2007	0.009	0.000	0.930	0.062
2008	0.109	−0.001	0.833	0.059
2009	0.005	0.000	0.839	0.156

续表

年份	出租车碳排放增长量贡献值	地铁碳排放增长量贡献值	城市内部民用车辆碳排放增长量贡献值	公交车碳排放增长量贡献值
2010	0.090	0.003	0.889	0.017
2011	0.063	0.001	1.008	−0.072
2012	0.093	0.000	0.944	−0.037
2013	−0.010	0.007	0.960	0.043
2014	0.032	0.002	0.973	−0.007
2015	0.006	0.003	0.964	0.026
平均贡献值	0.056	0.001	0.508	0.435

注：表中 2001 年的数据异常，未计入平均贡献值的计算之中

由图 8-1 可知，只有 1997 年与 2005 年城市内部车辆碳排放量增长量贡献值为负，而其他年份都为正，且贡献值均为同年最大值。公交车碳排放增长量贡献值只在 1997 年与 2005 年较大，超过了 1。1997 年，由于多条公交线路的开通及电车供电技术的现代化，更多的城市居民可以在原未开通公交线路的区域选择公交车出行，从而使得城市内部车辆碳排放的增加量为负值。2005 年，地铁及大批新能源公交投入使用，人们选择公共交通出行的便捷度大幅提升，使得该年公交车碳排放的增长量贡献值大于 1，而城市内部民用车辆的碳排放增长量的贡献值为负值。通过图 8-1 的趋势可以看出，1997～2015 年总的交通碳排放量的增长主要是来源于城市内部民用车辆的碳排放。

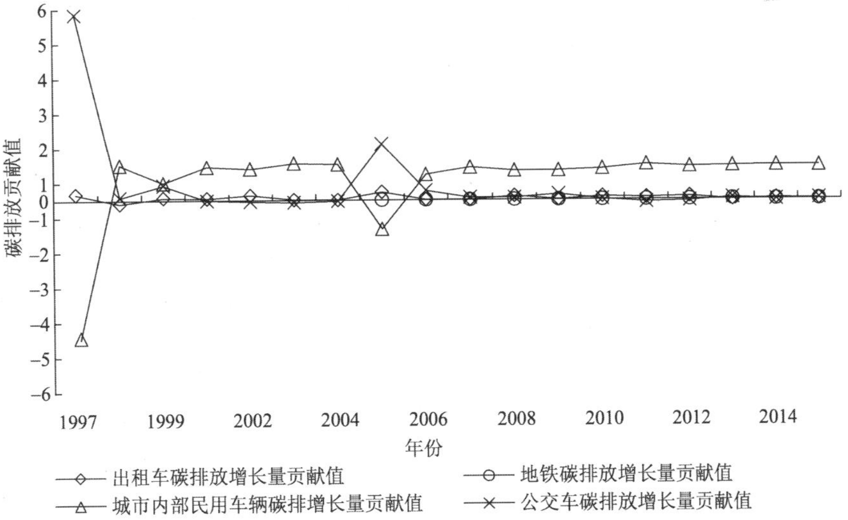

图 8-1　不同出行方式碳排放增长量对交通总碳排放增长量的贡献

8.2.2 武汉市交通出行碳排放的影响因素分析及低碳出行优化

1. 数据来源

1）调查情况说明

本书的部分数据来源于问卷调研，调研由预调研和正式调研两部分组成。预调研在 2017 年 10 月 8 日至 15 日通过发放网络问卷的形式，对武汉市各个行政区的居民进行调研，根据回收的问卷和被调查者反馈的意见对问卷进行修改和完善，形成最终的正式问卷。

正式调研分为实地调研和网络电子问卷调研两部分。实地调研从 2017 年 10 月 21 日至 29 日到武汉市洪山区、江岸区、江汉区、汉阳区、武昌区、蔡甸区和江夏区共 7 个行政区的住宅小区和中心商圈进行问卷调查，调查区域涵盖了武汉市主城区、近郊区和远城区。被调查者来自武汉市 13 个行政区。网络电子问卷调研为 2017 年 10 月 18 日至 11 月 10 日，通过网络形式邀请武汉市居民填写问卷。

本次调研共回收问卷 581 份，经剔除填写不完全及答案前后矛盾的问卷，有效问卷共有 514 份，问卷有效率为 88.47%。其中，预调研问卷共回收 88 份，有效问卷 72 份，有效率 81.82%。实地调研问卷共回收 312 份，有效问卷 289 份，有效率 92.63%。网络问卷调研共回收 181 份，有效问卷 153 份，有效率 84.53%。调查方式和问卷回收具体情况如表 8-8 所示。

表 8-8 调查数据来源情况

调研方式	回收问卷数/份	有效问卷数/份	问卷有效率
预调研	88	72	81.82%
网络问卷调研	181	153	84.53%
实地调研	312	289	92.63%
合计	581	514	88.47%

2）样本基本情况

本次调研收集的 514 个样本当中，女性受访者略多于男性，受访者中女性有 281 人，占总数的 54.67%，男性 233 人，占总数的 45.33%。受访者中年龄在 25 岁以下的共有 173 人，占总数的 33.66%；年龄大于等于 25 岁，小于 30 岁的共有 143 人，占总数的 27.82%，可见 30 岁以下的年轻人是本次调研的主要对象；年龄大于等于 30 岁，小于 40 岁的受访者有 148 位，占总数的 28.79%；年龄大于等于 40 岁，小于 50 岁的受访者共有 30 位，占总数的 5.84%；50 岁及以上的有 20 位，占总数的 3.89%。受访者中，本科学历的最多，共有 302 人，占总数的 58.75%，其次是研究生及以上学历的，共有 122 人，占总数的 23.74%，高中或中专学历的次之,共有 70 人,占总数的 13.62%,初中及小学学历的共有 20 人,占总数的 3.89%。工作单位类型中，在政府、事业单位和国有企业工作的受访者有 161 人，占总数的 31.32%；在民营企业和外资企业工作的受访者数量同样是 161 人，占总数的 31.32%；个体户 55 人，占总数的 10.70%；在校学生 79 人，占总数的 15.37%；待业、退休的有 24 人，占总数的 4.67%；其他职业的共有 34 人，占总数的 6.61%。对于家庭年均收入水平，占总数最多的是年均收入大于等于 10 万元，小于 25 万元的家庭，共计 192 户，占总数的 37.35%；其次是年均收入大于等于 5 万元，小于 10 万元的家庭，共计 151 户，占总数的 29.38%；年均收入 5 万元以下的次之，共有 90 户，占总数的 17.51%；年收入大于等于 25 万元，小于 50 万元的家庭共有 60 户，占总数的 11.67%；年收入 50 万元及以上的高收入家庭共有 21 户，占总数的 4.09%。样本基本情况数据如表 8-9 所示。

表 8-9　调查样本基本情况

样本基本属性		样本数量/人	占比
性别	男	233	45.33%
	女	281	54.67%
受教育程度	小学	1	0.19%
	初中	19	3.70%
	高中或中专	70	13.62%
	本科	302	58.75%
	研究生及以上	122	23.74%
工作单位类型	政府、事业单位、国有企业	161	31.32%
	民营企业、外资企业	161	31.32%
	个体户	55	10.70%
	学生	79	15.37%
	待业、退休	24	4.67%
	其他	34	6.61%
家庭年均收入水平	收入水平＜5 万元	90	17.51%
	5 万元≤收入水平＜10 万元	151	29.38%
	10 万元≤收入水平＜25 万元	192	37.35%
	25 万元≤收入水平＜50 万元	60	11.67%
	50 万元≤收入水平	21	4.09%

续表

样本基本属性		样本数量/人	占比
年龄	年龄 < 25 岁	173	33.66%
	25 岁≤年龄 < 30 岁	143	27.82%
	30 岁≤年龄 < 40 岁	148	28.79%
	40 岁≤年龄 < 50 岁	30	5.84%
	50 岁≤年龄	20	3.89%

注：表中数据经过修约，存在相加不为 100.00%的情况

2. 城市居民个体出行碳排放计算

考虑数据的可得性，以及参照前人的研究，采取自下而上的方法计算居民个体的出行碳排放。具体的计算公式如下：

$$E_i = \sum F_{ij} \times D_{ij} \times N_{ij} \tag{8-4}$$

其中，E_i 表示个人月均出行碳排放量；F_{ij} 表示第 j 种交通工具的碳排放因子；D_{ij} 表示居民 i 选择 j 种出行目的（包括通勤、去医院、银行等公共服务中心与去商场、公园等休闲服务中心）出行的双程距离；N_{ij} 表示居民 i 每月选择 j 种出行目的出行的次数。D_{ij} 和 N_{ij} 的数据通过问卷调查得到，F_{ij} 根据各类文献资料整理获得，具体的结果见表 8-10。

表 8-10　不同交通工具的碳排放因子

交通工具	碳排放因子/[kg CO_2/（人 × km）]	数据来源	交通工具	碳排放因子/[kg CO_2/（人 × km）]	数据来源
公交车	0.037 00	马静等（2011）	电动车	0.008 00	柴彦威等（2012）
单位班车	0.050 00	马静等（2011）	私家小汽车	0.135 00	柴彦威等（2012）
地铁	0.002 47	马静等（2011）	出租车	0.222 60	杨选梅等（2010）
摩托车	0.066 80	柴彦威等（2012）	步行、自行车	0	马静等（2011）

3. 变量的选取

根据国内外的研究，城市土地利用对交通碳排放存在较大的影响。国内外大部分学者的研究表明，土地利用混合度、人口密度、各类设施与公交的可达性，

以及社区的区位环境都会对交通碳排放产生影响（Frank et al., 2002; Zahabi et al., 2012；柴彦威等，2012；黄晓燕等，2014）。本书参照前人的研究，基于武汉市城市居民日常出行的调研问卷，分析个人的日常出行行为对交通碳排放的影响。基于调研的基础数据，从个人属性、家庭属性、社区属性 3 个方面选取 12 个变量，并采用多元线性回归的方法分析各变量对交通出行碳排放的影响。所选取的变量及各变量的定义如表 8-11 所示。

表 8-11　变量的选取及解释

变量类别	变量名	变量定义
个人属性	年龄（x_1）	居民实际年龄
	性别（x_2）	1=男；0=女
	受教育程度（x_3）	1=小学；2=初中；3=高中或中专；4=本科；5=研究生及以上
	通勤是否开车（x_4）	1=开车；0=不开车
家庭属性	家庭年收入水平（x_5）	1=5 万元以下；2=5 万～<10 万元；3=10 万～<25 万元；4=25 万～<50 万元；5=50 万元及以上
	家庭人口数（x_6）	根据调研数据直接得出
	住宅面积（x_7）	1=60 m^2 以下；2=60～<90 m^2；3=90～<120 m^2；4=120～<160 m^2；5=160～<240 m^2；6=240m^2 及以上
社区属性	社区位置（x_8）	1=一环内；2=二环内；3=三环内；4=近郊（三环外）
	公共交通站点位置（x_9）	居住区与最近的公交站或地铁站的距离。1=500 m 以内；2=500～<1000 m；3=1～<2 km；4=2～<5 km；5=5～<10 km；6=10～<20 km；7=20～<50 km；8=50 km 及以上
	通勤距离（x_{10}）	1=500 m 以内；2=500～<1000 m；3=1～<2 km；4=2～<5 km；5=5～<10 km；6=10～<20 km；7=20～<50 km；8=50 km 及以上
	通勤公交可达性（x_{11}）	是否有直达公交（包括公交车和地铁）线路。1=是；0=否
	社区公共服务中心的可达性（x_{12}）	社区公共服务中心便捷度，以可达性描述，其值越大，便捷度越小。$p=\sigma w_i s_i$（$w_i=n_i/n$，n_i 表示每个月出行第 i 种服务中心的次数，n 表示每个月出行公共和休闲服务中心的总次数，s_i 表示居住区离第 i 个服务中心的距离）

4. 武汉市交通出行碳排放影响因素分析

本书将月均个人出行碳排放量作为被解释变量，将上述选取的 12 个变量作为解释变量进行多元线性回归分析，并且对引入回归模型的各解释变量进行多重共线性检验。由于各解释变量的方差膨胀系数均小于 5，说明各变量间不存在多种共线性。具体的回归结果如表 8-12 所示。

表 8-12　武汉市居民交通出行碳排放影响因素的回归结果

自变量	回归系数
年龄（x_1）	0.284（1.00）
性别（x_2）	1.813（0.38）
受教育程度（x_3）	0.789（0.23）
通勤是否开车（x_4）	99.350***（17.33）
家庭年收入水平（x_5）	2.313（0.91）
家庭人口数（x_6）	0.125（0.06）
住宅面积（x_7）	0.166（0.06）
社区位置（x_8）	1.187*（-0.52）
公共交通站点位置（x_9）	0.588**（-0.28）
通勤距离（x_{10}）	9.996***（7.93）
通勤公交可达性（x_{11}）	-12.580**（-2.65）
社区公共服务中心的可达性（x_{12}）	4.249***（5.86）
常数	-43.710（-1.92）
样本数（N）	483
R^2	0.583

注：括号里面显示的是标准差

*p<0.1，**p<0.05，***p<0.01

表 8-12 结果可得出如下结论。

（1）家庭属性层面的各变量对个人出行交通碳排放影响都不显著，这说明个人交通出行碳排放不会随着家庭年收入、家庭人口数与家庭住宅面积的变化而变化。

（2）个人属性层面的变量只有个人出行习惯（通勤是否开车）变量在 1%的显著水平下影响个人交通出行碳排放，且回归系数为正，说明通勤开车是个人出行碳排放显著增加的重要原因。由表 8-10 的碳排放因子可知，私家小汽车是仅次于出租车的第二大碳排放交通工具，且一般来说，居民通勤出行约占日常总出行的 50%～60%（童抗抗和马克明，2012）。因此，通勤开车会大大增加个人交通出行碳排放。

（3）社区属性层面所选的变量都显著影响个人交通出行碳排放。社区位置在 10%的显著水平下正向影响个人交通出行碳排放，说明社区所处的位置距离城市中心越近，个人交通出行碳排放越低。造成这一结果的原因是多样的。首先，一环接近市中心，第三产业占比较高，相应的就业岗位也多，居住位置靠近一环的居民无论在意愿、经济能力和职业特点上都倾向于就近就业，通勤距离的减少自然也减少出行碳排放。其次，中心城区的社会和公共服务能力更完善，这也减少中心城区居民日常出门远行的概率。公共交通站点位置与通勤公交可达性在 5%的显著水平下影响个人交通出行碳排放量，当公共交通站点离居住区较近、通勤拥有直达线路的公交系统时，居民更倾向于选择低碳排放的公共交通出行方式，从而减少了个人交通出行碳排放。通勤距离在 1%的显著水平下正向影响个人交通出行碳排放，通勤距离越长，个人交通出行碳排放越大，这也是对当前低碳城市建设职住空间理论的有力佐证，证明了通过城市规划减少居民居住地与工作地点的通勤距离可以大幅减少其日常的通勤碳排放。社区公共服务中心的可达性值通过了 1%的显著性检验，其数值越大，则碳排放也越大。由于社区公共服务中心的可达性与居住社区周边要素的混合度密切相关，当不同要素混合的熵值越大，居民就近得到资源的可能性越大，而问卷调查显示当出行距离较小时居民往往选择步行或骑行，从而也减少了出行碳排放。

综合来看，各影响因素的影响程度从大到小排列为：通勤是否开车>通勤公交可达性>通勤距离>社区公共服务中心可达性>社区位置>公共交通站点位置，结果表明社区层面的各种区位属性是影响个人出行碳排放的重点，也是减少交通用地碳排放的突破口。

5. 武汉市居民公共交通出行的满意度分析

随着武汉市经济持续发展与人口持续增加，私家车的拥有量也在不断增加，从而给城市内部的道路造成了巨大的压力。私家车出行带来了碳排放的增加，给城市带来了环境污染问题。而基于本章分析，公共交通出行作为低碳出行的一种方式，不仅可以缓解城市交通的压力，还可以减少城市交通出行的碳排放。因此，创建完善的公共交通体系，提高公共交通的吸引力和竞争力，使有车一族愿意使用公交出行，从而缓解交通压力，减少汽车尾气排放，是促进低碳城市建设的一个重要措施。为此，本书通过武汉市居民家庭碳足迹及低碳意愿问卷调查，对武汉市居民公共出行各项指标的满意情况进行分析，为改善公共交通出行提供支撑。

调查问卷选取了 13 个表征居民对武汉市公共交通满意程度的指标，分别为候车距离、候车时间、换乘次数、车辆准点性、公交系统覆盖度、道路优先性、运行速度、线路拥堵情况、线路设置合理性、站点设置合理性、乘车花费、首末班时间合理性与车内舒适度等。由于各指标对居民的满意程度和重要性影响不同，因此需要区分各个指标的满意度级别。居民满意度级别采用了 5 分制评级方法，设定 1～5 分别代表：不满意、不太满意、比较满意、基本满意和十分满意。参照顾客满意度指数（customer satisfaction index，CSI）理论中 CSI（刘新燕，2004）的计算方法，本书确定的各项指标满意度的计算方法如下：

$$S_i = \sum X_j \times Y_{ij} \quad (i = 1, 2, 3, \cdots, n,\ j = 1, 2, 3, \cdots, k) \tag{8-5}$$

其中，n 表示影响居民公共交通出行满意度的指标个数；k 表示满意程度的分类等级数（k=5）；X_j 表示满意程度为 j 时所对应的分值（X_j=j）；Y_{ij} 表示居民对第 i 项指标满意程度为 j 的百分比。将公共交通出行方式分为公交车与地铁两种，并从上述的计算公式出发，计算武汉市居民对公交车与地铁出行各项指标（地铁不存在道路优先性与拥堵情况，因此在此不讨论）的满意度如表 8-13 所示。

表 8-13　公共交通出行各项指标的满意度表　　单位：分

公共出行指标	公交车	地铁
候车距离	2.93	3.16
候车时间	2.63	3.66
换乘次数	2.84	3.38
车辆准点性	2.65	3.89
公交系统覆盖度	3.07	3.06
道路优先性	2.76	/
运行速度	2.80	3.90
线路拥堵情况	1.99	/
线路设置合理性	2.89	3.41
站点设置合理性	3.09	3.48
乘车花费	3.52	3.54
首末班时间合理性	3.17	3.54
车内舒适度	2.54	3.58

从表 8-13 各项指标的满意度计算结果看，对于公交车出行而言，候车距离、候车时间、换乘次数、车辆准点性、道路优先性、运行速度、线路设置合理性与车内舒适度都处在不太满意与比较满意的满意度区间内，线路拥堵情况是武汉市居民不满意的指标，而居民对公交车出行比较满意的是公交系统覆盖度、站点设置合理性、乘车花费与首末班时间合理性。而就地铁而言，居民对各项指标的满意度都处于比较满意程度之上，其中，居民对候车距离与公交系统覆盖性满意度较低。

以上满意度评级结果表明当前武汉市公共交通，尤其是地面公共交通仍然存在较多问题，限制了居民出行对公共出行方式的选择。综上，结合武汉市公共交通出行的满意度分析结果，从交通规划和基础建设方面解决地面和地下公共交通系统的问题，将有助于从根本上改善武汉市居民公共出行体验，并引导更多居民低碳出行。

6. 交通用地碳减排策略

基于上述分析可知，城市交通用地产生的碳排放虽然直接来自交通载体，但通过合理的城市规划安排能在很大程度上减少交通载体的总使用量和高碳排放交通载体的使用率。为此，减少交通用地的碳排放应从城市整体布局出发，而不仅仅着眼于交通用地规划。在具体的减排措施上需要从城市空间形态优化、公共交通设计优化及道路交通通行引导政策三方面入手。

1）基于城市空间形态优化的交通用地减排策略

城市碳排放总量逐年递增尽管存在多重原因，但城市规模的不断扩大仍是其最直接和根本的原因。城市规模因改变了不同要素的连接距离，因此也使得不同要素的连接成本不断扩大，其中就包含了更多的城市碳排放量，对武汉市交通碳排放的历史性分析已经证明了这一点。现在国外学者的紧凑型城市设计理论是专门针对解决因城市规模不断扩大而产生的问题所提出的。显然武汉市城区不断的扩张会使城市形态的发展脱离传统意义的“紧凑”概念。为此，借鉴多中心理论，本书认为武汉市应向独具特色的多中心组团紧凑型城市空间形态发展，源于武汉市三镇鼎立的基础，仍坚持以汉口、武昌、汉阳三镇为核心的三中心城市形态，并在以下三个方面优化城市宏观设计。

（1）控制各城市核心的紧凑度。在以武汉三镇为城市核心的基础上，围绕上述核心提升城市紧凑度，防止每一个城市核心再次无序扩张。城市横向扩张往往导致职住空间扩张，如前述表8-12中结果所示，由此会带来通勤碳排放的增长；而通勤碳排放又占据了居民市内日常出行碳排放的60%以上，因此控制城市的紧凑度对于减少交通出行的总碳排放量具有重要作用。为此，后续城镇化过程中新区开发应尽可能靠近现有建成区，同时可在三镇建立分散的大型就业中心以保证各个城市核心短距离内的职住平衡。

（2）优化不同类型的用地布局。公共及商服用地、工业用地和居住用地因土地功能差异较大，对其展开布局时应注意下列要点。第一，公共及商服用地本身具有不同分类，根据回报率的不同可将高回报率的商业、办公和娱乐用地布置在交通节点上的近圈层内或者公共交通系统线路的沿线缓冲区内，将上述用地的高使用率特点与公交系统高效结合，而其他服务用地则围绕上述用地展开布置。第二，武汉市工业用地的布置应分类考虑，重型工业由于污染严重可围绕三镇外围部署，轻型工业和密集制造型工业则应注意与居住用地和公共及商服用地的混合布施，以避免交通环线设置带来碳排放显著增加。而居住用地应该满足居民对日常公共服务获取的需求，从武汉实际出发建立综合性居住社区，增大居住区与其他功能性用地的交叉混合度，从整体上减少居民出行的总距离。

（3）提升土地的多功能利用性。相较于过度强调某一地块使用的特定功能性，强化土地的多功能性对减少碳排放具有较大帮助。通过土地的混合利用，形成商业、居住、就业、办公、就学及休闲娱乐等城市功能的集成可有效加强不同机构、不同产业之间的联系，促进区域要素的多样性发展，有利于城市住宅资源和就业岗位的均衡分布，减少钟摆式交通能耗和污染，提升土地资源的共享化。

2）基于公共交通设计优化的交通用地减排策略

1996 年以来，城市内部车辆对武汉市碳排放的累积贡献值达到 9.14（不含 2001 年的异常值），成为交通用地中最主要的碳排放驱动力。与此同时，尽管公共交通每年的客运量不断增加，但其增加的碳排放却相对较低。尤其是地铁碳排放增长量贡献值几乎微乎其微，而若考虑到其为城市内部民用车辆的分流作用，则其贡献值实际为负值，表 8-6 表明武汉市年人均交通出行碳排放量实际在不断降低。但对武汉市居民公共交通出行方式满意度的调研显示，目前武汉市居民对公共交通（尤其是公交车）的满意度普遍较低，如候车距离、候车时间、换乘次数、车辆准点性、道路优先性、运行速度、线路设置合理性与车内舒适度都在满意度中值水平线以下，这或许是居民选择乘坐私家车出行的重要推手。为此，应改进武汉市现有的交通现状，TOD 模式或将成为未来武汉市引导公共交通的有效模式。TOD 模式已经成为美国、日本和欧洲多国面向低碳城市的土地使用和交通规划设计的重要参考模式。结合本书的调查情况和武汉市实际，围绕减碳的城市交通设计改进应注意以下几点。

（1）提升现有公共交通的质量。虽然武汉市公共交通在数量和分布上已经达到了一定规模，但在质量上仍有很大的改进空间。基于满意度调查结果，武汉公共交通系统应在以下方面有所提升：首先，进一步增加快速直达公交线路和车辆数量的供给，提升当前乘坐地面公交车出行的体验，提升公交车辆准点性，道路优先性和线路、站点设置合理性，降低候车的距离和时间，保持高频率、直达式快捷便利的服务。其次，扩大地铁的服务范围，这在武汉市地铁规划中已有较好体现，但仍应注意其与地面交通系统的衔接。最后，优化现有交通节点，提升公共交通节点的服务强度和水平，将公共交通节点设置在居住、就业和服务中心的步行范围内。

（2）提高道路网密度。宽大的马路不一定高效，也不一定有利于疏散交通流、缓解交通拥堵。相关研究表明，细密的道路交通网比宽大的马路有更大的优势，在优化交通流的同时，还有助于提高步行的安全性。由此可见，可利用多条窄小的道路疏散交通流，缓解交通拥堵情况，提高道路网密度，并且设计安全舒适的人行道与自行车道，鼓励居民步行与骑行。

（3）提升自行车网络的优先性。骑行作为简单、经济的出行方式代表，不仅可以大幅缓解城市交通拥堵，更为实现城市出行的零碳排放提供了可能性。世界各国都致力于将自行车交通再次引入城市生活，但现在我国很多城市基础设施缺失和设计不当，使得骑行不再是安全舒适的选择。要解决上述问题，武汉市应凭借当前国内共享自行车行业大力发展的势头，在武汉市的旧街区改造和新街区规划设计中重新考虑骑行的安全和舒适性问题，改善非机动车专用道路和景观绿道设置，以此鼓励居民骑行。

（4）设计适宜步行的街道和人行尺度的街区。对武汉市居民出行的调研结果显示，80%的城市居民在安全和舒适的前提下都乐于采取短途步行的方式去往目的地。因此，在街道和街区的设计尺度上，首先，可通过缩短过街距离、限制道路宽度等方式鼓励人们步行；其次，可通过鼓励底层建筑活动提升行人的直达性，如公共建筑和商业建筑向步行道路开设出入口、在居住街区设置通行出入口，以及开放城市社区道路等。

3）基于道路交通通行引导政策的交通用地减排策略

除了通过优化城市空间形态布局和提升公共交通设计，交通碳排放还可以通过道路交通政策对城市内部民用车辆的出行进行限制，以引导城市居民有序出行，减轻城市交通拥堵，也减少城市内部民用车辆通行的碳排放。武汉可借鉴北京、上海、广州、深圳等城市已实行的相关政策，如实行城市购车摇号政策以减缓城市车辆增长，实行单双号限行政策减少已有车辆的日使用量，实行鼓励市民购买新能源车的政策等，在尽可能减少对居民出行造成的困扰的前提下鼓励居民乘坐公共交通、低碳出行。

8.3　本章小结

本章在第 7 章分析的基础上，选取了武汉市最具减排潜力的产业与交通两类用地作为分析对象，通过对不同产业的碳排放贡献度分析、对城市交通出行碳排放的影响因素分析等，针对产业用地低碳优化和城市交通低碳发展提出了改进策略。本章主要结论如下。

（1）由岭回归模型结果可知，武汉市不同产业的发展对产业碳排放的贡献度差异较大。其中，农业、教育业、文化体育和娱乐业的发展对碳排放的贡献度为负，且农业对碳排放的负贡献度最大，其次为教育行业，最后为文化体育和娱乐业。而其他 8 个行业对城市的碳排放贡献度均为正值，从大到小分别为工业（0.141 15）>住宿餐饮业（0.113 95）>金融业（0.102 84）>建筑业（0.092 50）>交通仓储邮政业（0.050 98）>房地产业（0.048 45）>批发零售业（0.029 85）>计算机软件服务业（0.009 87）。因此，应发挥政府对土地供应的管控作用，在严格遵守武汉市耕地红线，减缓农用地向建设用地转化的前提下，将土地优先供应给碳排放贡献度较低的行业，如教育业、文化体育和娱乐业等，而对碳排放贡献度较高的行业的用地供应则应提高环境准入门槛，如工业、住宿餐饮业等。

（2）武汉市产业呈圈层布局，研究期内工业外移趋势明显，三环线外成为工业空间的主要承载区域。但老城区内仍留有相当规模的化工、纺织及机械制造业，这些企业因能源消费较大而产生了较大的碳排放。为此应进一步推动中心城区的产业功能升级，通过“8+1”城市圈承接产业转移，将上述企业中技术先进的部分企业转移至武汉周边城市，并逐步淘汰资金实力不足、技术落后、设备陈旧、排放不达标的污染企业。中心城区内进一步加大服务业，尤其是新兴服务业的结构占比，通过集群化布局模式、主题分散布局模式、腹地扩张布局模式、产业联动布局模式的引入和发展促进城市布局的产住融合、产销分工，促进不同产业间统一布局公共服务设施、基础设施，因地制宜地引导产业发展，打造低碳产业集群。

（3）交通出行碳排放变化的时序分析结果显示，1996～2015 年城市内部民用车辆的碳排放不仅总量较大，且增长迅速，所占比重由 1996 年的 65%上升到 2015 年的 87%，对武汉市交通碳排放增长的累积贡献度为 9.14。地铁碳排放的年均增长率最高，但其对交通碳排放的贡献度微乎其微，且地铁运营和地面公共交通系统的完善分流了大批潜在的城市内部民用出行车辆，最终使得城市的人均出行碳排放在总体上呈现下降趋势。因此，大力推行公共交通将有利于减缓武汉市交通碳排放量的增长趋势。

（4）通过交通出行碳排放影响因素分析和武汉市居民公共出行满意度的调查分析，降低居民出行碳排放应考虑从以下三个方面展开：首先，应优化城市空间形态的宏观布局，以多中心理论为基础建立以武汉三镇为核心的多中心城市形态，并积极控制各核心的城市紧凑度，合理优化公共及商服用地、工业用地和居住用地的空间布局，提升各类用地的多功能利用性；其次，在武汉市现有公共交通服务体系的基础上，通过提升现有公共交通的质量、提高道路网密度、提升自行车网络的优先性和设计适宜步行的街道与人行尺度的街区等途径创造武汉公共交通的 TOD 模式；最后，采取差别化的限制和激励性政策以引导居民出行的公交化和低碳化。

第 9 章　研究结论与讨论

9.1　本书主要研究结论

基于全球气候变化的大背景，城市碳排放的增长和调控日益成为社会可持续发展面临的重大难题。与此同时，承载着人类社会生产生活的土地及在土地上进行的城市建设、能源消费、交通规划和产业布局等活动无时无刻不在影响着城市社会—自然的碳循环过程。鉴于此，从系统角度对城市人口、资本、土地、能源等投入，工业品、地区生产总值、碳排放等产出之间的关系进行分析，对于探讨城市经济、土地利用与碳排放系统之间的联系及运行机理，提出发展低碳经济、实现土地的低碳利用，以及建设“两型社会”的途径和措施有着积极作用。本书通过学习和借鉴国内外相关研究成果，以可持续发展理论为核心，综合运用人地关系理论、系统科学理论、土地优化配置理论、碳足迹理论和城市空间理论等，采用系统思想和系统仿真方法研究城市土地利用碳排放系统。第一，对武汉市近20年的土地利用碳源/汇量及净碳排放量进行测算，并分析其影响因素的作用。第二，根据因素分解结果，为武汉市土地利用碳排放系统建立系统动力学仿真模型，得出武汉市土地利用碳排放变化及调控因子的作用。第三，根据模拟系统，对武汉市土地利用碳排放各子系统的变化和可能的调控进行分析，深入研究城市经济、土地利用与碳排放系统之间的联系及运行机理。第四，运用碳足迹理论分析1996～2030年武汉市碳环境的可持续性和城市系统的稳定性，并对现行土地利用规划结构的碳效应进行评估和对城市建设用地规模管控的碳效应进行分析；通过多元线性规划模型得出碳输出最小化和碳输入最大化的土地利用结构优化方案，并以现行土地利用规划方案、碳输出最小化方案和碳输入最大化方案的三种目标结构与前文系统仿真最适方案（综合调整模拟方案五）的其他目标相结合，重新模拟，以此寻求碳足迹缩减的武汉市城市土地利用的最佳调控目标，研究表明武汉市应以碳输出最小化方案作为土地利用结构优化目标，结合产业、能源、低碳意识等其他调控，可促进碳排放达峰目标的实现和碳生态足迹的缩减。第五，以上述分析为支撑，通过深入剖析产业用地的碳排放特点，调查和分析城市居民能源消费及低碳选择，提出武汉市土地低碳利用的相关政策与调控措施。本书得出主要结论如下。

（1）武汉市 1996～2015 年土地利用净碳排放逐年递增，虽然单位地区生产总值碳排放呈递减趋势，但武汉市净碳排放量增长速度快于用地扩张和人口增长的速度，导致武汉市整体上碳减排压力较大。

根据研究期内武汉市土地利用碳排放的测算结果和分析结果，得出 1996～2015 年武汉市的净碳排放量呈波动上升趋势，曲线呈“S”形，即“缓慢增长—剧烈上升—缓慢增长”。虽然总碳排放量和碳吸收量在研究期内都表现为递增趋势，但碳排放增加趋势较碳吸收量提升更为明显。不同地类的碳排放对比中，建设用地碳排放总量最多，上升态势也最为明显，而耕地则表现为先上升后下降的态势，不同地类间碳排放强度差异巨大。土地利用的碳吸收主要依赖于耕地生产过程，其余碳汇地类由于面积较少导致碳吸收量占总碳汇的比重较低。上述碳排放和碳汇的变化趋势说明了在长期过程中土地利用产生的碳排放变化是相对稳定的。土地利用碳源/汇量与社会经济发展水平之间是相互作用的，通过改变它们的结构与强度可带来两者非零和式的变化。相对于碳排放总量变化趋势的单一性而言，地均碳排放、人均碳排放和单位地区生产总值碳排放则表现出截然不同的方向。由于土地利用的净碳排放量超过了城市用地扩张和城市人口增长的速率，地均碳排放、人均碳排放均表现为正向的递增趋势，且与碳排放总量保持高度一致性。由于土地开发建设和人口增长有一个较长的影响过程，因此带来的净碳排放量增长变化也会对地均碳排放与人均碳排放水平的变化产生持续影响。与此同时，单位地区生产总值碳排放由于产业转型升级、能源效率提升和技术进步则表现出缓慢下降的趋势，这在一定程度上证明了武汉市的经济与碳排放在逐步实现脱钩发展。

（2）城市土地利用碳排放变化受城市经济、社会、土地利用等因素的系统影响，武汉市 1996～2015 年的变化分析表明其综合效应结果表现为正值。武汉市应以调整经济发展模式和降低地均碳排放强度（控制建设用地增长）作为碳减排主要手段，还应发挥提高土地和能源利用效率、促进能源消费合理增长的积极作用。

在全球化背景下，一个国家的经济增长、人口增长、土地利用强度和结构变化乃至政治、局地知识等因素都会对土地利用碳排放产生影响。城市是人口集聚和稠密的区域，其经济、社会、自然组成了一个复杂的生态系统，分析城市土地利用碳排放需要从系统的角度综合考察人口、经济、土地、能源等因素与土地利用碳排放之间的关系。为此，在碳排放测算的基础上，对影响武汉市土地利用碳排放的因素进行了定量分析。

分析表明，对武汉市土地利用碳排放产生正效应的因素有经济、地均碳排放强度和人口等因素；产生负效应的因素有能源利用效率和土地利用效率因素，综合效应的结果为正值。LMDI 模型影响因素分解得出，1997 年至 2015 年，经济、地均碳排放强度和人口等因素对武汉市土地利用碳排放有积极作用，在碳排放增长量中的占比分别为 66.75%、29.3%、3.94%。与此相反，土地利用效率和能源利用效率等因素有抑制作用，在碳减排量中的比例分别为 29.29%和 70.71%。说明调整城市经济的发展模式和降低地均碳排放强度（控制建设用地的增长）仍是武汉市碳减排的主要手段，提高土地和能源利用效率，保证能源消费的合理增长对低碳发展具有重要的积极作用。

（3）按照系统动力学建模的原理，通过系统分析各要素变化及相互关系，可构建基于现实发展状态的城市土地利用碳排放系统动力学模型，武汉市的系统模拟表明 2016～2030 年碳排放增长趋势逐渐减缓，但总量将保持逐年攀升的态势，研究期内碳排放难达峰值，需要通过土地利用调控实现减碳目标。

基于系统学理论，将土地、人口、社会、经济、能源与碳排放的相互作用融入系统动力学模型，构建相应的仿真系统，模拟分析 1996～2030 年武汉市土地利用碳排放系统的变化。

仿真结果表明：以目前的发展趋势，虽然碳排放增长趋势会逐渐减缓，但武汉市的碳排放总量将保持逐年攀升的态势，研究期内，碳排放难达峰值。未来一段时间内随着城镇化的持续，农用地仍将继续转变为建设用地，由此带来碳源持续增加，碳汇减少，导致地均碳排放水平的持续上升；同时，城市发展加大了武汉市对周边城市人口的吸引力，碳排放增长速率依然高于城市人口增长率。当土地城镇化到达临界点时间（2026 年左右），伴随着各产业的技术和能源利用效率的提升，碳排放增长速率将持续降低。而另一个反映碳排放强度的指标，单位地区生产总值的碳排放强度将在未来 15 年内表现为逐年递减的趋势，与脱钩分析结果相符，即经济增长和碳排放的脱钩指数表现为弱脱钩状态，但仍未达到完全脱钩。系统模拟结果表明武汉市需要通过土地利用调控实现减碳目标。

（4）不同政策情景的模拟分析表明为实现碳排放达峰目标，武汉市应发挥土地利用结构、产业结构、单位地区生产总值能耗、能源结构、碳意识等调整与改进的综合作用，并明确能源和产业发展调整的方向。

在设定经济常态发展、人口稳步增加的目标前提下，通过合理调整第二产业与第三产业、农用地与建设用地、能源消费的结构比，逐步增加 R&D 投入、提升单位能源的产出效率将成为武汉市土地利用碳减排的有效途径。

通过对经济、土地利用、人口、能源和环境等 5 个子系统的调控影响进行模拟分析，结果表明：武汉市的经济与碳排放发展处于弱脱钩的状态，因此，不同的增长模式虽然对碳排放的总量具有影响，但对单位地区生产总值产出碳排放的影响较小。经济增长因素中对碳排放影响更大的是产业结构，尤其是第二产业和第三产业在经济发展中的占比，可较大程度地改变单位产出地区生产总值的碳排放水平。人口对碳排放的影响更多体现在碳排放总量上，保持城市人口的中低速增长有助于控制城市生活性能源消费碳排放和因人口过度集中而产生的额外碳排放。能源对碳排放的影响体现在能源利用结构（量）和效率（质）的水平上，其中能源利用结构对碳排放的影响更为直观，降低煤炭、提升天然气的使用比例对碳排放的影响十分明显。而通过改变 R&D 投入逐步改变生产技术引起的碳排放减少在未来随着时间推移也会变得更加显著。土地利用结构对城市碳排放的影响主要表现为对碳源与碳汇的影响，其中降低建设用地的比例对降低碳排放水平的效果更为显著；考虑到城市发展中必要的农用地转为建设用地的需要，如何权衡经济增长和低碳发展的关系就成为武汉市土地利用规划与调控的重点。低碳意识对于城市碳减排的影响是潜移默化的，影响效果较其他因素不明显，但从长期来看对城市碳排放总量的降低具有积极作用。

总体而言，经济增长和土地利用结构对碳排放增长的影响效果最为显著。综合各调控因素的作用，研究提出了发挥如降低城市第二产业比重、提升第三产业比重，减少煤炭消费、增加天然气消费，大幅增加 R&D 投入，自主控制建设用地无序扩张，提升民众节能减碳意识等调控手段（综合调整模拟方案五）的协同作用，将在促进武汉市经济稳步发展的同时带来较佳的碳减排效果。

（5）以碳足迹理论为指导，将碳环境的可持续分析与土地利用调控路径的碳效应分析结合，讨论城市土地低碳利用结构和调控目标，武汉市的研究表明应以碳输出最小化方案作为土地利用结构优化目标，结合产业、能源、低碳意识等其他调控，可促进碳排放达峰目标的实现和碳生态足迹的缩减。

城市发展过程中，城市规划、土地利用规划是城市土地利用安排和管控的重要依据，土地利用总体规划以新增建设用地占用耕地、城乡建设用地规模、耕地保有量、基本农田保护面积、土地整理开发复垦补充耕地、人均城镇工矿用地等作为规划的约束性指标，显然，规划的实施涉及碳源、碳汇用地数量和建设开发的强度，在规划没有考虑碳减排和低碳发展对土地利用安排的要求前提下，需要重新审视城市土地利用的调控路径和效果。为此，研究中，以城市整体碳环境的稳定性分析作为提出土地利用调控目标的切入点，以碳足迹理论为指导，分析武汉市碳排放现状及系统模拟结果的可持续性，并对当前土地利用规划的碳效应进行评估，提出新的符合低碳发展的土地利用结构优化和建设用地规模的调控目标。

研究结果表明，武汉市碳排放总量的对数序列与建设用地面积的对数序列之间存在长期稳定的均衡关系，且长期情景下，建设用地每增加 1 个百分点，碳排放相应会上升 2.71 个百分点；而短期情况下，建设用地增加导致的碳排放增长量更多，且经济增长的过程会同步导致建设用地扩张和碳源强度增加。因此，无论是长期还是短期情景内，控制城市建设用地规模是土地利用低碳调控的有效路径。对于土地利用结构而言，通过多元线性规划模型，求出碳输出最小化、碳输入最大化的土地利用结构优化方案，与现行土地利用规划方案的碳效应比较，得出碳输出最小化方案的碳效应最优。将三种土地利用结构方案与综合调整模拟方案五中的其他调控指标结合，在仿真系统中重新模拟，可得碳输出最小化方案的净碳排放水平最低，碳赤字水平也最低，该方案土地利用结构可使武汉市碳足迹水平缩减提前达到原综合调整模拟方案五 2029 年的碳赤字水平。说明武汉市土地利用结构的调整应以碳输出最小化方案为调控路径，加上产业结构、能源结构、单位地区生产总值能耗的调整和改进，低碳意识的加强等调控手段的协同作用，可更好地实现低碳发展。城市低碳目标的设立应以城市碳生态足迹的缩减和城市系统的持续稳定为导向。

（6）基于减碳潜力和居民低碳生活意愿分析，结合相关规划，提出城市土地利用减排策略，武汉市的研究表明调整和优化不同产业的供地顺序和空间布局，引导民众低碳出行将会在较大程度上减缓城市土地利用的碳排放增速。

为实现碳排放达峰目标，需要明确城市的产业、能源结构和居民低碳出行调整方向和措施，为此，分别以北京市、上海市、广州市、杭州市等城市为参照城市，选取对武汉市碳排放影响最为显著的产业发展、能源利用和城市交通三种因素，并以上述三种因素的结构调整为导向，分析其减碳潜力，明确碳减排的可行方向。

分析表明，武汉市第一产业、第二产业、第三产业结构调整的碳减排潜力为 7.84%～27.97%（该项上海市未列入比较），第三产业内部结构调整的减碳潜力 10.86%～20.74%（该项广州市未列入比较）。工业用地上能源利用结构调整的减碳潜力 2.82%～19.50%，居住用地上能源利用结构调整的减碳潜力 11.01%～12.82%（该项北京市未列入比较）。交通出行结构调整的减碳潜力 14.44%～35.94%（该项杭州市未列入比较）。结果说明产业与交通用地安排具有较大的减碳潜力。

通过构建不同产业经济发展与产业用地碳排放之间的线性回归关系、岭回归模型结果可知，武汉市不同产业的发展对产业碳排放的贡献程度差异较大。从大到小分别为工业（0.141 15）>住宿餐饮业（0.113 95）>金融业（0.102 84）>建筑业（0.092 50）>交通运输、仓储和邮政业（0.050 98）>房地产业（0.048 45）>批发零售业（0.029 85）>计算机软件服务业（0.009 87）。因此，对于土地供应，在严守耕地红线，控制农用地向建设用地转化的前提下，将土地优先供应于碳排放贡献度较低的行业，如教育业、文化体育和娱乐业等，而对碳排放贡献度较高的行业的用地供应则应提高环境准入门槛，如工业、住宿餐饮业等。同时应进一步优化产业空间布局。

交通出行碳排放变化的时序分析结果显示，1996～2015 年武汉市城市内部车辆的碳排放增长迅速，结合交通出行碳排放影响因素分析和居民公共出行满意度调查分析结果，应从武汉市三镇多中心特点出发来优化城市空间形态的宏观布局，通过提升现有公共交通的质量、提高道路网密度、优化自行车网络、改善步行街道、改进街区设计等建立以公共交通为导向的 TOD 交通模式，促进公共交通的发展，采取差别化的限制和激励性政策等引导居民出行的公交化和低碳化。

9.2 研究展望

城市土地利用碳排放的系统研究涉及多个不同领域，本书在现有研究的基础上，以城市土地利用碳排放测算为基础，通过影响因素分解探讨了碳排放系统的构成并对其进行了仿真模拟、预测和调控因素的影响分析，并以此作为铺垫对土地低碳利用调控目标和减碳策略做了进一步研究。鉴于研究涉及学科的广泛性、数据来源和技术的局限性，以及笔者研究能力尚存在不足，研究有待后续的深入和改进。

1. 深入探究系统要素之间关系研究，提高系统仿真的模拟能力

武汉市城市土地利用碳排放系统动力学模型的建构，涉及土地、能源、人口、经济和环境五个子系统，力求系统模拟城市系统的变化，但研究过程受资料缺失及数据保密性等问题的影响，对于部分影响碳排放的现实因素（如政策、历史数据）部分，做了简化工作，难免影响了仿真的效果。为此，在提高土地利用碳排放测算精度的基础上，优化现有模型的相互作用关系、寻找被简化部分现实的替代模型，利用新技术填补当前资料和数据的空缺是今后研究的努力方向之一。

2. 区分不同类型城市的低碳调控效应和差别化政策研究有待深入

本书以武汉市为例，通过系统分析和模拟，探讨其土地利用碳排放变化的机理和低碳利用调控决策，为武汉市提供具体决策参考。但城市不同发展阶段和经济发展状况及资源禀赋条件均存在差异。本书从国家、省、市的不同层面对其土地利用状况和碳排放变化分析及改进等展开了研究，以阶段性研究成果的方式呈现，研究表明不同区域土地利用系统和碳排放处于不同的状态，碳排放效率水平和改进方式也存在差异，为此，系统分析不同类型城市的低碳调控方法和差别化政策制定将成为必然，这也是我们下一步研究的重点。

3. 基于城市系统差异的碳排放交易与补偿机制的研究有待开展

本书着重从系统仿真的角度，对武汉市土地利用碳排放变化和调控进行了模拟研究，提出了改进策略和建议。显然不同的城市经济社会系统的状态反映了其城市各要素的不同组合状态，也说明需要因地制宜地做出低碳改进选择。为实现我国低碳发展的目标，明确各个城市的碳排放目标和策略是必要的，但每个城市、每个区域都有自身发展的诉求，追求全局整体利益的最优，需要兼顾区域和城市个体的发展愿望，显然发展权利的公平是不能忽视的。为此，进一步探讨区域的碳排放交易和补偿机制将成为今后研究的重要方面和发展方向。

参 考 文 献

白雪爽, 胡亚林, 曾德慧, 等. 2008. 半干旱沙区退耕还林对碳储量和分配格局的影响. 生态学杂志, 27(10): 1647-1652.

摆万奇, 赵士洞. 2001. 土地利用变化驱动力系统分析. 资源科学, 23(3): 39-41.

卞晓峰. 2014. 不同土地利用方式的碳排放和碳足迹研究——以中国30个省、自治区、直辖市为例. 兰州: 西北师范大学.

蔡昉, 都阳, 王美艳. 2008. 经济发展方式转变与节能减排内在动力. 经济研究, 45(6): 4-11, 36.

曹凑贵, 李成芳, 展茗, 等. 2011. 稻田管理措施对土壤碳排放的影响. 中国农业科学, 44(1): 93-98.

柴彦威, 肖作鹏, 刘志林. 2012. 居民家庭日常出行碳排放的发生机制与调控策略——以北京市为例. 地理研究, 31(2): 334-344.

陈宇. 2016. 武汉城市圈碳氧平衡评价及区域差别化土地利用调控研究. 武汉: 华中农业大学.

程叶青, 王哲野, 张守志, 等. 2013. 中国能源消费碳排放强度及其影响因素的空间计量. 地理学报, 68(10): 1418-1431.

丛建辉, 刘学敏, 朱婧, 等. 2013. 中小城市工业碳排放: 核算方法与影响因素——以河南省济源市为例. 资源科学, 35(11): 2158-2165.

代如锋, 丑洁明, 董文杰, 等. 2017. 中国碳排放的历史特征及未来趋势预测分析. 北京师范大学学报(自然科学版), 53(1): 80-86.

丁鸿富, 虞富洋, 陈平. 1987. 社会生态学. 杭州: 浙江教育出版社.

丁仲礼, 段晓男, 葛全胜, 等. 2009. 2050年大气CO_2浓度控制: 各国排放权计算. 中国科学(D辑: 地球科学), 39(8): 1009-1027.

董锋, 杨庆亮, 龙如银, 等. 2015. 中国碳排放分解与动态模拟. 中国人口·资源与环境, 25(4): 1-8.

董文芳. 2014. 西部地区低碳工业发展路径研究. 成都: 西南财经大学.

段晓男, 王效科, 尹弢, 等. 2006. 湿地生态系统固碳潜力研究进展. 生态环境, 87(5): 1091-1095.

范庆泉, 周县华, 刘净然. 2015. 碳强度的双重红利: 环境质量改善与经济持续增长. 中国人口・资源与环境, 25(6): 62-71.

范太胜. 2013. 基于系统动力学的低碳经济发展模式研究: 以福建省为例. 华东经济管理, 27(8): 12-16.

方精云, 郭兆迪, 朴世龙, 等. 2007. 1981-2000年中国陆地植被碳汇的估算. 中国科学D辑: 地球科学, 370(6): 804-812.

冯媛媛. 2011. 山东省工业节能减排效率评价模型构建及研究. 青岛: 中国海洋大学.

高菠阳, 刘卫东. 2013. 道路交通节能减排途径与潜力分析. 地理研究, 32(4): 767-775.

郭军, 赵连臣, 贾红日, 等. 2008. 辽宁省温室气体排放现状及减排措施分析. 可再生资源,

26(2): 111-113.
贺红兵. 2012. 我国碳排放影响因素分析. 武汉: 华中科技大学.
胡立峰, 李琳, 陈阜, 等. 2006. 不同耕作制度对南方稻田甲烷排放的影响. 生态环境, 15(6): 1216-1219.
胡玥昕, 江洪, 王颖, 等. 2014. 基于系统动力学的工业产业经济与碳排放综合分析——以无锡装备制造业为例. 生态经济, 30(8): 18-25.
黄水平, 王枫, 邱国玉. 2012. 生命周期法研究低碳能源发电碳减排潜力. 生态经济, (10): 121-124.
黄晓燕, 李沛权, 曹小曙. 2014. 广州社区居民通勤碳排放特征及其影响机理. 城市环境与城市生态, 27(5): 32-38.
贾顺平, 毛保华, 刘爽, 等. 2010. 中国交通运输能源消耗水平测算与分析. 交通运输系统工程与信息, 10(1): 22-27.
江平平. 2015. 基于生态足迹的武汉市土地低碳利用分析与改进研究. 武汉: 华中农业大学.
姜丽娜. 2014. 森林碳增汇视角下的伊春森林碳汇分析与评价. 哈尔滨: 东北林业大学.
姜群鸥, 邓祥征, 战金艳, 等. 2008. 黄淮海平原耕地转移对植被碳储量的影响. 地理研究, 27(4): 839-846.
赖力. 2010. 中国土地利用的碳排放效应研究. 南京: 南京大学.
黎孔清. 2013. 低碳经济导向的区域土地利用评价与结构优化研究. 武汉: 华中农业大学.
李国柱, 何曼. 2015. 基于系统动力学的河北省工业碳排放研究. 石家庄经济学院学报, 38(4): 57-65.
李洪心, 付伯颖. 2004. 对环境税的一般均衡分析与应用模式探讨. 中国人口·资源与环境, 14(3): 21-24.
李静. 2011. 包头市达茂旗土地利用发展战略研究. 呼和浩特: 内蒙古大学.
李克让. 2002. 土地利用变化和温室气体净排放与陆地生态系统碳循环. 北京: 气象出版社.
李平星, 曹有挥. 2013. 产业转移背景下区域工业碳排放时空格局演变——以泛长三角为例. 地球科学进展, 28(8): 939-947.
李全. 2012. 江苏人口城市化和消费需求的实证分析. 南京: 南京财经大学.
李信仕, 王诗哲, 石铁矛, 等. 2012. 基于低碳城市理念下的绿地系统规划研究策略——以沈阳市为例. 城市发展研究, 19(3): 10-12, 16.
李颖, 黄贤金, 甄峰. 2008. 江苏省区域不同土地利用方式的碳排放效应分析. 农业工程学报, 24(2): 102-107.
梁爽. 2015. 基于碳减排目标的江苏省土地利用结构优化研究. 徐州: 中国矿业大学.
刘长信. 2010. 中国工业化进程中的碳排放: 影响因素、减排潜力及预测. 大连: 东北财经大学.
刘慧, 成升魁, 张雷. 2002. 人类经济活动影响碳排放的国际研究动态. 地理科学进展, 21(5): 420-429.
刘力钢, 罗元文, 等. 2006. 资源型城市可持续发展战略. 北京: 经济管理出版社.
刘晓俞. 2012. 大连市工业发展低碳经济途径研究. 大连: 大连理工大学.
刘新燕. 2004. 顾客满意度指数模型研究. 北京: 中国财政经济出版社.
刘永红. 2015. 基于系统动力学的山西省低碳经济发展路径研究. 太原: 山西财经大学.
刘宇, 吕郢康, 周梅芳. 2015. 投入产出法测算 CO_2 排放量及其影响因素分析. 中国人口·资源与环境, 25(9): 21-28.

柳青. 2012. 湖北省土地利用的碳排放测算研究. 武汉: 湖北大学.
卢娜, 冯淑怡, 曲福田. 2013. 经济发展对我国土地利用碳排放的影响. 南京农业大学学报(社会科学版), 13 (2): 108-115.
卢娜. 2011. 土地利用变化碳排放效应研究. 南京: 南京农业大学.
吕国红, 焦晓光, 王笑影, 等. 2010. 不同施肥方式对农田有机碳含量的影响. 安徽农业科学, 38(6) : 3035-3038.
吕旭江. 2014. 基于低碳视角的江苏省土地利用结构研究. 南京: 南京师范大学.
马静, 柴彦威, 刘志林. 2011. 基于居民出行行为的北京市交通碳排放影响机理. 地理学报, 66(8): 1023-1032.
马艳, 严金强, 李真. 2010. 产业结构与低碳经济的理论与实证分析. 华南师范大学学报: 社会科学版, 5(3): 119-123.
潘佳佳. 2010. 碳减排压力下江苏工业行业的发展研究. 南京: 南京信息工程大学.
钱国英, 张长勤, 董斌, 等. 2014. 基于遥感与系统动力学模型的土地利用/覆被变化研究. 遥感信息, 29(1): 44-50.
乔维德. 2015. 基于节能减排与产业结构优化的江苏经济发展方式转变. 江苏经贸职业技术学院学报, 65(1): 1-4.
屈宇宏. 2015. 城市土地利用碳通量测算、碳效应分析及调控机制研究——以武汉市为例. 武汉: 华中农业大学.
任洁, 陈东景. 2012. 中国工业部门碳排放与 GDP 脱钩因素影响力分析. 战略决策研究, 3(1): 21-25.
沈正平, 仇方道. 2009.《基于生态足迹理论的区域科学发展研究》评介. 地理研究, 28(6): 1732.
蒋小谦. 2015. 城市温室气体核算工具 2. 0. http://www.wri.org.cn/node/41204[2017-02-24].
宋德勇, 徐安. 2011. 中国城镇碳排放的区域差异和影响因素. 中国人口·资源与环境, 21(11): 8-14.
宋明伟, 李爱宗, 蔡立群, 等. 2008. 耕作方式对土壤有机碳库的影响. 农业环境科学学报, 27(2) : 622-626.
孙斌栋, 潘鑫, 宁越敏. 2008. 上海市就业与居住空间均衡对交通出行的影响分析. 城市规划学刊, 45(1): 77-82.
孙敬水, 陈稚蕊, 李志坚. 2011. 中国发展低碳经济的影响因素研究——基于扩展的 STIRPAT 模型分析. 审计与经济研究, 26(4): 85-93.
唐承财, 钟林生, 成升魁. 2013. 国内外服务业能源消耗与碳排放研究进展//中国可持续发展研究会. 2012 中国可持续发展论坛 2012 年专刊(一). 北京: 中国可持续发展研究会: 7.
唐慕尧. 2015. 基于 STIRPAT 模型的碳排放影响因素研究. 南京: 南京邮电大学.
唐韬. 2014. 坑口电厂低碳经济发展系统动力学仿真研究——以中平能化集团为例. 武汉: 中国地质大学.
滕苗. 2012. 低碳视角下定州市城乡产业布局模式探讨//中国城市规划学会. 多元与包容——2012 中国城市规划年会论文集. 昆明: 云南出版集团公司云南科技出版社: 11.
田云, 张俊飚. 2013. 中国省级区域农业碳排放公平性研究. 中国人口·资源与环境, 23(11): 36-44.
童抗抗, 马克明. 2012. 居住-就业距离对交通碳排放的影响. 生态学报, 32(10): 2975–2984.
汪臻. 2012. 中国居民消费碳排放的测算及影响因素研究. 合肥: 中国科学技术大学.

王成己，潘根兴，田有国. 2009. 保护性耕作下农田表土有机碳含量变化特征分析——基于中国农业生态系统长期试验资料. 农业环境科学学报, 28(12): 2464-2475.

王春梅，刘艳红，邵彬，等. 2007. 量化退耕还林后土壤碳变化. 北京林业大学学报, 29(3): 112-119.

王迪生. 2009. 基于生物量计测的北京城区园林绿地净碳储量研究. 北京: 北京林业大学.

王克，王灿，吕学都，等. 2006. 基于 LEAP 的中国钢铁行业 CO_2 减排潜力分析. 清华大学学报(自然科学版), 46(12): 1982-1986.

王礼茂. 2004. 几种主要碳增汇/减排途径的对比分析. 第四纪研究, 24(2): 191-197.

王丽辉，王侃宏，桂林平，等. 2008. 河北省电力行业 CO_2 减排潜力研究. 河北工程大学学报(自然科学版), 25(3): 77-80, 87.

王亮. 2015. 盐城市土地利用变化碳排放效益及影响因素分解研究. 生态科学, 34(5): 122-128.

王绍强，周成虎，李克让，等. 2000. 中国土壤有机碳库及空间分布特征分析. 地理学报, 55(5): 533-544.

王喜平，王玥玥. 2016. 基于系统动力学的电力行业碳排放预测. 陕西电力, 44(6): 29-32, 58.

王效科，白艳莹，欧阳志云，等. 2002. 陆地生物地球化学模型的应用和发展. 应用生态学报, 13(12): 1703-1706.

王修兰. 1996. 全球农作物对大气 CO_2 及其倍增的吸收量估算. 气象学报, 54(4): 466-473.

王义祥，翁伯琦，黄毅斌. 2005. 土地利用和覆被变化对土壤碳库和碳循环的影响. 亚热带农业研究, 1(3) : 44-51.

王祖华，刘红梅，王晓杰，等. 2011. 经营措施对森林生态系统碳储量影响的研究进展. 西北农林科技大学学报: 自然科学版, 39(1) : 83-88.

魏楚，沈满洪. 2008. 结构调整能否改善能源效率: 基于中国省级数据的研究. 世界经济, (11): 77-85.

吴萌. 2017. 武汉市土地利用碳排放分析与系统动力学仿真. 武汉: 华中农业大学.

吴文佳，蒋金亮，高全洲，等. 2014. 2001—2009 年中国碳排放与碳足迹时空格局. 生态学报, 34(22): 6722-6733.

伍芬琳，张海林，李琳，等. 2008. 保护性耕作下双季稻农田甲烷排放特征及温室效应. 中国农业科学, 41(9): 2703-2709.

武汉市规划研究院. 2014. 武汉 2049 远景发展战略规划. http://www.wpdi.cn/project-1-i_11297.htm [2017-10-09].

武汉市人民政府. 2014. 武汉市“十三五”规划纲要解读. http://www.wuhan.gov.cn/hbgovinfo_47/szfggxxml/gzghjh/ghjhjd/201701/t20170124_99832. html[2017-01-24].

肖作鹏，柴彦威，刘志林. 2011. 北京市居民家庭日常出行碳排放的量化分布与影响因素. 城市发展研究, 18(9): 104-112.

谢鸿宇，陈贤生，林凯荣，等. 2008. 基于碳循环的化石能源及电力生态足迹. 生态学报, 28(4): 1729-1735.

宿永铮. 2010. 节能减排、产业结构优化与镇江经济发展方式转变研究. 镇江: 江苏大学.

徐国泉，刘则渊，姜照华. 2006. 中国碳排放的因素分解模型及实证分析: 1995-2004. 中国人口 · 资源与环境, 16(6): 158-161.

杨庆媛. 2010. 土地利用变化与碳循环. 中国土地科学, 24(10): 7-12.

杨欣，蔡银莺，张安录. 2013. 武汉城市圈碳排放的时空格局及影响因素分解研究——基于

2001～2009年市级面板数据的实证. 长江流域资源与环境, 22(11): 1389-1396.
杨选梅, 葛幼松, 曾红鹰. 2010. 基于个体消费行为的家庭碳排放研究. 中国人口·资源与环境, 20(5): 35-40.
姚昕, 刘希颖. 2010. 基于增长视角的中国最优碳税研究. 经济研究, 45(11): 48-58.
叶浩. 2008. 基于碳氧平衡理论的土地利用结构调整与优化研究——以江苏省苏州市为例. 南京: 南京大学.
叶懿安, 朱继业, 李升峰, 等. 2013. 长三角城市工业碳排放及其经济增长关联性分析. 长江流域资源与环境, 22(3): 257-262.
叶裕民, 唐杰. 2011. 深圳城市产业发展转型研究. 城市与区域规划研究, 4(1): 20-39.
游和远, 吴次芳, 沈萍. 2010. 土地利用结构与能源消耗碳排放的关联测度及其特征解释. 中国土地科学, 24(11): 4-9.
员开奇. 2015. 湖北省土地利用碳排放效率及差别化低碳土地利用调控研究. 武汉: 华中农业大学.
张洪波. 2012. 低碳城市的空间结构组织与协同规划研究. 哈尔滨: 哈尔滨工业大学.
张俊, 孙玉军. 2007. 森林生态系统碳循环研究方法概述. 林业资源管理, (1): 102-104, 86.
张俊峰, 张安录, 董捷. 2014. 武汉城市圈土地利用碳排放效应分析及因素分解研究. 长江流域资源与环境, 23(5): 595-602.
张俊荣, 王孜丹, 汤铃, 等. 2016. 基于系统动力学的京津冀碳排放交易政策影响研究. 中国管理科学, 24(3): 1-8.
张苗, 陈银蓉, 周浩. 2015. 基于面板数据的土地集约利用水平与土地利用碳排放关系研究——以1996～2010年湖北省中心城市数据为例. 长江流域资源与环境, 24(9): 1464-1470.
张仁寿. 2013. 广东低碳经济发展机制的系统动力学研究. 福州: 福建农林大学.
张志华, 彭道黎. 2008. 森林管理对森林碳汇的作用和影响分析. 安徽农业科学, 36(9): 3654-3656.
赵敏, 张卫国, 俞立中. 2009. 上海市居民出行方式与城市交通CO_2排放及减排对策. 环境科学研究, 22(6): 747-752.
赵荣钦, 秦明周. 2007. 中国沿海地区农田生态系统部分碳源/汇时空差异. 生态与农村环境学报, 23(2): 1-6, 11.
赵荣钦, 黄爱民, 秦明周, 等. 2004. 中国农田生态系统碳增汇/减排技术研究进展. 河南大学学报(自然科学版), 34(1): 60-65.
赵荣钦, 黄贤金. 2010. 基于能源消费的江苏省土地利用碳排放与碳足迹. 地理研究, 29(9): 1639-1649.
赵荣钦, 黄贤金, 徐慧, 等. 2009. 城市系统碳循环与碳管理研究进展. 自然资源学报, 24(10): 1847-1859.
赵荣钦, 黄贤金, 钟太洋, 等. 2013. 区域土地利用结构的碳效应评估及低碳优化. 农业工程学报, 29(17): 220-229.
赵先贵, 肖玲, 兰叶霞, 等. 2005. 陕西省生态足迹和生态承载力动态研究. 中国农业科学, 38(4): 746-753.
赵雲泰, 黄贤金, 钟太洋, 等. 2011. 1999～2007年中国能源消费碳排放强度空间演变特征. 环境科学, 32(11): 3145-3152.
郑国, 秦波. 2009. 论城市转型与城市规划转型——以深圳为例. 城市发展研究, 16(3): 31-35.
郑聚锋. 2007. 长期不同施肥条件下南方典型性水稻土有机碳矿化与CO_2、CH_4产生研究. 南京:

南京农业大学.
周潮, 刘科伟, 陈宗兴. 2010. 低碳城市空间结构发展模式研究. 科技进步与对策, 27(22): 56-59.
周涛, 史培军, 王绍强. 2003. 气候变化及人类活动对中国土壤有机碳储量的影响. 地理学报, 58(5): 727-734.
朱巧娴, 梅昀, 陈银蓉, 等. 2015. 基于碳排放测算的湖北省土地利用结构效率的DEA模型分析与空间分异研究. 经济地理, 35(12): 176-184.
朱永彬, 刘昌新, 王铮, 等. 2013. 我国产业结构演变趋势及其减排潜力分析. 中国软科学, (2): 35-42.
朱永彬, 刘晓, 王铮. 2010. 碳税政策的减排效果及其对我国经济的影响分析. 中国软科学, (4): 1-9, 87.
祝晓光, 张国兴. 2012. 节能减排对转变经济发展方式的重大作用//中国环境科学学会. 2012 中国环境科学学会学术年会论文集(第一卷). 北京: 中国农业大学出版社: 26-27.
Bailey I. 2007. Market environmentalism, new environmental policy instruments, and climate policy in the United Kingdom and Germany. Annals of the Association of American Geographers, 97(3): 530-550.
Baldocchi D D. 2003. Assessing the eddy covariance technique for evaluating carbon dioxide exchange rates of ecosystems: past, present and future. Global Change Biology, 9(4): 479-492.
Beetz S, Liebersbach H, Glatzel S, et al. 2013. Effects of land use intensity on the full greenhouse gas balance in an Atlantic peat bog. Biogeosciences, 10(2): 1067-1082.
Bowden R D, Davidson E, Savage K, et al. 2004. Chronic nitrogen additions reduce total soil respiration and microbial respiration in temperate forest soils at the Harvard Forest. Forest Ecology and Management, 196(1): 43-56.
Caetano M A L, Gherardi D F M, Ribeiro G D P, et al. 2009. Reduction of CO_2, emission by optimally tracking a pre-defined target. Ecological Modelling, 220(19): 2536-2542.
Canan P, Crawford S. 2006. What can be learned from champions of ozone layer protection for urban and regional carbon management in Japan?. Global Carbon Project Report No. 3.
Castelnuovo E, Galeotti M, Gambarelli G, et al. 2005. Learning-by-Doing vs. Learning by Researching in a model of climate change policy analysis. Ecological Economics, 54(2–3): 261-276.
Davidson E A, Ackerman I L. 1993. Changes in soil carbon inventories following cultivation of previously untilled soils. Biogeochemistry, 20(3): 161-193.
Dieleman F M , Dijst M J , Spit T, et al. 1999. Planning the compact city: the randstad Holland experience. European Planning Studies, 7(5): 605-621.
Ding S Y, Zhang Q. Y, Guo H. 2007. A modelling study on environmental costs of firepower generation. Shanghai Environmental Science, 26(2): 58-61.
Eggleston S, Buendia L, Miwa K, et al. 2006. IPCC Guidelines for National Greenhouse Gas Inventories. Japan: IGES.
Eglin T, Ciais P, Piao S L, et al. 2010. Historical and future perspectives of global soil carbon response to climate and land-use changes. Tellus B: Chemical and Physical Meteorology, 62(5): 700-718.

Frank A B, Liebig M A, Hanson J D. 2002. Soil carbon dioxide fluxes in northern semiarid grasslands. Soil Biology and Biochemistry, 34(9): 1235-1241.

Franzluebbers A J, Hons F M, Zuberer D A. 1995. Tillage-induced seasonal changes in soil physical properties affecting soil CO_2 evolution under intensive cropping. Soil & Tillage Research, 34(1): 41-60.

Geddes P. 1884. An analysis of the principles of economics. Proceedings of the Royal Society of Edinburgh, 12: 943-980.

Hall P, Hay D. 1980. Growth Centres in the European Urban System. Berkeley: University of California Press.

Henriques M F Jr. , Dantas F, Schaeffer R, et al. 2010. Potential for reduction of CO_2 emissions and a low-carbon scenario for the Brazilian industrial sector. Energy Policy, 38(4): 1946-1961.

Hoover E M, Vernon R. 1959. Anatomy of a Metropolis: The Changing Distribution of People and Jobs within the New York Metropolitan Region. Cambridge: Harvard University Press.

Houghton J T. 1991. The role of forests in affecting the greenhouse gas composition of the atmosphere.https://scholar.google.com/citations?view_op=view_citation&hl=zh-CN&user=9_PlfS8AAAAJ&cstart=100&pagesize=100&sortby=pubdate&citation_for_view=9_PlfS8AAAAJ:YFjsv_pBGBYC[2021-08-17].

Houghton R A, Hackler J L. 1999. Emissions of carbon from forestry and land use change in tropical Asia. Global Change Biology, 5(4): 481-492.

Houghton R A. 2002. Magnitude, distribution and causes of terrestrial carbon sinks and some implications for policy. Climate Policy, 2(1): 71-88.

Hultman N E. 2006. Geographic diversification of carbon risk—a methodology for assessing carbon investments using eddy correlation measurements. Global Environmental Change, 16(1): 58-72.

IPCC. 2006. 2006 IPCC guidelines for national greenhouse gas inventories. http: //www. ipcc-nggip. iges. or. jp/public/2006gl/index. html[2019-08-19].

IPCC. 2014. Climate Change 2013: The Physical Science Basis. New York: Cambridge University Press.

Jabareen Y R. 2006. Sustainable urban forms: their typologies, models, and concepts. Journal of Planning Education and Research, 26(1): 38-52.

Jiang H, Apps M J, Peng C H, et al. 2002. Modelling the influence of harvesting on Chinese boreal forest carbon dynamics. Forest Ecology and Management, 169(1–2) : 65-82.

Jing W L, Lu H L, Qin Y C, et al. 2013. Multi-objective land use optimization based on low-carbon development using NSGA-II//IEEE. 2013 21st International Conference on Geoinformatics. Kaifeng: IEEE: 521-525.

Jones S K, Rees R M, Skiba U M, et al. 2005. Greenhouse gas emissions from a managed grassland. Global and Planetary Change, 47(2–4): 201-211.

Kates R W, Wilbanks T J. 2003. Making the global local responding to climate change concerns from the ground. Environment: Science and Policy for Sustainable Development, 45(3): 12-23.

Kenworthy J R. 2006. The eco-city: ten key transport and planning dimensions for sustainable city development. Environment and Urbanization, 18(1): 67-85.

Kii M, Doi K. 2005. Multiagent land-use and transport model for the policy evaluation of a compact

city. Environment and Planning B: Planning and Design, 32 (4) : 485-504.
King A W, Post W M, Wullschleger S D. 1997. The potential response of terrestrial carbon storage to changes in climate and atmospheric CO_2. Climatic Change, 35: 199-227.
Lal R, Griffin M, Apt J, et al. 2004. Managing soil carbon. Science, 304(5669): 393.
Lee C F, Lin S J, Lewis C. 2008. Analysis of the impacts of combining carbon taxation and emission trading on different industry sectors. Energy Policy, 36 (2) : 722-729.
Levy P E, Friend A D, White A, et al. 2004. The influence of land use change on global-scale fluxes of carbon from terrestrial ecosystems. Climatic Change, 67: 185-209.
Makido Y, Dhakal S, Yamagata Y. 2012. Relationship between urban form and CO_2 emissions: evidence from fifty Japanese cities. Urban Climate, 2: 55-67.
Manne A, Richels R. 2004. The impact of learning-by-doing on the timing and costs of CO_2 abatement. Energy Economics, 26 (4) : 603-619.
Machado G, Schaeffer R, Worrell E. 2001. Energy and carbon embodied in the international trade of Brazil: an Input-output approach. Ecological Economic, 39 (3) : 409-424.
Meng S, Siriwardana M, McNeill J. 2013. The environmental and economic impact of the carbon tax in Australia. Environmental and Resource Economics, 54: 313-332.
Metzger J T. 2000. Planned abandonment: the neighborhood life-cycle theory and national urban policy. Housing Policy Debate, 11(1): 7-40.
Norton R D. 1979. City Life-Cycles and American Urban policy. New York: Academic Press.
Pachauri R K, Reisinger A. 2007. IPCC fourth assessment report. https://archive.ipcc.ch/pdf/presentations/valencia-2007-11/pachauri-17-november-2007.pdf[2021-08-17].
Polglase P J, Paul K I, Khanna P K, et al. 2000. Change in soil carbon following afforestation or reforestation: review of experimental evidence and development of a conceptual framework. National Carbon Accounting System Technical Report NO. 20.
Richard J P, Amyes T L. 2004. On the importance of being zwitterionic: enzymatic catalysis of decarboxylation and deprotonation of cationic carbon. Bioorganic Chemistry, 32 (5) : 354-366.
Rickaby P A. 1987. Six settlement patterns compared. Environment and Planning B: Planning and Design, 14 (2) : 193-223.
Scott N A, Tate K R, Ford-Robertson J, et al. 1999. Soil carbon storage in plantation forests and pastures: land-use change implications. Tellus B: Chemical and Physical Meteorology, 51 (2) : 326-335.
Shim G E, Rhee S M, Ahn K H, et al. 2006. The relationship between the characteristics of transportation energy consumption and urban form. The Annals of Regional Science, 40 (2) : 351-367.
Silaydin Aydin M B, Çukur D. 2012. Maintaining the carbon-oxygen balance in residential areas: a method proposal for land use planning. Urban Forestry & Urban Greening, 11(1): 87-94.
Solomon S. 2007. IPCC (2007) : Climate Change The Physical Science Basis. American Geophysical Union, 9 (1) : 123-124.
Stern P C, Young O R, DrucKman D. 1992. Global Environmental Change: Understanding the Human Dimension. Washington, D. C. : National Academy Press.
Tapio P. 2005. Towards a theory of decoupling: degrees of decoupling in the EU and the case of road traffic in Finland between 1970 and 2001. Transport Policy , 12 (2) : 137-151.
Tate K R, Scott N A, Giltrap R D J, et al. 2000. Plant effects on soil carbon storage and turnover in a

montanan beech (Nothofagus) forest and adjacent tussock grassland in New Zealand. Australian Journal of Soil Research, 38 (3) : 685-697.

Triberti L, Nastri A, Giordani G, et al. 2008. Can mineral and organic fertilization help sequestrate carbon dioxide in cropland?. European Journal of Agronomy, 29(1): 13-20.

Turner Ⅱ B L, Meyer W B, Skole D L. 1994. Global land-use/land-cover change: towards an integrated study. Integrating Earth System Science, 23 (1) : 91-95.

van der Zwaan B C C, Gerlagh R, Klaassen G, et al. 2002. Endogenous technological change in climate change modelling. Energy Economics, 24(1): 1-19.

Vehmas J, Kaivo-oja J, Luukkanen J. 2003. Global trends of linking environmental stress and economic growth. Finland: Turku School of Economics and Business Administration.

Wang Y, Amundson R, Trumbore S. 1999. The impact of land use change on C turnover in soils. Global Biogeochemical Cycles, 13 (1) : 47-57.

Weiss M, Junginger M, Patel M K, et al. 2010. A review of experience curve analyses for energy demand technologies. Technological Forecasting and Social Change, 77 (3) : 411-428.

Wendner R. 2001. An applied dynamic general equilibrium model of environmental tax reforms and pension policy. Journal of Policy Modeling, 23 (1) : 25-50.

Wiedmann T, Minx J. 2008. A definition of "carbon footprint". ISA^{UK} Research Report 07-01.

Wissema W, Dellink R. 2007. AGE analysis of the impact of a carbon energy tax on the Irish economy. Ecological Economics, 61 (4) : 671-683.

Worrell E, Price L, Martin N. 2001. Energy efficiency and carbon dioxide emissions reduction opportunities in the US iron and steel sector. Energy, 26 (5) : 513-536.

Wright L, Fulton L. 2005. Climate change mitigation and transport in developing nations. Transport Reviews, 25 (6) : 691-717.

Zahabi S A H, Miranda-Moreno L, Patterson Z, et al. 2012. Transportation greenhouse gas emissions and its relationship with urban form, transit accessibility and emerging green technologies: a Montreal case study. Procedia-Social and Behavioral Sciences, 54 (6) : 966-978.